ATLAS DAS ESCRAVIDÕES

Coleção África e os Africanos

Coordenadores:
Álvaro Pereira do Nascimento – Universidade Federal Rural do Rio de Janeiro (UFRRJ)
José Costa D'Assunção Barros – Universidade Federal Rural do Rio de Janeiro (UFRRJ)
José Jorge Siqueira – Universidade Federal do Maranhão (UFMA)

Conselho consultivo:
Alexsander Gebara – Universidade Federal Fluminense (UFF)
Kabengele Munanga – Universidade de São Paulo (USP)
Mariza Soares – Universidade Federal Fluminense (UFF)
Mônica Lima – Universidade Federal do Rio de Janeiro (UFRJ)
Nei Lopes – Universidade Federal Rural do Rio de Janeiro (UFRRJ)
Robert Wayne Slenes – Universidade Estadual de Campinas (Unicamp)
Selma Pantoja – Universidade de Brasília (UnB)

Dados Internacionais de Catalogação na Publicação (CIP)
(Câmara Brasileira do Livro, SP, Brasil)

Dorigny, Marcel
 Atlas das escravidões : da Antiguidade até nossos dias / Marcel Dorigny, Bernard Gainot ; tradução de Guilherme João de Freitas Teixeira ; cartografia de Fabrice Le Goff. – Petrópolis, RJ : Vozes, 2017. – (Coleção África e os Africanos)

 Título original : Atlas des esclavages : de l'Antiquité à nos jours
 Bibliografia
 ISBN 978-85-326-5354-3

 1. Africanos – América 2. Atlas 3. Escravidão 4. Escravidão – África – História 5. Escravidão – América – História 6. Escravidão – Mapas 7. Escravos – América – História 8. Sociologia I. Gainot, Bernard. II. Goff, Fabrice Le. III. Título. IV. Série.

16-08412   CDD-306.3620

Índices para catálogo sistemático:
1. Escravidão : Condições sociais : Sociologia
306.3620

ATLAS DAS ESCRAVIDÕES
Da Antiguidade até nossos dias

MARCEL DORIGNY
BERNARD GAINOT

Tradução de Guilherme João de Freitas Teixeira
Cartografia de Fabrice Le Goff

EDITORA VOZES

Petrópolis

© Éditions Autrement. Paris, 2013.

Título original em francês: *Atlas des esclavages – De l'Antiquité à nos jours*; 2ª edição, 2017.

Direitos de publicação em língua portuguesa – Brasil:
2017, Editora Vozes Ltda.
Rua Frei Luís, 100
25689-900 Petrópolis, RJ
www.vozes.com.br
Brasil

Todos os direitos reservados. Nenhuma parte desta obra poderá ser reproduzida ou transmitida por qualquer forma e/ou quaisquer meios (eletrônico ou mecânico, incluindo fotocópia e gravação) ou arquivada em qualquer sistema ou banco de dados sem permissão escrita da editora.

CONSELHO EDITORIAL

Diretor
Gilberto Gonçalves Garcia

Editores
Aline dos Santos Carneiro
Edrian Josué Pasini
Marilac Loraine Oleniki
Welder Lancieri Marchini

Conselheiros
Francisco Morás
Ludovico Garmus
Teobaldo Heidemann
Volney J. Berkenbrock

Secretário executivo
João Batista Kreuch

Editoração: Maria da Conceição B. de Sousa
Diagramação: Sheilandre Desenv. Gráfico
Revisão gráfica: Fernando Sergio Olivetti da Rocha
Capa: Renan Rivero
Ilustração de capa: © Jiang Hongyau/Shutterstock

ISBN 978-85-326-5354-3 (Brasil)
ISBN 978-2-7467-3497-5 (França)

Editado conforme o novo acordo ortográfico.

Este livro foi composto e impresso pela Editora Vozes Ltda.

ATLAS das escravidões

SUMÁRIO

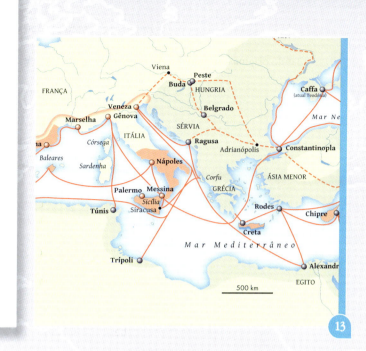

8 APRESENTAÇÃO DA COLEÇÃO

10 INTRODUÇÃO – A ESCRAVATURA: DEFINIÇÕES E REPRESENTAÇÕES

13 I AS ESCRAVIDÕES ANTES DAS GRANDES DESCOBERTAS
14 1. A escravidão na Antiguidade
16 2. Diversidade das escravidões fora do Ocidente
18 3. Os impérios árabes
20 4. A escravidão medieval no Ocidente
22 5. A África pré-colonial
24 6. O tráfico de escravos sob o controle de Portugal no século XV
26 7. Conclusão

27 II A PRÁTICA LEGAL DO TRÁFICO DE ESCRAVOS (SÉCULOS XV-XIX)
28 1. O tráfico de escravos na Europa
30 2. As cifras do tráfico de escravos
32 3. O tráfico de escravos sob o controle da Inglaterra e da França
34 4. A Europa negreira: os portos
36 5. Bordeaux, porto de tráfico de escravos
38 6. As fortalezas do tráfico de escravos na África
40 7. Os estados negreiros na África
42 8. O tráfico de escravos no Oceano Índico
44 9. Conclusão

III AS SOCIEDADES ESCRAVAGISTAS (SÉCULOS XVII-XIX)

46 1. As sociedades coloniais: as plantações (I)
48 2. As sociedades coloniais: as cidades (II)
50 3. As mulheres e a escravidão
52 4. O Brasil
54 5. A escravidão nos Estados Unidos
56 6. Cuba
58 7. As resistências contra a escravidão
60 8. O grande movimento quilombola
62 9. As sociedades escravagistas na América Espanhola
64 10. As opiniões públicas perante a escravidão
66 11. Conclusão

IV AS ABOLIÇÕES (FINAL DO SÉCULO XVIII-FINAL DO SÉCULO XIX)

68 1. A Revolução Francesa e a escravidão
70 2. O período revolucionário no Caribe
72 3. Saint-Domingue e a liberdade geral
74 4. A "reação" escravagista de 1802-1804
76 5. O tráfico ilegal de escravos e sua repressão
78 6. O abolicionismo no século XIX
80 7. As alforrias
82 8. As abolições
84 9. As indenizações
86 10. Os trabalhadores sob contrato temporário
88 11. Abolições e colonizações na África
90 12. Conclusão

91 V CONCLUSÃO

91 1. A ESCRAVIDÃO NOS DIAS DE HOJE
92 2. MEMÓRIA E ATUALIDADE DA ESCRAVIDÃO

94 ANEXOS

94 1. OS TEXTOS SOBRE A ESCRAVIDÃO
94   A. Contra
95   B. A favor

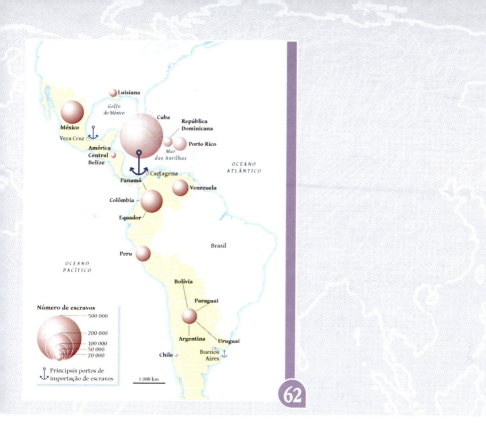

96	2. REGULAMENTAÇÕES FRANCESA E ESPANHOLA SOBRE A ESCRAVIDÃO (SÉCULOS XVII E XVIII)	105	• Cuba
		105	• Antilhas e Guiana Francesas
96	A. O *Code Noir* (Código Negro) francês de 1685 e suas adaptações para a Luisiana	106	• As ilhas da Reunião e Maurício
		106	• Antilhas Britânicas
101	B. A Ordenança Régia de 1789 para as colônias espanholas	106	• Brasil
		107	• Estados Unidos da América
104	3. REFERÊNCIAS	107	• As formas contemporâneas da escravidão
104	A. As escravidões	107	C. Outros títulos citados no livro[1]
104	• Obras gerais		
104	• As escravidões na Antiguidade	113	ADENDO: LEI N. 3.353, QUE DECRETA A ABOLIÇÃO DA ESCRAVIDÃO NO BRASIL
104	• A escravidão na Idade Média		
104	• A escravidão no Sudeste Asiático	114	APRESENTAÇÃO DOS AUTORES
104	• Os tráficos de escravos	114	AGRADECIMENTOS
105	• Os tráficos de escravos no Oriente		
105	• Os tráficos de escravos na África		
105	• As sociedades escravagistas		
105	• As resistências à escravidão		
105	• O abolicionismo		
105	B. As abolições e as sociedades pós-escravagistas		
105	• Obras gerais		
105	• Saint-Domingue – Haiti		

---

1. Sem outra indicação, a referência das obras – mencionadas no texto – encontra-se nesta seção [N.T. = Nota do Tradutor].

Apresentação da coleção

A *Coleção África e os Africanos*, à qual este volume está integrado, propõe-se a enfrentar o desafio de trazer ao mercado editorial brasileiro uma produção atualizada sobre a temática, sem excluir os clássicos, visando atender aos interesses tanto de especialistas sobre o tema como de um público mais geral que tem se mostrado ávido por conhecer esse continente e estes povos que tão intensamente fazem parte da nossa história e da própria constituição de nossa população e cultura. A coleção propõe-se a abordar temas diversos, os quais podem abarcar tanto a África propriamente dita como questões ligadas à afrodescendência nas Américas. De igual maneira, os títulos inscrevem-se ou interagem com um universo bastante amplo de campos de saber, como a História, Geografia, Antropologia, Sociologia, Filosofia, Educação, entre outros.

Os livros que aqui se apresentam, e cujas publicações estão previstas para os próximos anos, foram sugeridos por especialistas das diversas áreas acima citadas, e em especial aqueles ligados aos Estudos Africanos. Uma das motivações principais da série é a valorização, nos últimos anos, da história e da cultura africana em todos os níveis de ensino, a qual tem produzido uma demanda crescente por obras de qualidade sobre este campo temático. Assim, para dar um exemplo, no âmbito dos estudos de graduação em História já é obrigatória em todos os cursos de graduação do país a disciplina "História da África", no âmbito da qual se estuda a História da África e dos povos africanos da Antiguidade à Contemporaneidade. De igual maneira, a História da África imbrica-se à História do Brasil em diversos momentos de nossa história, desde a diáspora africana estabelecida no período colonial até à atualidade, quando os países africanos se afirmaram como alguns dos parceiros mais importantes do Brasil no cenário global. Deste modo, não apenas os professores e alunos de História da África, mas também os de História do Brasil, além de outras áreas como a História Moderna e Contemporânea, necessitam de uma produção bibliográfica atualizada, e também das obras já clássicas, para o encaminhamento de seus estudos.

Também o curso de graduação em Antropologia inclui em seu currículo disciplinas relacionadas à Etnografia e Etnologia, apresentando-se com ênfase especial as disciplinas ligadas à Etnologia Africana, as quais fazem parte da matriz curricular de muitos cursos de graduação em Antropologia. Tais disciplinas enfatizam as organizações sociais do continente africano e suas cosmologias, além da dinâmica cultural das sociedades africanas e problemas oriundos da colonização, de resto uma preocupação também presente na Sociologia e na Geografia. Para esta última, aliás, estudar o continente africano é imprescindível para uma compreensão adequada dos problemas globais. Vale lembrar ainda que também os cursos de Filosofia têm se empenhado em incluir em suas grades aberturas para outros universos filosóficos para além da tradicional matriz do pensamento ocidental, tais como a filosofia oriental e a filosofia africana, sendo que esta última também será foco de interesse de nossa coleção. Diante de um vasto quadro de demandas nos diversos cursos de ciências humanas e sociais, dos quais apenas citamos alguns exemplos aos quais poderiam ser acrescentados muitos outros, um interesse importante da coleção é o de municiar com conhecimento atualizado os professores e alunos de graduação, para que estes possam desempenhar futuramente a função de atuarem na área de estudos africanos não apenas no Ensino Superior, mas também nos ensinos Fundamental e Médio.

Com relação a este último aspecto, cabe lembrar a Lei 10.639/03 (alterada pela Lei 11.645/08), a qual torna obrigatório o ensino da história e cultura afro-brasileira e africana em todas as escolas, públicas e particulares, do Ensino Fundamental até o Ensino Médio. Em vista disto, professores que ocuparam as funções de lecionar aspectos relativos à África – nestes dois níveis – precisam cada vez mais de bibliografia especializada. Ao lado disso, tem crescido o interesse do público brasileiro em geral pela África, pela cultura africana e pela cultura afro-brasileira, sem contar que os movimentos sociais também produzem as suas demandas sobre o tema.

Em vista do que foi colocado, a *Coleção África e os Africanos* procura oferecer com os seus diversos livros uma produção de qualidade tanto para os pesquisadores especializados como para os professores de todos os níveis de ensino, e tanto para as demandas dos movimentos sociais como para o público mais amplo. É um desafio assumido pela Editora Vozes a busca de títulos que atendam a essas diversas demandas e a atualização da coleção com novos títulos que serão publicados, a partir daqui, nos próximos anos.

José D'Assunção Barros
Álvaro Nascimento
José Jorge Siqueira
Coordenadores da coleção

INTRODUÇÃO

A escravatura: definições e representações

Uma prática universal

A escravidão é a negação do ser humano, cujo intuito consiste em reduzi-lo ao estado em que se explora sua força de trabalho. A escravatura não está associada a uma civilização, nem a um espaço geográfico, tampouco a determinada época: ao longo da história das civilizações, trata-se de uma das formas mais constantes da dominação absoluta de seres humanos pelos semelhantes. Definida em termos jurídicos, a escravidão transforma o indivíduo em uma coisa nas mãos de um senhor que dispõe soberanamente de seu corpo, de seu trabalho e de seus bens; à semelhança do que ocorre com um animal, ele pode ser vendido ou contratado por determinado tempo e por um preço estipulado.

No momento em que esta definição jurídica é codificada no direito romano, a instituição já existia há vários milênios. Para alguns, ela confunde-se com a estrutura familiar: "A propriedade, cuja primeira forma, seu germe, reside na família, grupo em que a mulher e os filhos são os escravos do homem" (MARX & ENGELS. *A ideologia alemã*). Para outros, a escravatura está condicionada pela gestão dos recursos nas sociedades ditas primitivas: ela desenvolve-se nas sociedades em que a mão de obra não está disponível voluntariamente. No contexto de uma economia em que os homens trabalham para subsistir com meios modestos, ao alcance de suas capacidades físicas, em que o acesso às terras cultiváveis está amplamente aberto a todos os membros de uma comunidade, em que cada um pode trabalhar para si mesmo, não há grupo individualizado de trabalhadores. Impõe-se recorrer a coações extraeconômicas, entre as quais a escravidão, para valorizar o espaço. No entanto, há consenso entre a maioria dos analistas para reconhecer o fato de que a violência armada está globalmente na origem da escravidão. A guerra é a grande fornecedora de escravos: é extremamente considerável o número de escravos capturados no decorrer de rápidas incursões para utilizá-los nas galés e, mais tarde, ao laço para o tráfico transatlântico. Na Península Ibérica, na Idade Média, a expressão "escravo cativo" é uma tautologia.

O escravo é geralmente um estrangeiro; assim é que, nos primórdios de Roma, a mesma palavra designa o escravo e o estrangeiro. O termo *servus* teria derivado de *servare*, sentido que se encontra ainda em "conservar" (manter vivo). Entre os antigos hebreus, a escravização ocorre unicamente com pessoas exteriores à comunidade: "O escravo ou a escrava que tiveres virão das nações que vos cercam. Deles podereis comprar escravos e escravas. Podereis também comprá-los entre os filhos dos estrangeiros que vivem convosco, nascidos no país, ou entre suas famílias que moram convosco. Serão propriedade vossa, e podereis deixá-los como propriedade hereditária aos vossos filhos. Deles sempre podereis servir-vos como escravos, mas quanto aos vossos irmãos israelitas, ninguém domine com dureza o irmão" (Lv 25,44-46).

Escravatura e servidão

O étimo *servus* é substituído no Ocidente, por volta do ano mil, pelo termo *sclavus*, procedente do direito germânico. Ele designa, em particular, as populações das regiões especificamente eslavas; seu uso, porém, é estendido aos árabes, turcos e gregos. O termo *servus* é reservado, de forma cada vez mais restrita, aos *servi casati*, antigos cativos a quem a Igreja e, em seguida, os aristocratas – por acharem tal situação mais rentável – atribuíam uma casa e um pedaço de terra, em vez de terem de assumi-los inteiramente como escravos. Essa é a origem dos servos, arrendatários não livres, mas cujo estatuto jurídico não se confunde com o do escravo na Antiguidade, tampouco com o dos hilotas de Esparta.

Ao lado dos cativos, convém mencionar igualmente os que se encontram subjugados sob o peso de dívidas em uma relação na qual todos os recursos econômicos estão bloqueados e a mão de obra é insuficiente. Em determinadas sociedades de penúria, havia também o costume da roda dos expostos na qual eram depositadas as crianças enjeitadas que, se não morriam, tornavam-se a propriedade de quem as encontrasse. Coexistiam assim indivíduos propriamente não livres (escravos *stricto sensu*), livres (os senhores ou homens livres) e categorias intermédias em que a livre-disposição da pessoa pode coexistir perfeitamente com uma condição de dependência econômica ou um *status* social inferior ao do escravo: esse era o caso dos colonos na Antiguidade, dos servos na Idade Média, dos *peones* da América Hispânica etc.

"A escravidão por natureza": de Aristóteles aos Padres da Igreja (séculos II-VII)

A justificativa teórica à qual remetia toda essa diversidade de condições foi, durante vários séculos no Ocidente e no mundo árabe e muçulmano, este trecho de Aristóteles: "A utilidade dos animais domésticos e a dos escravos é praticamente a mesma; com o apoio de sua força corporal, uns e outros ajudam-nos a satisfazer as necessidades da existência [...]. Assim, a guerra é de alguma maneira um meio natural de adquirir; a caça faz parte dela; usa-se desse meio para capturar os animais selvagens e os escravos que, tendo nascido para obedecer, recusam-se a submeter-se [...]. A escravidão é, portanto, um modo de aquisição natural que faz parte da economia doméstica. Esta deve ter sob sua mão todas as coisas ou, caso contrário, deve saber onde encontrá-las, sob pena de não acumular esses meios de subsistência indispensáveis à çoesão tanto do Estado, quanto da família" (ARISTÓTELES. *Política*, I, 4, 7).

Essa argumentação foi adotada pelos teólogos cristãos, até o século XIX, para justificar a manutenção da escravatura nas colônias e no Sul dos Estados Unidos: "Quanto à alegação de que a escravidão é contrária ao cristianismo [...], contestamos da maneira mais absoluta que se encontre, seja no Antigo ou no Novo Testamento, a mínima referência no sentido de que a escravidão deve ser abolida ou que o senhor comete um delito ao possuir escravos. Os próprios israelitas possuíam escravos e não eram condenados por isso [...]" (DEW. T.R. "Abolition of Negro Slavery", 1932).

Da escravidão às sociedades escravagistas

Não existe um patamar numérico a partir do qual seja possível falar de "sociedade escravagista", ou suscetível de determinar rigorosamente situações históricas fundadas no "modo de produção escravagista". Segundo Peter Garnsey (2005; cf. ANEXOS - 3. A: Obras gerais), para definir tal sociedade, por oposição a uma sociedade que possui escravos, o ponto crucial não é o número de escravos, mas o fato de que eles acabam desempenhando um papel vital na produção. Nessa mesma lógica, Moses Finley (1981; cf. ANEXOS - 3. A: As escravidões na Antiguidade) identifica cinco sociedades desse tipo: duas na Antiguidade (Grécia clássica e Itália romana); e três na época moderna (Estados Unidos, Caribe, Brasil).

Essa abordagem "economicista" (proporção de escravos em relação à população livre e papel do trabalho servil na produção) tem o inconveniente de não incluir sociedades em que a escravidão era maciça, mas não aplicada sistematicamente à produção mercantil. Ora, a escravidão não é um estágio da evolução humana, mas um tipo de relações sociais que existiu em todas as regiões do mundo e em todas as épocas. Estudos recentes sobre a África, o Sudeste Asiático, a Índia e o Oriente Próximo mostram que se encontram, em toda a parte, multidões em condição servil (de um terço à metade da população para a África negra antes da colonização). Ora, essas sociedades tradicionais não se baseiam em economias de plantação para a exportação. Assim, houve numerosas sociedades que, apesar de possuírem escravos, não correspondem à definição clássica adotada para a expressão "sociedade escravagista": o serviço doméstico e as minas eram, nesse aspecto, igualmente importantes. O serviço doméstico foi assimilado, durante muito tempo, a uma situação aprazível, a condições de vida, às vezes, invejáveis; a seu respeito, falava-se de escravidão branda, em contraste com o trabalho nas minas ou nas plantações. Eis uma concepção teórica que está longe de levar na devida conta a realidade.

Cartografar as escravidões

A ambição deste *Atlas das escravidões* consiste em apresentar, sob uma forma gráfica e cartográfica, as grandes linhas dos conhecimentos históricos mais recentes sobre esses temas que suscitam debates, inclusive, no âmago de nossa atualidade. Desde a Antiguidade até o século XXI, todas as formas de escravidão e de tráfico de escravos são levadas em consideração aqui, além de serem visualizadas a partir dos dados estatísticos acumulados pelos pesquisadores dos diferentes domínios escravagistas.

No entanto, a natureza das fontes e a amplitude das pesquisas eruditas disponíveis, bem como a acuidade dos debates atuais, colocam o "tráfico colonial de escravos" no primeiro plano de nosso Atlas. Esse tráfico transatlântico e para o Oceano Índico, as sociedades escravagistas das Américas e das ilhas Mascarenhas (Maurício e Reunião), as abolições da escravidão do final do século XVIII até a década de 1880 ocupam aqui uma posição central que está longe de ser exclusiva. Com efeito, esse tráfico transatlântico, organizado pelas principais potências europeias, insere-se nos circuitos tradicionais para levar o comércio de seres humanos a uma escala inédita, desde o século XVII, que atinge seu auge nos séculos XVIII e XIX.

A expansão do tráfico de escravos e da economia baseada nas plantações, assim como a internacionalização das trocas, têm como contrapartida o rápido desenvolvimento de um movimento abolicionista estruturado no plano internacional. A legislação abolicionista é oriunda da convergência das revoltas de escravos, multiformes, inseparáveis da própria condição servil, com a tomada de consciência que se desenvolve na Europa Ocidental mediante o pensamento crítico. Todos esses fenômenos são o objeto, neste Atlas, de cartografias originais e comparativas, dando uma visão espacial de fatos históricos que são estudados, na maior parte das vezes, separados uns dos outros. Assim, através desse mapeamento e dessas representações gráficas da longa história das práticas escravocratas e de suas consequências até nossos dias, o editor e os autores deste Atlas pretendem pôr à disposição dos investigadores e do grande público um instrumento de trabalho inovador e eficaz.

Marcel Dorigny
Bernard Gainot

I
AS ESCRAVIDÕES ANTES DAS GRANDES DESCOBERTAS

Se a codificação jurídica da escravidão data do direito romano – "a lei suprema dos escravos, a lei comum a todos, é a de serem nada: nada além de uma coisa sob a mão do senhor" (WALLON, 1988; cf. ANEXOS - 3. A: As escravidões na Antiguidade) –, sua prática é muito anterior à civilização greco-latina. No entanto, ela pode assumir formas tão diversas que existem condições de pôr em dúvida a sua universalidade. As investigações modernas levam a estabelecer a distinção entre "sociedades com escravos" – a maior parte das formações históricas pré-modernas – e "sociedades escravocratas", cujo modelo continua sendo a Antiguidade greco-romana. Deve-se, contudo, evitar uma oposição demasiado esquemática na medida em que podem coexistir estatutos diversos no interior da mesma formação histórica: populações inteiras subjugadas por direito de conquista, mas mantidas em seus territórios, e escravos, considerados como mercadorias, vendidos como empregados domésticos ou então explorados em sua força de trabalho nas grandes plantações e nas minas que se encontram em numerosas sociedades africanas ou do Oriente Próximo.

I AS ESCRAVIDÕES ANTES DAS GRANDES DESCOBERTAS

1. A escravidão na Antiguidade

A escravidão perde-se na noite dos tempos. Se for adotada uma definição ampla, a escravidão engloba as práticas rituais que consistem em capturar, tendo em vista a celebração de sacrifícios, indivíduos exteriores à comunidade. Tomada neste sentido, a escravidão é muito anterior à estruturação dos primeiros estados na Mesopotâmia. É aí que se encontra a primeira menção escrita: um contrato de venda de um escravo de sexo masculino, datado de cerca de 2600 a.C. Por sua vez, a civilização greco-latina, no período de seu pleno desenvolvimento (500 a.C. a 500 d.C.), viu a escravidão servir de estrutura da vida econômica e social.

ENTRE NÚBIA E EGITO, A PROSPERIDADE DE UM TRÁFICO

O Egito faraônico governava multidões em condição servil: cativos de guerra utilizados como soldados, prisioneiros condenados a trabalhos forçados nas minas, concubinas e servos de palácios e templos. Havia, porém, um número reduzido de escravos na economia agrícola: o Império beneficiou-se sempre de um volume suficiente de agricultores livres.

As regiões de origem dos escravos foram-se diversificando aos poucos; no entanto, a Núbia (atual Sudão) permaneceu um importante reservatório permanente. Com o decorrer do tempo, os escravos foram chegando de territórios cada vez mais longínquos, da África Oriental e da Ásia Central. Foi a integração do Egito na área helenística que deu acesso aos mercados da Ásia Menor, outra fonte de abastecimento de escravos na Antiguidade. A diáspora grega difundiu o desejo de ter um número suficiente de escravos para o serviço doméstico, a exemplo da prática disseminada nas famílias gregas.

•••

ESCRAVOS NO CENTRO DA VIDA URBANA

Na Grécia antiga, a mão de obra das minas e das pedreiras era inteiramente servil: cerca de 25.000 escravos nas minas em 420 a.C. e, talvez, 35.000, por volta de 340 a.C. Entre os 104 nomes evocados nas inscrições das minas de prata de Lavreotiki, a maioria vinha das grandes regiões fornecedoras do Mar Negro e da Ásia Menor.

As atividades econômicas urbanas contavam com uma mistura de cidadãos livres, estrangeiros e escravos, cuja onipresença permitia que os homens livres se dedicassem ao exercício da democracia. Ao lado do uso doméstico de escravos, desenvolveu-se um mercado internacional (tráfico de escravos), do qual a Ilha de Delos era um dos centros mais ativos. Estrabão afirma que 10.000 escravos podiam ser vendidos diariamente no mercado de Delos, enquanto a população da cidade estava estimada entre 20.000 e 30.000 habitantes.

•••

AS REVOLTAS SERVIS E A CRISE DA REPÚBLICA ROMANA

Por ocasião das guerras da República tardia (entre 171 e 64 a.C.), o Senado ordenou a escravização em massa dos vencidos. Desenvolviam-se então grandes domínios cerealíferos e fazendas de gado no norte da África, na Sicília e na Península Itálica. As revoltas servis marcaram o período da República Romana; os escravos tornaram-se senhores de boa parte da Sicília, de 140 a 132 a.C., e, em seguida, entre 104 e 100 a.C. Eles chegaram a constituir reinos nos moldes helenísticos, antes de serem duramente reprimidos; de 73 a 71 a.C., a República estremeceu sob o impacto da epopeia de Espártaco através da Península. Depois da escravização dos cativos, os romanos recorreram à compra de crianças vendidas por necessidade, de escravos originários de tribos fronteiriças e de homens condenados por dívidas. A escravidão enraizou-se assim na paisagem social do Império Romano.

•••

O MERCADO DE ESCRAVOS DE DELOS (SÉCULO V A.C.)

Fonte: COUILLOUD, 1987.

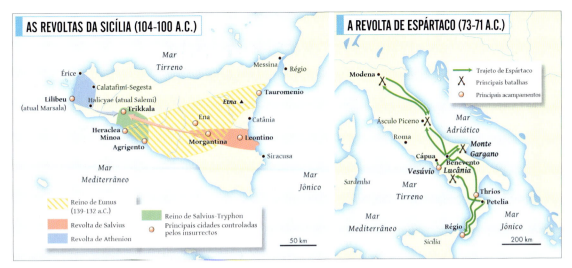

ESCRAVATURA E SERVIDÃO NA ANTIGUIDADE TARDIA

Em vários séculos de existência, a condição servil passou por mudanças. A alforria é um indicador dessas mutações sob o Império Romano. Os escravos são definidos como *res mancipi*, "objetos de propriedade"; com efeito, o termo *mancipium* significa o ato de preensão corporal – referente à transferência da propriedade – de determinado bem, portanto, o fato de colocar sob tutela. O escravo não dispõe de nenhuma autonomia legal, mas pode adquirir bens em proveito de seu senhor que é responsável por seus atos; há também a possibilidade de acumular um "pecúlio", permitindo-lhe a alforria (obtenção do direito de cidadania com pleno efeito para sua descendência). O fato de servirem de intermediários em transações públicas ou privadas tornava igualmente possível, para ex-escravos, uma ascensão social notável. No entanto, não se deve concluir que teria ocorrido um abrandamento da condição servil na Antiguidade tardia; com efeito, as normas jurídicas tornaram-se mais rígidas sob a pressão dos conservadores. Assim, a disposição de seu "pecúlio" – a poupança pessoal – pelo escravo foi submetida à aprovação do senhor, a "administração livre", o que não existia no direito romano clássico.

Nem sequer a conversão do imperador romano ao cristianismo, no começo do século IV, chegou a constituir um freio a essa evolução. Se algumas correntes da Igreja primitiva, na linha do estoicismo, insistiram na incompatibilidade entre a posse de um homem e a liberdade espiritual, a doutrina oficial conforma-se com a instituição. Assim, São Paulo prega a obediência aos senhores na expectativa de que, no além, o escravo seja reconhecido em sua condição de pessoa. Santo Agostinho, por sua vez, considera a escravidão como a consequência do pecado original. E os Padres da Igreja (séculos II-VII) legitimam não somente a escravidão como fato individual, mas também como subjugação coletiva, recorrendo à justificativa de que, segundo a Bíblia, a raça de Cam foi escravizada na terra de Canaã pelas outras duas raças privilegiadas (Gn 9,25-27). No final da Antiguidade, as propriedades eclesiásticas recorriam maciçamente ao trabalho servil.

Verbatim[2]

"Eles serão propriedade vossa, e podereis deixá-los como propriedade hereditária aos vossos filhos. Deles sempre podereis servir-vos como escravos, mas quanto aos vossos irmãos israelitas, ninguém domine com dureza o irmão" (Lv 25,45-46).

---

2. Termo latino que, literalmente, significa palavra por palavra, no caso concreto, em relação ao texto original da referência citada [N.T.].

I AS ESCRAVIDÕES ANTES DAS GRANDES DESCOBERTAS

2. Diversidade das escravidões fora do Ocidente

Se os primeiros testemunhos escritos fazem referência à Mesopotâmia, as investigações etnológicas destacam a existência da escravidão em todas as sociedades humanas, estruturadas ou não em estados. A causa mais frequente é a guerra ou a dependência econômica. Mas a escravização pode também sancionar um desequilíbrio nos níveis de desenvolvimento tecnológico: eis o que ocorreu no período dito das "grandes descobertas" europeias que deu origem a uma mundialização da escravatura. A escravidão existiu em toda a parte: nos impérios pré-colombianos, nos impérios árabes, assim como no Sudeste Asiático.

GUERRAS E SACRIFÍCIOS NA AMÉRICA PRÉ-COLOMBIANA

Antes da chegada dos europeus, os escravos constituíam uma categoria da população ameríndia. Enquanto coisa de seu senhor, o *tlacotli* (escravo) pertencia à esfera doméstica: trabalhador agrícola, carregador, tarefas de manutenção. A condição servil era temporária, não hereditária; o escravo tinha a possibilidade de alforriar-se. A redução à servidão é idêntica à que se observa em todas as sociedades tradicionais: a guerra, a dependência daí resultante (os escravos são o tributo pago ao vencedor), os fatores internos (servidão por dívidas ou por atos de delinquência). Uma fração mais ou menos importante dos cativos de guerra era levada, após a batalha, para serem sacrificados na capital do vencedor. A comprovação disso é a importância dos edifícios dedicados a esses sacrifícios, como se pode ver na planta do centro da cidade de Teotihuacán, na região central do México.

•••

O "TRÁFICO DE ESCRAVOS NO ORIENTE" DESDE O SÉCULO VI

Essa expressão abrange dois circuitos implementados no alvor da civilização islâmica e até o final do século XIX: por um lado, o tráfico marítimo entre as regiões litorâneas da África Oriental e o conjunto do Oriente Próximo; e, por outro, o tráfico de caravanas transaariano. As condições do tráfico de escravos através do Saara eram particularmente difíceis devido à mudança de clima e ao regime alimentar, o que provocava uma mortalidade muito elevada. Eis o motivo pelo qual as sociedades islâmicas importaram grandes quantidades de escravos negros, particularmente para o serviço doméstico urbano. Ademais, o número de mulheres era, nesse tráfico, muito maior que o de homens. Os homens negros eram utilizados como soldados e trabalhadores nas regiões agrícolas às margens do Império Islâmico. Estima-se que, em razão da taxa de renovação muito importante, um pouco mais de 14 milhões de pessoas foram deportadas da África negra para os países islâmicos.

•••

A PIRATARIA NOS MARES DA ÁSIA DO SUL

A pirataria é uma incursão marítima: uma das formas do ato de violência inaugural da escravidão, a captura. Tradicionalmente presente em toda a Insulíndia, a pirataria alimentava os mercados de escravos de Bornéu, Sumatra, Penang ou Singapura. Contudo, na Ásia do Sul, tal prática não era a única fornecedora de escravos; havia ainda o serviço gratuito devido pelos servos ao senhor, as dívidas e a guerra. Os dois focos principais de pirataria eram a Ilha de Mindanao, nas Filipinas, e o Estreito de Malaca que, durante muito tempo, foi controlado por um poderoso sultanato muçulmano; episodicamente, eles mantinham relações entre si. A to-

> **Verbatim**
> "Uma raça se espalhou através do arquipélago dos Mergui. O medo diante dos piratas obrigou essas pobres criaturas a adotar um modo de vida instável. Durante a monção, elas tinham de fugir para ilhas mais isoladas a fim de evitar serem capturadas como escravos" (HAMILTON, 1828).

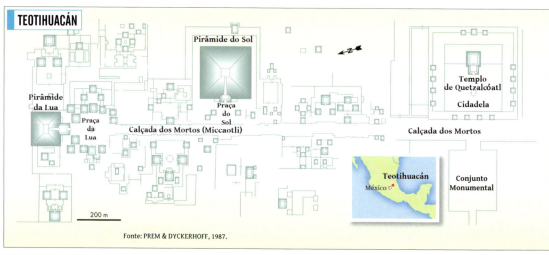

TEOTIHUACÁN

Fonte: PREM & DYCKERHOFF, 1987.

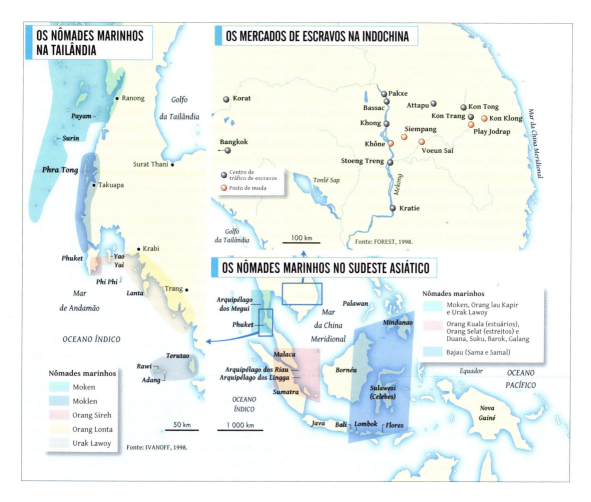

mada de Malaca pelos portugueses, em 1511, teve um alcance considerável. O sultanato e os portugueses tinham pontos em comum, sobretudo a prioridade concedida à circulação das mercadorias produzidas por eles próprios. Os portugueses expulsaram os piratas, a fim de modificar os circuitos em favor de seus protegidos, ex-escravos privilegiados, que dominaram, por sua vez, as rotas de tráfico de escravos.

•••

OS MOKEN E OS BAJAU

No Sudeste Asiático, os escravagistas eram, de preferência, grupos hierarquizados que dominavam os membros de sociedades sem estado. Entre estes últimos, os moken foram as vítimas de todos os caçadores de escravos da região: os malaios escravagistas, os piratas siameses, os comerciantes intermediários chineses. Austronésios originários do arquipélago Riau-Lingga, no mundo marítimo malaio, eles subiram lentamente para o Norte, sob a pressão de forças externas: rejeição do islã, comércio, apropriação de terras. Essa população que, na origem, vivia de caça, adaptou-se progressivamente a um nomadismo marinho para escapar da infatigável busca de mão de obra dos poderosos. Na mesma população e no mesmo lugar, era possível encontrar, simultaneamente, saqueadores e saqueados; tal é o caso de uma população muito próxima dos moken, os bajau, igualmente nômades marítimos.

•••

SERVIDÃO NA ÍNDIA E NA CHINA

Os grandes impérios asiáticos, a Índia e a China, conheceram todas as formas de escravização: cativos, empregados domésticos, agricultores nascidos de uma escrava da casa do senhor, devedores, além de delinquentes incapazes de pagar a multa de resgate.

A integração da escravatura no sistema indiano de castas continua sendo debatida acerca da quarta ordem, os servos ou *shudra*, que estão a serviço das outras três ordens. Os reinos hindus são dominados pelos sacerdotes e pelos guerreiros; a mão de obra conta com numerosos escravos, em que a maioria é constituída por cativos de guerra ligados às grandes famílias guerreiras ou dedicadas ao comércio. A islamização das regiões litorâneas desenvolve, em grande escala, o tráfico de escravos. Os africanos, ou abissínios, são importados dos sultanatos da África Oriental. Os mais apreciados formavam as tropas de elite que conseguiram inclusive derrubar o sultão de Bengala no final do século XV. Os escravos brancos raptados e comprados ainda crianças, nos Bálcãs, eram particularmente apreciados.

Os eunucos eram objeto de uma verdadeira produção por comerciantes especializados; o sistema está igualmente presente no império chinês. Se a presença da instituição é discutida em relação aos reinos arcaicos, o desenvolvimento da escravidão generalizou-se a partir do século XII antes da nossa era, por meio dos condenados pelo Estado. Em seguida, nas famílias pobres, difundiu-se o uso de vender-se ou de vender os filhos.

I AS ESCRAVIDÕES ANTES DAS GRANDES DESCOBERTAS

3. Os impérios árabes

Os impérios – árabe, persa e, em seguida, otomano – praticaram sistematicamente a escravidão. Como o islã proibia que os crentes fossem escravizados, os africanos não islamizados que viviam no sul do Saara foram considerados como destinados a serem escravos: teve aí origem o longo movimento plurissecular do tráfico árabe-muçulmano de escravos; deste modo, do século VIII ao século XIX, o mundo árabe procedeu ao deslocamento de vários milhões de africanos. A ausência de fontes contábeis, suscetíveis de serem comparadas aos registros dos portos negreiros da Europa Ocidental, não permite saber com precisão o volume de seres humanos atingidos por esse tráfico, mas são plausíveis as estimativas que propõem de 7 a 14 milhões de indivíduos.

UMA REVOLTA SERVIL NA MESOPOTÂMIA

A partir do século VIII, os califas abássidas de Bagdá voltaram a cultivar grandes propriedades no Maysan, abandonadas desde que a população rural se tinha deslocado para as cidades. Essas terras, distribuídas a fiéis, foram cultivadas por escravos negros originários dos territórios litorâneos do sul da Etiópia, os zendj, dirigidos por feitores e alforriados. Os capitais vinham da cidade de Bassora, centro comercial e industrial. O porto torna-se o grande mercado de escravos africanos.

Nessa região, coberta por pântanos e canais, é que os zendj e os rebeldes à autoridade do califado lideraram uma insurreição vitoriosa, sob a direção de al-Muhammad, tendo instalado um poder autônomo que controla a totalidade do Baixo Iraque, de 869 a 879. A capital dos insurrectos é Muhtara. Nos anos seguintes, deflagra-se a confrontação direta com o poder de Bagdá, cujo desfecho é o esmagamento dos zendj (883).

•••

UM IMPORTANTE TRÁFICO DE ESCRAVOS

Os escravos africanos eram transportados para os centros do poder (Bagdá, Cairo, Istambul) e para as regiões de agricultura intensiva (o Vale do Nilo, o Crescente Fértil, os arredores do Mar Negro). De duração muito mais longa do que foi o tráfico negreiro europeu, esse tráfico árabe de escravos extremamente importante não deu lugar à implantação duradoura e visível, na atualidade, de uma diáspora africana.

•••

O TRÁFICO DE ESCRAVOS CRISTÃOS

A prática de incursões a cristãos no Mediterrâneo, para alimentar os mercados de escravos de Túnis, Argel ou Trípoli, está comprovada a partir do século VIII. No entanto, o apogeu dessa forma de tráfego de escravos situa-se entre o começo do século XVI e o final do século XVII: durante esses dois séculos, um número superior a um milhão de cristãos (dos quais 90% eram homens) foi vendido como escravo. No decorrer do século XVIII, o ritmo das capturas diminuiu à medida que a potência otomana recuava e que a presença naval do Ocidente se tornava mais preponderante no Mediterrâneo: apenas 300.000 cativos foram arrancados da Europa. Ao se apoderarem de Argel, em 1830, os franceses encontraram na cidade apenas 122 escravos cristãos; a alforria desses escravos por sua família, por instituições de caridade, inclusive, pelos próprios reinos cristãos, era uma prática corrente.

•••

A DIVERSIDADE DO TRÁFICO DE ESCRAVOS ENTRE OS ÁRABES: SAARA, OCEANO ÍNDICO, ORIENTE MÉDIO, ÍNDIA E ÍNDIAS NEERLANDESAS

O tráfico africano de escravos seguia as rotas terrestres transaarianas, no sentido tanto Leste-Oeste quanto

A REVOLTA DOS ZENDJ (SÉCULO IX)

em direção a **Bagdá**
Tib
Qarqub
Badbin • Guga
Wasit
Suse
Gundesapur
Dezful
Dugayl
Tustar
Masruqan •
Askar Mukram •
Mania
Tahita • Hawanit
Tigre (curso atual)
Chatt al-Hayy
Chatt al-Hadt
Al-Ahwaz
Chatt al-Garraf
Al-Qatr
Badaward
Dugayl
Qasr Mamun
em direção a **Ramhormuz**
Eufrates (curso atual)
Diglat al-Awra
Hisn Mahdi •
Gubba
N. as-Sidra
MAYSAN
Al-Furat
Ubulla •
Bassora **Muhtara**

Bagdá
Muhtara •

Golfo Pérsico

Centro do Estado Zendj (Maysan)
Capital do Estado Zendj
Zona parcialmente controlada pelos zendj (869-879)
Grandes cidades conquistadas pelos zendj
Ofensivas mais avançadas dos zendj
Reconquista abássida (880-881)
Cerco de Muhtara (881-883)
Região dos pântanos (Tahita)

50 km

Fonte: POPOVIC, 1976.

ATLAS DAS ESCRAVIDÕES

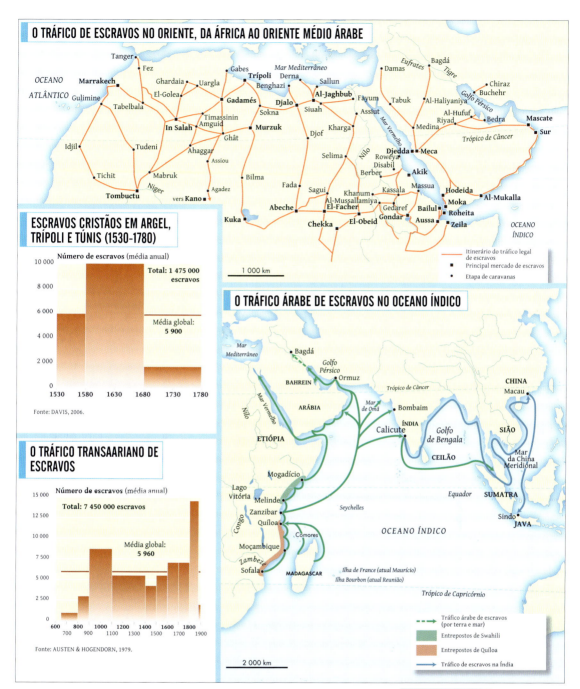

Norte-Sul. O tráfico através do Oceano Índico combinava rotas terrestres e marítimas: os cativos eram levados por caravanas desde a região dos Grandes Lagos, a bacia do Alto Congo e o Vale do Zambeze, até os entrepostos no litoral do Oceano Índico. A principal placa giratória era Zanzibar, cidade em que se verificou o cruzamento, durante vários séculos, dos comerciantes árabes, portugueses, holandeses e, em seguida, ingleses e franceses. A Ilha de Madagascar foi integrada ao circuito como fornecedora de cativos com destino a Quíloa e Zanzibar. As rotas marítimas vieram complementar esse tráfico, distribuindo os escravos em direção tanto ao Mar Vermelho e ao Golfo Pérsico quanto às regiões litorâneas da Índia, através do Mar de Omã, e, a partir do século XVII, em direção às Índias Neerlandesas, territórios em que elas se juntavam ao tráfico indiano de escravos.

Verbatim

"Os revoltados eram utilizados nos aterros com a função de cultivar a Baixa Mesopotâmia, as terras nitrosas do Chatt al-Arab [...]. Eles eram recrutados entre os escravos negros importados e os camponeses pobres do país" (TABARI. Comentário do Alcorão).

I AS ESCRAVIDÕES ANTES DAS GRANDES DESCOBERTAS

4. A escravidão medieval no Ocidente

As margens do Mediterrâneo permaneceram as terras preferidas de sociedades escravocratas, seja por herança da Antiguidade ou como dimensão fundamental das relações entre o mundo islâmico e o Ocidente cristão. À semelhança dos estados muçulmanos, o Império Bizantino viveu constantemente com pavor dessas incursões corsárias; as populações litorâneas eram atormentadas pelo medo da captura e boa parte da economia girava graças ao pagamento de resgates. Os contornos do Mar Negro foram, desde a Antiguidade, uma fonte importante de abastecimento. A demanda crescente, no entanto, levou os europeus a se voltarem cada vez mais para o Atlântico e para a África negra.

A PENÍNSULA IBÉRICA, TERRA DE ESCRAVIDÃO

Na Andaluzia, a escravidão era uma prática corrente; os muçulmanos trouxeram escravos capturados nos campos de batalha ou nas incursões no Mediterrâneo. Em Portugal, as aristocracias guerreiras do Norte utilizavam como escravos não só outros cristãos locais, mas também cristãos moçárabes que fugiam da dominação muçulmana. A Reconquista e a tomada de grandes cidades sarracenas transformaram os vencidos em um reservatório interior de escravos até 1250. As expedições marítimas deram continuidade a essa prática na medida em que os postos avançados cristãos em terra muçulmana tornaram-se o ponto de partida das incursões corsárias: Ceuta, Alzira, Melilla. Sevilha redistribuiu homens e mulheres escravizados através do reino de Castela; no centro deste reino e, avançando ainda mais em direção ao Norte, em Navarra ou na Galícia, observa-se uma "fronteira de civilização" para além da qual os únicos escravos são os empregados domésticos das famílias mais importantes.

Em seguida, um tráfico maciço de escravos é fornecido pelas regiões africanas, o que levou ao desenvolvimento de mercados bastante ativos em todos os portos.

No final do século XVI, dos 7.500.000 habitantes da Espanha e dos 1.500.000 de Portugal, a população em condição servil pôde ser avaliada em um número aproximado de 3 a 4% desse total, ou seja, 270.000 a 360.000 escravos presentes na Península Ibérica.

•••

NA ITÁLIA E NA ESPANHA, OS ESCRAVOS DAS MINAS ÀS GALÉS

Na época medieval, a escravidão permaneceu amplamente um fato mediterrâneo, associado às tradições antigas e ao contato com as terras do islã. Alguns territórios, tais como as ilhas Baleares, a Catalunha, o reino de Nápoles e a Sicília, baseiam uma parte de sua economia – em particular, a exploração das minas e a agricultura – na mão de obra servil. Em outras regiões, a escravidão doméstica estava instalada em todas as cidades, inclusive naquelas de pequeno porte. Na Itália, a cidade de Gênova e, sobretudo, a de Veneza tornaram-se grandes mercados de escravos; na Espanha, Córdoba perpetuava a tradição doméstica artesanal.

Os escravos estavam presentes em toda a parte, tanto na cidade grande quanto na aldeola, tanto na agricultura quanto na indústria, tanto nas famílias mais importantes quanto nos casebres. Nessa sociedade, a posse de escravos era algo corrente em numerosas camadas sociais. O escravo era empregado como pajem de uma corte principesca, ajudante de pedreiro, diarista agrícola, operário de oficina ou de minas, cozi-

> **Verbatim**
> "E toda vitória, mesmo a conseguida pelos maus, humilha os vencidos por juízo divino, corrigindo os pecados ou castigando-os"
> (AGOSTINHO, SANTO. A "guerra justa", Parte II, 2013, p. 438).

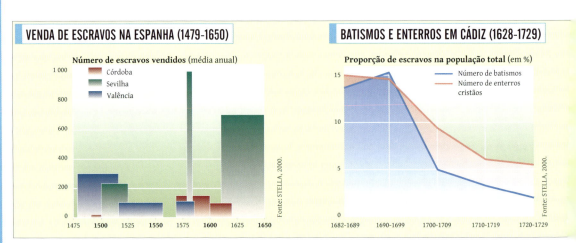

VENDA DE ESCRAVOS NA ESPANHA (1479-1650)
Número de escravos vendidos (média anual)
Córdoba / Sevilha / Valência
Fonte: STELLA, 2000.

BATISMOS E ENTERROS EM CÁDIZ (1628-1729)
Proporção de escravos na população total (em %)
Número de batismos / Número de enterros cristãos
Fonte: STELLA, 2000.

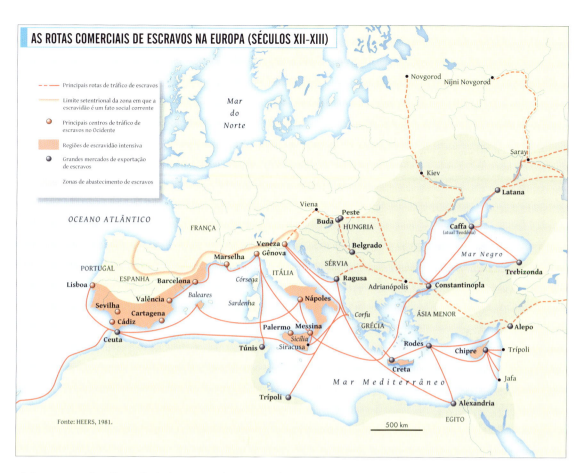

nheiro ou portador. Sua principal característica consistia em sua dependência embrionária e absoluta na relação com um senhor.

DOS ESCRAVOS DO MAGREB AOS BÁLCÃS

Os venezianos e os genoveses tinham tomado o controle das antigas rotas de tráfico de escravos do Mediterrâneo Oriental; os entrepostos eram Caffa (atual Teodósia), Latana, Chipre, Creta. E por esses trajetos transitavam escravos russos, circassianos (vales caucasianos no leste do Mar Negro), tártaros (estepes da Ásia Central). Os países eslavos, principalmente as populações sérvias, constituíam verdadeiros reservatórios de jovens cativos, os esclavões. Barbarescos, turcos e mouros eram vendidos em todos os grandes centros portuários. Os africanos, numerosos em Palermo antes de 1450, vinham da região de Bornu, arredores do Lago Tchad. Os escravos negros do tráfico transaariano chegavam — via Trípoli, Túnis e Cirenaica — ao reino de Nápoles. Catalães, valencianos, majorquinos e genoveses, temíveis corsários, cercavam as fronteiras do mundo muçulmano, desde o Mar Egeu até o Oceano Atlântico, e acabavam trazendo escravos de suas incursões contra as terras muçulmanas.

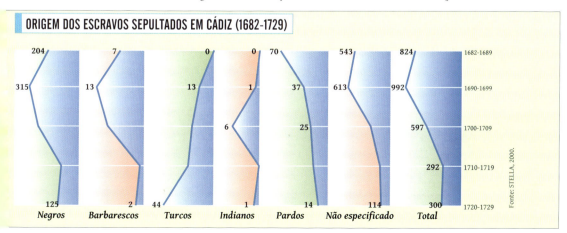

I AS ESCRAVIDÕES ANTES DAS GRANDES DESCOBERTAS

5. A África pré-colonial

No continente africano, vários elementos deram à escravidão uma importância tão considerável que, a partir de meados do século XV, a palavra "africano" (ou "etíope") equivalia a escravo e, em seguida, "negro" significou escravo. Na África, a guerra estava onipresente, fazendo numerosos cativos: em grande parte, eles eram propriedade coletiva – ou estatal, ou "despótica" –, tornando-se empregados domésticos, soldados ou ainda trabalhando em grandes fazendas, a serviço exclusivo do soberano; a outra parte alimentava o tráfico de escravos, seja transaariano, ou do litoral oriental. Os reinos, apresentados mais abaixo, dão testemunho disso.

O TRÁFICO INTRA-AFRICANO DE ESCRAVOS

Esse tráfico é muito anterior ao século XV. Aliás, desde o século VI, observam-se três fatos que o favoreceram, sem que seja possível estabelecer sua anterioridade nem sua reciprocidade: as grandes formações estatais nas regiões de savanas (Sahel, bacia do Zambeze, reino do Congo); a existência de um grande número de cativos devido à guerra permanente e às invasões; e, por último, a conquista árabe que oferece oportunidades a intermediários desse tráfico.

Pouco conhecidos – confundidos, muitas vezes, com os tráficos muçulmanos –, os "tráficos internos" dizem respeito ao comércio de escravos em benefício dos soberanos e das famílias dirigentes da África negra. Esse tráfico – que acompanha as caravanas do ouro, do sal e dos cavalos – refere-se

OS ESTADOS CUJA FUNDAÇÃO SE DEVE À ESCRAVATURA (SÉCULOS XVII-XVIII)

FONTE: PALMER, 1957.

Verbatim

"Os escravos na África estão, relativamente aos homens livres, na proporção de três para um [...]. Além de ser a fonte que produz o maior número de escravos, a guerra esteve provavelmente na origem da escravidão" (PARK, 1799).

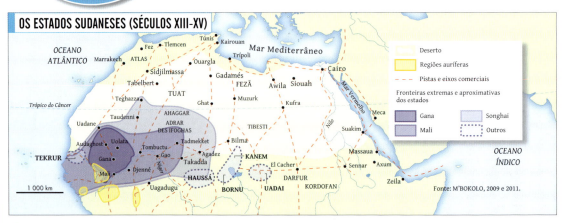

OS ESTADOS SUDANESES (SÉCULOS XIII-XV)

Fonte: M'BOKOLO, 2009 e 2011.

22 ATLAS DAS ESCRAVIDÕES

indiferentemente a árabes e a abissínios. Enquanto produtos de luxo, os escravos são empregados na corte: os homens como eunucos e as mulheres como dançarinas ou concubinas. O comércio urbano de alimentos é exercido por escravas que, além disso, podem ser forçadas a trabalhar na agricultura.

Com efeito, na região subsaheliana havia igualmente grandes plantações escravagistas, cultivadas por escravos comprados individualmente; nesses territórios existiam paralelamente tribos subjugadas a uma servidão coletiva. Os estados muçulmanos do Mali, do Songhai e os estados haussá, que se desenvolveram entre os séculos X e XV, eram estados guerreiros cujo poderio repousava na captura de pessoas ulteriormente escravizadas, redistribuídas parcialmente entre as grandes famílias nobres e, eventualmente, revendidas a traficantes árabes. Assim, criou-se um verdadeiro sistema baseado na exploração do corpo dos escravos para a produção, para a diversão ou para o enriquecimento de traficantes. Deste modo, na esteira da guerra e do comércio que se serve das caravanas, desenvolve-se uma sociedade escravocrata.

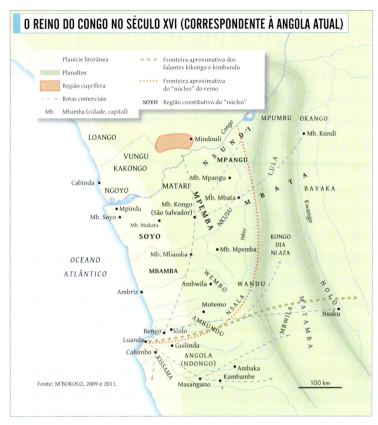

O TRÁFICO DE ESCRAVOS NO ESTADO DE SEGÚ (HOJE, NO MALI)

O reino Bambara de Segú é contemporâneo do grande período do tráfico transatlântico de escravos (1720-1861); no entanto, as estruturas sociopolíticas desse estado guerreiro da savana são emblemáticos da África pré-colonial.

Os *jon* eram indistintamente os escravos e os cativos. No interior da comunidade existem motivos que levam à prática da escravidão: a necessidade, o endividamento e a delinquência. No essencial, porém, tratava-se de cativos do Estado, utilizados como soldados ou distribuídos pelo soberano (*faama*) às grandes linhagens guerreiras. A maioria dos escravos era, no entanto, destinada à venda, e o *faama* era igualmente o maior vendedor de escravos. Grupos comerciantes especializados, os *marka*, serviam de intermediários entre as "pessoas de Segú" e outros negociantes: os mouros, os magrebinos e os *diulas*, os comerciantes do Sul, interlocutores habituais dos europeus. Entretanto, uma grande parte dos escravos comprados era conservada localmente para ser destinada à produção.

Constata-se, portanto, um duplo nível na estrutura escravocrata bambara: por um lado, a guerra que produzia os cativos e, por outro, o comércio que produzia os escravos. Mas tudo estava subordinado aos interesses do Estado guerreiro de Segú e, em particular, de seu soberano.

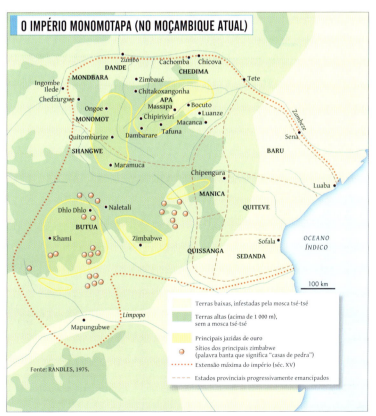

I AS ESCRAVIDÕES ANTES DAS GRANDES DESCOBERTAS

6. O tráfico de escravos sob o controle de Portugal no século XV

No decorrer da sequência histórica marcada pela "invenção" do tráfico transatlântico de escravos, os atores que intervieram por conta do reino de Portugal desempenharam um papel essencial. Contudo, não foi uma forma radicalmente nova de exploração da mão de obra, mas antes um deslocamento de tráficos ancestrais para o Ocidente. De fato, os portugueses tinham o costume de introduzir a mão de obra servil negra na Europa Mediterrânea; e acabaram avançando um passo com a valorização de São Tomé, uma ilha periférica do continente africano e, sobretudo, com a exploração do Novo Mundo. Todavia, o comércio triangular não se impôs de imediato.

▌A ENGRENAGEM

No começo do século XV os mercados de escravos da Ásia Central permaneceram fechados para os comerciantes europeus em razão do avanço turco. As zonas de incursões estavam cada vez mais distantes: Safi, Rabat, Mogador. Alguns aventureiros tomaram posse, em nome do rei de Portugal, de determinadas ilhas: os Açores por flamengos e a Madeira por italianos[3]. Não havia ainda o tráfico de escravos, mas o poder pretendia dar meios de vida aos camponeses da península que não tinham terras. Além disso, os produtos que já eram objeto de especulação comercial – especialmente a cana-de-açúcar – exigiam mão de obra; tendo conhecimento do comércio transaariano, os portugueses procuravam controlá-lo no Marrocos. Bem depressa, eles tentaram desviá-lo, empreendendo incursões: em 1447, na pequena Ilha de Arguim, eles trocaram ouro em pó e cativos capturados entre os mouros por tecidos e trigo. Os genoveses estavam em Cabo Verde, ilhas em que pretendiam desenvolver a cana-de-açúcar e importar escravos do continente. Os andaluzes vieram em seu encalço e começaram a frequentar, de forma maciça, as feitorias africanas a partir das Canárias. Os escravos negros chegaram, após 1450, em grande número à península; a partir de 1550, o Brasil deu continuidade a esse comércio. Os portugueses desenvolveram, após 1481, a grande feitoria de tráfico de escravos, em São Jorge da Mina; e, depois de 1486, a economia de plantação em São Tomé.

•••

▌RUMO ÀS COLÔNIAS ESPANHOLAS NA AMÉRICA

Os espanhóis inseriram-se nos circuitos africanos do tráfico de escravos a partir das Canárias, ocupadas com dificuldade a partir de 1344; os indígenas guanches acabaram sendo vítimas da deportação para a Andaluzia, de modo que seu destino reproduzia, em escala reduzida, o que será mais tarde a evolução da América Hispânica.

O monopólio da exploração das terras no Oeste, ou seja, a grande parte das Américas, pertencia à Espanha, enquanto o das terras a Leste (África e Brasil) ficava sob a alçada de Portugal, em virtude do Tratado de Tordesilhas (divisão do mundo entre Espanha e Portugal, 1494). Por isso, a Espanha era tributária dos portugueses para introduzir escravos na América; deste modo, ela implementa procedimentos jurídicos para romper essa dependência. Os espanhóis instituíram assim, desde o começo do século XVI, um mecanismo de delegação com interesses privados, indivíduos ou companhias, do monopólio do Estado sobre a importação de africanos: são estabelecidas, por um lado, as "licenças" (direito de importar um só negro na América) e, por outro, os *asientos* (direito de importar certa quantidade de negros durante determinado tempo). O primeiro *asiento* foi concedido, em 1518, por Carlos V: ele abrangia a introdução, em quatro anos, de 4.000 negros que deviam vir diretamente da Guiné, sem transitar pelo Maghreb.

•••

> **Verbatim**
> "No dia seguinte, que era [8 de agosto de 1444], de manhã bem cedo por causa do calor, os mareantes começaram a preparar os batéis para levar os cativos ao local indicado"
> (ZURARA, 1448).

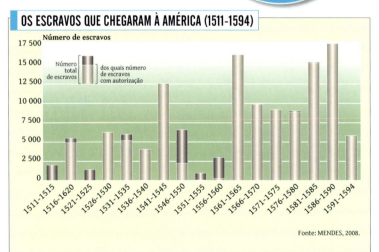

OS ESCRAVOS QUE CHEGARAM À AMÉRICA (1511-1594)

Fonte: MENDES, 2008.

---

3. A descoberta da Madeira teria sido feita, em 1336, pelo navegador genovês Lanzarotto Mallocello, contratado pela coroa portuguesa para realizar uma expedição naval até as Canárias. Cf. SERRÃO, 1994, p. 69. • Aparentemente, os últimos a "descobrir" a Madeira foram os portugueses, o que não os impediu de serem os primeiros a povoá-la. A ilha aparece em portulanos catalães e italianos; além disso, nas vésperas da primeira viagem portuguesa, em 1419, ela teria sido visitada por castelhanos, assim como por franceses e ainda por ingleses. Cf. CARITA, 1989, p. 46.

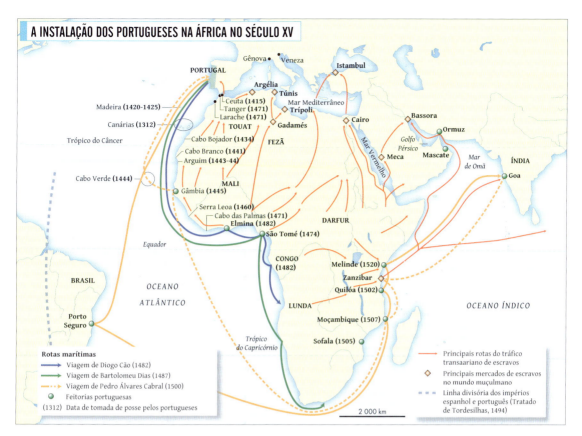

A INSTALAÇÃO DOS PORTUGUESES NA ÁFRICA NO SÉCULO XV

OS ESCRAVOS DESEMBARCADOS NAS AMÉRICAS ESPANHOLAS (1526-1685)

Desde a segunda metade do século XVI, Angola foi o grande viveiro de escravos para o tráfico português. Assim, 31.922 escravos foram embarcados em Luanda, entre 1575 e 1587, e encaminhados para São Jorge da Mina, São Tomé e Cabo Verde. Em 1580, a Espanha anexou Portugal, mas multiplicou os *asientos* em favor dos comerciantes e, em seguida, dos estados europeus, enquanto o contrabando ganhava uma amplitude cada vez maior.

A regulamentação do comércio de escravos referia-se igualmente aos portos de chegada que eram grandes mercados locais de mão de obra e, simultaneamente, entrepostos de redistribuição para todo o continente americano. As Províncias Unidas[4], instaladas nas possessões portuguesas, começaram a questionar esse monopólio ibérico desde o final do século XVI, tendo sido acompanhadas de imediato pelas outras potências europeias. ●

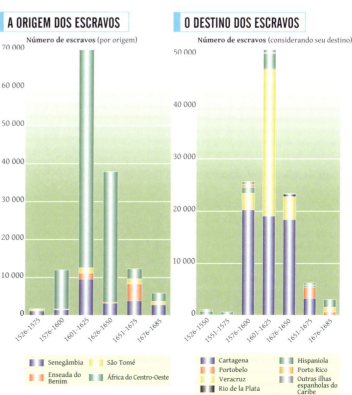

---

4. Fórmula simplificada de República das Sete Províncias Unidas [do Norte] dos Países Baixos: estado europeu – antecessor dos atuais Países Baixos, também conhecido como Holanda – que existiu entre 1581 e 1795 [N.T.].

Fonte: MENDES, 2008.

I. As escravidões antes das grandes descobertas

7. CONCLUSÃO

Muito antes do tráfico de escravos sob o controle dos europeus, o continente africano já estava exaurido em razão do comércio negreiro. Os dois grandes vetores desse comércio eram as caravanas transaarianas e os portos do Oceano Índico em direção ao Oriente Médio e à Índia. A partir dessas rotas é que os europeus, desviando-as em benefício próprio ou inserindo-se como intermediários, vão aparecer progressivamente e, em seguida, impor seus preços e suas condições.

Mas esse tráfico nunca foi uma prática exterior às sociedades locais. Em todos os continentes, encontram-se fatores externos e internos idênticos para a escravização de indivíduos e de populações: a guerra principalmente, mas também a punição para determinado delito. A condição servil é uma alternativa à morte, cuja decisão não pertence ao principal interessado.

O processo, no entanto, não deixa de passar por uma forte desvalorização da representação dos indivíduos e dos grupos escravizados. As tarefas efetuadas pelos escravos são menosprezadas, sua própria aparência é objeto de rejeição com a finalidade de sublinhar ainda mais o distanciamento deles em relação aos senhores. Aliás, as grandes religiões veiculam relatos que justificam tal separação.

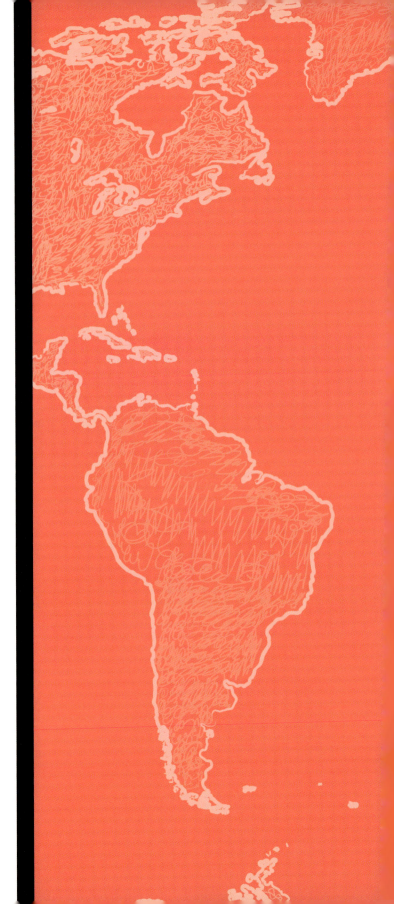

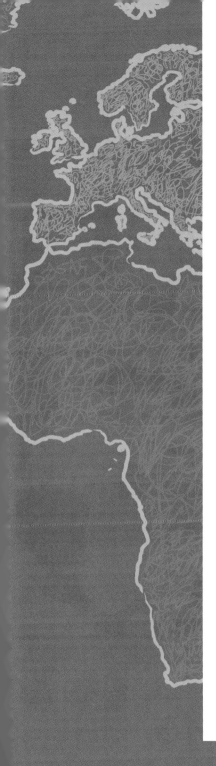

II
A PRÁTICA LEGAL DO TRÁFICO DE ESCRAVOS
(SÉCULOS XV-XIX)

Enquanto situação incontestável, inicialmente, a escravidão praticada nas colônias europeias entre o final do século XV e o século XIX respondia à carência de mão de obra resultante do extermínio dos índios. Contudo, o abastecimento em escravos pressupunha um comércio regular entre a África e as colônias da América: eis o que se designa por *tráfico dos negros*. Legalizado, estruturado, até mesmo, incentivado, o tráfico negreiro foi, portanto, uma prática legal desde o final do século XV para as potências ibéricas e, mais tardiamente, para os recém-chegados ao Novo Mundo. Para a França, o tráfico foi legalizado em 1642, por um edito de Luís XIII, e a escravidão em si foi regulamentada mais tarde, em 1685, pelo *Code Noir* [Código Negro]; e o mesmo ocorreu, em 1786, para as colônias espanholas[5].

Assim, a deportação de africanos teria sido um "comércio corrente" que obedece às leis e regulamentos dos países organizadores. Tal prática foi considerada contrária às disposições da lei no começo do século XIX: 1807, para a Grã-Bretanha; 1808, para os Estados Unidos; e, pela Convenção de Viena de 1815, para as outras nações europeias. Começava, então, o tráfico ilegal de escravos.

---

5. Cf. ANEXOS - 2. A e B [N.T.].

II A PRÁTICA LEGAL DO TRÁFICO DE ESCRAVOS (SÉCULOS XV-XIX)

1. O tráfico de escravos na Europa

Diz-se que a Europa "inventou" o tráfico negreiro: na realidade, ele havia sido praticado pelas sociedades da Antiguidade e, em seguida, pela Europa na Idade Média. Do mesmo modo, a partir do século X, ele foi utilizado pelos impérios árabe-muçulmanos; além disso, o tráfico negreiro intra-africano existia há longa data. Todavia, a colonização do Novo Mundo pelos europeus marcou uma ruptura quantitativa. Começou, então, um dos mais maciços empreendimentos de deslocamento forçado de seres humanos: entre 12 e 15 milhões de homens e de mulheres arrancados de seu continente sem nenhuma esperança de retorno à terra natal. Essa deportação em massa foi organizada administrativamente pelas mais importantes nações da época.

OS CIRCUITOS DO TRÁFICO EUROPEU DE ESCRAVOS

O tráfico negreiro do século XVI ao século XIX formou três circuitos distintos. O tráfico do Atlântico Norte, o mais maciço, mola propulsora do sistema negreiro europeu, funcionava segundo o esquema do "comércio triangular" ou "em circuito". O "triângulo" incluía as seguintes etapas: os navios carregados de mercadorias destinadas à compra de escravos dirigiam-se – a partir da Europa – para as regiões litorâneas da África, locais em que ocorriam as transações. Em seguida, eles atravessavam o Atlântico para chegar às Antilhas ou ao continente americano, mercados em que os cativos eram vendidos. Enfim, os navios carregados de produtos coloniais voltavam à Europa. Para esse tráfico, a intervenção monetária era bastante reduzida porque as principais operações comerciais (escravos, na África, e produtos coloniais, na América) eram pagos em mercadorias.

O tráfico de escravos no Atlântico Sul funcionava quase sempre em "linha reta": os navios partiam do Brasil em direção a Luanda, Porto Novo ou Uidá carregados de produtos locais ou importados pelos portugueses, atracando na África; nos portos africanos, eles compravam os cativos e, em seguida, retornavam para o Brasil. O desvio por Lisboa era uma exceção.

Por sua vez, o tráfico de escravos no Oceano Índico era diferente do esquema triangular: as transações operavam-se nas regiões litorâneas de Madagascar e da África Oriental em direção às ilhas, sem retorno aos portos da Europa.

•••

OS PAÍSES NEGREIROS

Todas as potências marítimas da Europa participaram da atividade negreira. Quatro países garantiram mais de 90% de todo o tráfico transatlântico de escravos: Portugal com 4,650 milhões de cativos transportados, seguido pela Inglaterra (2,6 milhões), pela Espanha (1,6 milhões) e pela França (1,25 milhões). O caso de Portugal é excepcional: apesar de seu pequeno porte, esse país desempenhou o papel principal no povoamento africano do continente americano. Os navegadores portugueses, além de terem sido os primeiros a fundar feitorias na África desde o século XV, impuseram-se no interior de imensos territórios (Angola e Moçambique). Tendo tomado posse do Brasil, eles transformaram esse território em um agente ativo do comércio negreiro; aliás, seria preferível falar de tráfico luso-brasileiro de escravos. O lugar da Espanha, modesto em relação a seu império americano, explica-se pelo recurso sistemático ao tráfico estrangeiro (Portugal, Inglaterra, Holanda), via o *asiento*. O essencial do tráfico dito espanhol de escravos foi garantido, de fato, por Cuba no século XIX.

•••

DESTINOS DOS CARREGAMENTOS HUMANOS

A distribuição espacial do destino dos carregamentos de escravos que chegaram às Américas, pelo tráfico tanto do Atlântico Norte quanto do Atlântico Sul, reflete fielmente a geopolítica da escravatura de plantação, pelo menos até as primeiras décadas do século XIX, período em que a proibição desse tráfico se torna efetiva.

Dois grandes conjuntos geopolíticos receberam, por si sós, quase 10 milhões de escravos, ou seja, mais de 80% do total do tráfico transatlântico: o Brasil recebeu cerca de 4 milhões de escravos e o Arquipélago das Antilhas – incluindo todas as colônias – foi o destino de quase 6 milhões. Os Estados Unidos, inclusive na época da América do Norte Britânica, receberam cerca de

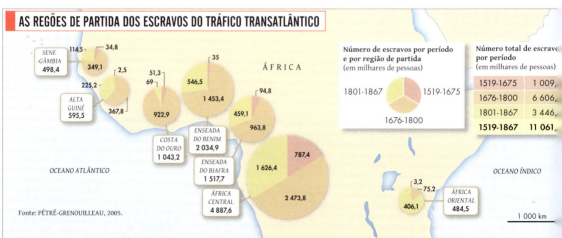

AS REGÕES DE PARTIDA DOS ESCRAVOS DO TRÁFICO TRANSATLÂNTICO

Fonte: PÉTRÉ-GRENOUILLEAU, 2005.

AS ROTAS DO COMÉRCIO NEGREIRO (SÉCULOS XVI-XIX)

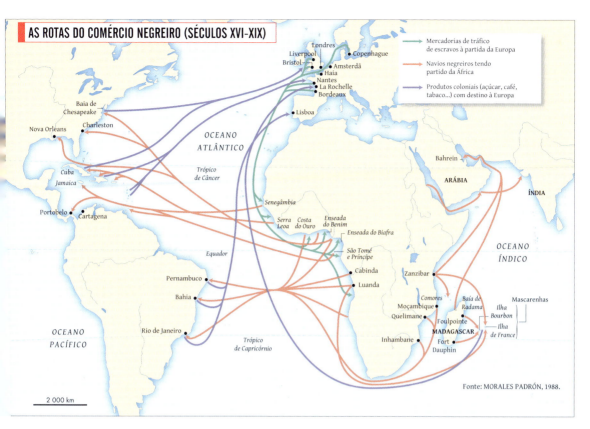

Fonte: MORALES PADRÓN, 1988.

500.000 escravos, e o conjunto da América Espanhola perto de 1,6 milhões. A escravidão colonial ocorreu, portanto, maciçamente no Caribe e no imenso Brasil, mas de acordo com uma cronologia sensivelmente defasada: no momento em que esse tráfico com destino às Antilhas Francesas e Inglesas começa a diminuir (Revolução de Saint-Domingue[6], em 1793-1794, seguida pela abolição de tal comércio sob o controle inglês, em 1807), o tráfico para o Brasil chegava a seu auge, culminando nas décadas de 1830-1840. Caribe, Cuba e Porto Rico foram os únicos territórios que continuaram a atrair maciçamente um tráfico ilegal de escravos, até a década de 1860. O Oceano Índico, por sua vez, ocupou um lugar muito mais modesto, pelo menos no que se refere ao tráfico assegurado pelos ocidentais. Tendo começado mais tarde do que o tráfico transatlântico, ele coincidiu com a instalação efetiva de colonos franceses nas Ilhas Mascarenhas (Maurício e Reunião), no começo do século XVIII: no total, foram vendidos nessas ilhas perto de 1,2 milhões de escravos, provenientes principalmente de Madagascar e das regiões litorâneas da África Oriental, via Zanzibar, mas também da África Ocidental.

Verbatim

"Apesar de possuírem a maior parte do continente americano, os espanhóis não capturavam diretamente os negros; com efeito, eles assinaram tratados com outras nações para garantirem seu fornecimento" (SAVARY DES BRUSLONS. "Nègres", verbete reproduzido in *Encyclopédie*, t. 11, p. 79).

PAÍSES DESTINATÁRIOS E ORGANIZADORES DO TRÁFICO DE ESCRAVOS

Fonte: THOMAS, 2006.

6. Colônia francesa que ocupava o terço ocidental de São Domingos – ilha também chamada Hispaniola, na qual Cristóvão Colombo estabeleceu, em 1493, a primeira colônia da América – e corresponde atualmente à República do Haiti; a leste, encontrava-se a antiga província espanhola de Santo Domingo que, hoje em dia, é a República Dominicana. Ao proclamar a independência desse território (1804), Jean-Jacques Dessalines (1758-1806), general negro e ex-escravo, atribuiu-lhe o nome Haiti em homenagem aos antepassados indígenas: na língua dos taínos, "Ayti" significa terra montanhosa [N.T.].

ATLAS DAS ESCRAVIDÕES 29

II A PRÁTICA LEGAL DO TRÁFICO DE ESCRAVOS (SÉCULOS XV-XIX)

2. As cifras do tráfico de escravos

As cifras do tráfico negreiro foram, durante muito tempo, objeto de acirradas polêmicas. As estimativas que iam de 100 a 300 milhões não tinham qualquer embasamento científico. Os dados estatísticos são agora admitidos por todos: entre 12 e 13 milhões de africanos foram embarcados em navios negreiros europeus, incluindo todos os destinos, com uma taxa de mortalidade média em torno de 15%. Por falta de fontes, é impossível avaliar, com exatidão, o número de vítimas na África, provocadas diretamente pelo tráfico europeu; entretanto, no estado atual das pesquisas, essa cifra seria de quatro a cinco vezes o número dos cativos embarcados.

■ UMA DEPORTAÇÃO EM MASSA

O gráfico da p. 31 permite visualizar a quase totalidade do tráfico transatlântico de escravos entre 1550 e 1860, com uma subestimativa para o século XVI e começo do século XVII, período em que esse tráfico era quase exclusivamente português e espanhol. É possível determinar três fases:
• Da década de 1560 às décadas de 1730-1740, o número de deportados, em crescimento rápido desde o começo do século XVII, permaneceu modesto para atingir 20 a 30 mil, anualmente, entre 1630 e 1640.

> ### Verbatim
> "Tenta-se justificar o quanto esse comércio é infame e contrário ao direito natural dizendo que esses escravos encontram habitualmente a salvação de sua alma na perda de sua liberdade" (SAVARY DES BRUSLONS, *op. cit.*).

• Em seguida, a partir das décadas de 1740-1750, a aceleração foi espetacular, entrecortada por quedas bruscas durante os anos de guerra – principalmente a Guerra da Independência dos Estados Unidos, a primeira coalizão em 1793-1795 e os anos do bloqueio napoleônico – e prossegue até as décadas de 1830-1840 para alcançar o ritmo anual de 70 a 90 mil escravos transportados. O recorde absoluto foi alcançado em 1829 com um número acima de 100.000 cativos transportados, na época precisamente em que as grandes potências tinham assinado a Convenção de Viena que proibia o tráfico negreiro...
• Finalmente, após 1840, houve um refluxo rápido da atividade negreira sob o duplo efeito, por um lado, das abolições sucessivas da escravidão nas Américas e, por outro, da luta cada vez mais eficaz contra o tráfico ilegal de escravos. Após 1865, o tráfico negreiro tinha cessado com exceção de algumas expedições de contrabando dificilmente detectáveis.

•••

■ O PICO DO TRÁFICO DE ESCRAVOS

60% desse tráfico na Europa ocorreu no século XVIII, 33% no século XIX e apenas 7% nos séculos XVI e XVII. Assim, a longa duração do tráfico negreiro europeu não deve dissimular o fato principal de que sua fase de intensidade máxima esteve concentrada em um período relativamente breve: em apenas sessenta anos, mais de 90% dos escravos africanos foram enviados para as Américas.

•••

■ A MORTALIDADE, UMA EVOLUÇÃO LIMITADA

A curva geral do gráfico mais abaixo reflete a longa evolução da taxa de mortalidade de cativos a bordo dos navios: muito elevada (em torno de 30%) nas origens do tráfico, essa taxa conheceu uma baixa rápida no século XVIII, devido essencialmente a uma melhora da alimentação e da higiene, simbolizada pela obrigação de embarcar um cirurgião, considerando que o escravo era uma mercadoria dispendiosa para o armador e sua venda deveria garantir um lucro substancial.

MORTALIDADE DOS ESCRAVOS DUANTE A TRAVESSIA, POR PAÍS NEGREIRO

Taxa de mortalidade (em %)

	Mortalidade média
Espanha	17,0 %
França	13,8 %
Países Baixos	14,6 %
Portugal	8,7 %
Reino Unido	13,1 %
Média dos 5 países	12,4 %

Períodos: 1590-1699, 1700-1749, 1750-1807, 1808-1829, 1830-1866

Fonte: ELTIS; BEHRENDT; RICHARDSON; KLEIN, 1998.

ATLAS DAS ESCRAVIDÕES

O RITMO DO TRÁFICO TRANSATLÂNTICO DE ESCRAVOS (1514-1866)

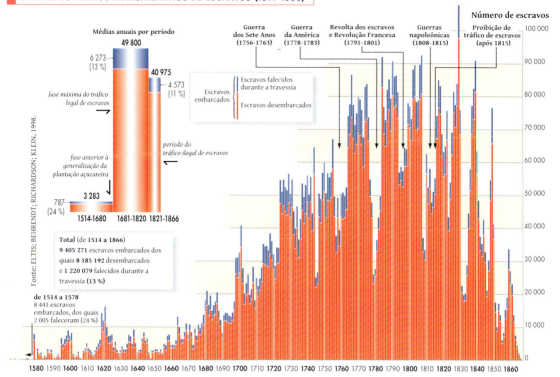

A estabilização da mortalidade a partir de meados do século XVIII, em torno de 15%, sublinha os limites alcançados na busca de uma melhoria da rentabilidade desse tráfico: revelava-se a impossibilidade de evitar as doenças infecciosas e o escorbuto. Essa taxa média dissimulava desigualdades enormes: algumas travessias podiam contar com uma taxa de mortalidade muito baixa ao passo que outras eram vítimas de verdadeiras hecatombes devido a uma revolta, a uma epidemia a bordo ou simplesmente devido às condições de viagem bastante difíceis que tornavam demasiado longa a duração da travessia. A mortalidade a bordo variava igualmente em função dos países, mais ou menos exigentes no tocante às regras sanitárias. O nítido aumento da mortalidade no século XIX explica-se pelo caráter – daí em diante, clandestino – do tráfico que tivera por efeito o desaparecimento do displicente controle público sobre as tripulações e os navios.

As tripulações, por sua vez, submetidas aos mesmos riscos de epidemia e a condições de trabalho bastante difíceis, eram atingidas também por uma mortalidade muito acentuada, claramente superior à do comércio corrente; essa taxa de mortalidade recuou pouco no decorrer do século XVIII para tornar-se quase sempre superior à dos escravos nas últimas décadas. Esse aspecto explica a grande dificuldade para recrutar as tripulações: além de ser pouco conceituada, essa atividade era perigosa para os marinheiros. ●

MORTALIDADE GERAL DOS ESCRAVOS

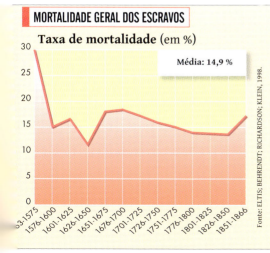

MORTALIDADE NOS NAVIOS DO PORTO DE NANTES (1708-1793)

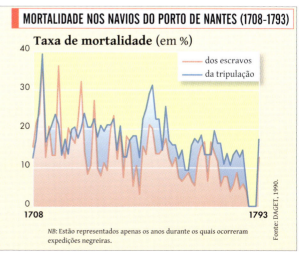

NB: Estão representados apenas os anos durante os quais ocorreram expedições negreiras.

ATLAS DAS ESCRAVIDÕES

II A PRÁTICA LEGAL DO TRÁFICO DE ESCRAVOS (SÉCULOS XV-XIX)

3. O tráfico de escravos sob o controle da Inglaterra e da França

A "2ª Guerra dos Cem Anos", que vai dos últimos anos do reinado de Luís XIV (falecido em 1715) até Waterloo (confronto militar ocorrido em 18 de junho de 1815), opôs a Inglaterra à França em uma prolongada luta pela supremacia europeia; ela foi decisiva no mar até a eliminação naval francesa, após a Batalha de Trafalgar, em 21 de outubro de 1805. Nesse confronto, o lance central era o domínio político e comercial das colônias no espaço americano e no Oceano Índico, assim como o controle do tráfico negreiro, mola propulsora do complexo colonial, fonte de riqueza e de poder. O Atlântico Norte foi sulcado, no século XVIII, pelos navios negreiros ingleses e franceses, esses "caixões flutuantes" denunciados pelo jornalista, escritor, político e grande orador parlamentar francês, Mirabeau, em 1790 (cf. ANEXOS - 1. A).

A RIVALIDADE ENTRE A FRANÇA E A INGLATERRA

O tráfico negreiro não escapou à rivalidade plurissecular entre a França e a Inglaterra, mas de acordo com uma cronologia defasada: no total, o tráfico inglês de escravos fez, por si só, cerca de 10.000 expedições negreiras, ao passo que seu rival francês organizou pouco mais de 3.700. A preponderância inglesa é, nesse aspecto, mais proporcional à sua dominação marítima do que à sua potência colonial propriamente dita.

A Inglaterra desempenhou o papel de agente comercial para a maioria das potências escravocratas que recorreram a ela para abastecer suas plantações. O exemplo do fluxo negreiro para a Jamaica é revelador desse papel redistribuidor desempenhado pelo tráfico inglês: até mesmo, no auge de sua atividade açucareira, a Jamaica nunca teve mais de 230.000 escravos em suas plantações, ao passo que Saint-Domingue tinha acima de 550.000, em 1789. No entanto, fica claro que a grande ilha inglesa é que recebeu o maior número de cativos, revendidos em grande parte aos donos das plantações com déficit crônico de mão de obra: Estados Unidos, Luisiana, Cuba, mas também Saint-Domingue, insaciável devorador de escravos. No lado oposto, o tráfico francês, até mesmo em seu apogeu na década de 1780, nunca foi capaz de garantir sozinho o fornecimento de escravos para as colônias antilhanas da França, apesar dos bônus pagos aos armadores por cabeça de escravo importado. A preeminência da indústria açucareira de Saint-Domingue exigia uma abertura, legal ou fraudulenta, aos tráficos estrangeiros de escravos: ela foi principalmente inglesa, para além da rivalidade entre as duas potências.

Enquanto o tráfico inglês já era poderoso no século XVII, garantindo uma boa parte do abastecimento de escravos para as colônias espanholas, o tráfico francês só se desenvolveu plenamente durante o século XVIII a medida que se expandia seu domínio colonial e crescia sua produção açucareira para atingir praticamente o mesmo nível de tráfico de sua poderosa concorrente depois do choque violento que foi, para a Inglaterra, a perda de suas treze colônias da América do Norte.

Com efeito, uma análise mais minuciosa da cronologia permite isolar uma fase em que os dois países se en-

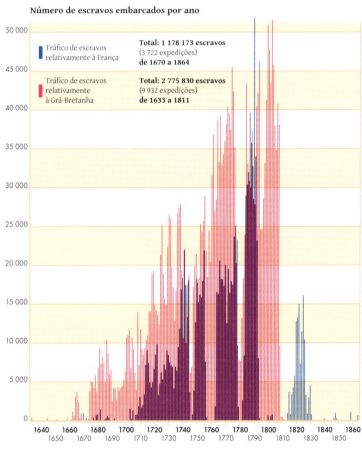

O TRÁFICO DE ESCRAVOS SOB O CONTROLE DA FRANÇA E DA GRÃ-BRETANHA (1633-1864)

Número de escravos embarcados por ano

Tráfico de escravos relativamente à França — Total: 1 178 173 escravos (3 722 expedições) de 1670 a 1864

Tráfico de escravos relativamente à Grã-Bretanha — Total: 2 775 830 escravos (9 932 expedições) de 1633 a 1811

Fonte: ELTIS; BEHRENDT; RICHARDSON; KLEIN, 1998

Verbatim

"Nada acontecerá além da Revolução da América [...], colocando a Inglaterra em tal estado de fraqueza que ela deixará de suscitar qualquer temor na Europa. [...] Então, voltaremos a dar um pouco de atenção aos Senhores Ingleses relativamente a suas pretensões"
(Mémoire de Choiseul au roi Louis XV, 1765. In: BOURGEOIS DE BOYNES, P.-E. Journal inédit 1765-1766).

contram no mesmo patamar e, inclusive, a França consegue superar o tráfico negreiro inglês. Entre meados da década de 1770, começo da insurreição das treze colônias, e o final da década de 1780, momento em que a França entrava no período da Revolução, o tráfico inglês conheceu o seu ponto mais baixo desde o início do século, ao passo que o tráfico francês era florescente. Convém chamar a atenção para esse momento: ele corresponde ao apogeu do poderio e da riqueza de Saint-Domingue que se tornara o primeiro produtor mundial de açúcar e, por conseguinte, o primeiro importador de escravos de todo o circuito negreiro europeu.

Em meados da década de 1780, a Jamaica Inglesa importava, anualmente, apenas 5.000 novos cativos; enquanto isso, sua grande rival francesa comprava entre 40 e 45 mil em cada ano. Saint-Domingue absorvia assim – principalmente pelo tráfico francês, mas não de forma exclusiva –, cerca da metade da totalidade do tráfico transatlântico de escravos. Essa colocação em perspectiva, na véspera dos confrontos revolucionários que fizeram desaparecer irreversivelmente a Saint-Domingue francesa – a "pérola das Antilhas" – que garantia um comércio externo florescente para a França, sublinha o quanto a guerra de desgaste entre as duas potências da Europa Ocidental continha, em sua essência, uma dimensão colonial. A Inglaterra, que perdia suas treze colônias, permitiria que a França se tornasse, no domínio colonial, uma rival tão perigosa?

A Revolução Francesa, ao mergulhar uma vez mais a França em uma guerra naval, tanto nas Antilhas e no Oceano Índico quanto nas rotas do Atlântico Norte e no Mediterrâneo, fez recuar a atividade dos negreiros franceses. Sobretudo os "distúrbios" coloniais perturbaram a economia das ilhas do açúcar, ainda antes da abolição da escravatura, em 1794, mesmo que esse tráfico nunca tivesse sido formalmente abolido pela legislação revolucionária. Assim, a partir de 1793 e até 1810, o tráfico inglês ter-se-ia beneficiado de um monopólio *de fato* no Atlântico Norte; no entanto, a decisão inglesa de abolir esse tráfico a partir de 1807 implicou o rápido desaparecimento dos negreiros ingleses dos oceanos. O tráfico francês, por sua vez, tinha reiniciado timidamente sua atividade no momento do restabelecimento da escravidão no começo do século, mas foi interrompido logo, a partir de 1803, com a retomada da guerra; ele vai retornar, somente após 1815, desta vez no contexto de uma atividade ilegal.

•••

UM PROJETO COLONIAL AMBICIOSO: A OPÇÃO FRANCESA PELAS "ILHAS DO AÇÚCAR"

Em 1763, uma reorientação foi imposta à colonização francesa por sua derrota na Guerra dos Sete Anos: o abandono da *Nouvelle-France*[7] em benefício de um recuo colonial limitado ao domínio tropical, ou seja, a parte francesa da Ilha de São Domingos, Martinica, Guadalupe, Guiana e as Ilhas Mascarenhas (Maurício e Reunião). Essa escolha, assumida por Choiseul, fazia com que a França entrasse em igualdade de circunstâncias na economia de plantação escravista que, na época, era a verdadeira fonte de riqueza colonial. Assim, a orientação puramente escravocrata da colonização francesa, após o Tratado de Paris de 1763, teria sido o resultado de uma opção coerente e ambiciosa: transformar a França no abastecedor da Europa em produtos coloniais – sobretudo, açúcar e café –, o que pressupunha um intensivo tráfico negreiro. O apogeu do tráfico francês, entre 1783 e 1793, tornou-se deste modo a plena concretização da escolha realizada em 1763. ●

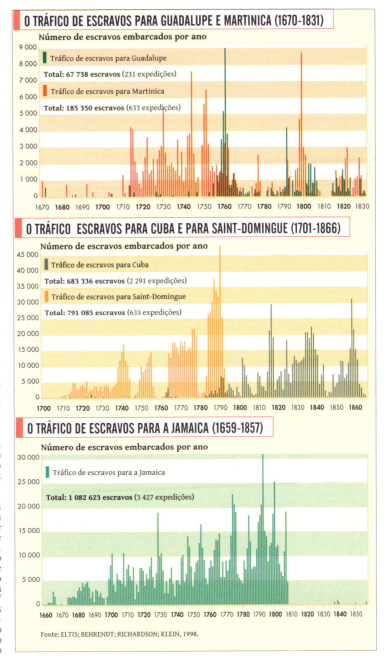

7. Literalmente, Nova França: território colonizado pela França, na América do Norte, desde que começou, em 1534, a exploração do Rio São Lourenço pelo francês Jacques Cartier, até 1763, ano em que a região norte desse território (atualmente, as províncias canadenses de Ontário e de Quebec) foi cedida pelos franceses ao Império Britânico [N.T.].

II A PRÁTICA LEGAL DO TRÁFICO DE ESCRAVOS (SÉCULOS XV-XIX)

4. A Europa negreira: os portos

A Europa negreira apoiou-se sobretudo nos portos de sua fachada atlântica, em pleno desenvolvimento desde a valorização das colônias da América. Sevilha e Cádiz permaneceram os grandes centros de chegada de metais do Peru, mas desempenharam um papel apenas secundário na nova economia colonial fundada nas plantações escravagistas. A posição de Lisboa era, por sua vez, insignificante na medida em que o tráfico de escravos para o Brasil efetuava-se em "linha reta" da África para a América. As atividades negreiras e as viagens de volta com produtos coloniais tornaram-se a mola propulsora do desenvolvimento dos grandes portos do Atlântico Norte, vitrines de ostentação da prosperidade de uma Europa Ocidental em rápido crescimento a partir da década de 1740.

■ OS GRANDES POLOS DO TRÁFICO TRANSATLÂNTICO DE ESCRAVOS

A Europa dos portos negreiros concentra-se em um triângulo delimitado por Bordeaux, Liverpool e o litoral neerlandês. Os três grandes portos negreiros britânicos – Liverpool, Londres e Bristol – estão na frente com 9.662 expedições: por si só, Liverpool assegurou 4.894 expedições, ou seja, uma cifra semelhante à de todos os portos franceses. O tráfico inglês de escravos trabalhou para a Espanha e para as colônias neerlandesas, assim como para o Brasil e para a França, país cuja demanda de mão de obra servil ultrapassava em muito as capacidades de suas frotas comerciais. O segundo grupo é constituído por portos negreiros franceses: Nantes, La Rochelle, Bordeaux, Saint-Malo e Le Havre-Rouen. O tráfico francês, terceiro pelo número total de expedições, permaneceu mais disperso entre um número elevado de portos que, às vezes, tinham uma atividade negreira bastante reduzida.

Em seguida, vêm os portos das Províncias Unidas, quarta potência negreira: Amsterdã armou 210 expedições e Roterdã 126, enquanto o complexo formado pelos portos da região litorânea da Zelândia realizou 688 expedições, transformando-a no quinto grupo negreiro europeu.

Longe do triângulo do Atlântico Norte, Lisboa e Cádiz parecem relegadas a um papel subalterno, considerando que a maior parte do tráfico negreiro português foi garantida pelo Atlântico Sul. De fato, e tal paradoxo pode constituir motivo de surpresa, Portugal ocupou realmente o primeiro lugar como país europeu organizador do tráfico que atingiu um número acima de 4,65 milhões de escravos transportados em seus navios, enquanto Lisboa limita-se a ocupar uma posição bastante modesta na hierarquia negreira da fachada atlântica: com 92 expedições, a capital do império português situa-se em um nível semelhante ao de Marselha, cidade que se encontra fora dos circuitos atlânticos. Esse paradoxo sublinha a natureza específica do mundo colonial português. Implementado desde o final do século XV, ele tornou-se um império transatlântico no sentido pleno do termo: Portugal foi a única potência europeia a implantar-se de um e do outro lado do Atlântico Sul, tanto nas ilhas à beira do litoral africano (Madeira, Cabo Verde, São Tomé, Príncipe...) e no próprio continente (Guiné, Angola, Moçambique) quanto na imensa América do Sul com o seu domínio sobre o Brasil. Assim, o comércio negreiro português teria sido assegurado por armadores "criolizados"[8], cujas bases logísticas estavam na África e no Brasil, além de forma bastante rara, em Lisboa.

•••

■ OS LUCROS DO TRÁFICO DE ESCRAVOS

O escritor inglês nas áreas da agricultura, economia e estatística, Arthur Young (1741-1820), no final da década de 1780, escreveu o seguinte: "Se alguém adquire as riquezas provenientes da América ao preço da pobreza e da miséria de províncias inteiras, estará completamente cego ao pensar que o balanço de tal transação será um ganho"? (YOUNG, T. II: *Le travail et la production en France: agriculture, commerce, industrie*, 1931, p. 917). A economia colonial baseada nas plantações escravagistas prejudica os países que a põem em prática pelo fato de se desenvolver às custas de investimentos produtivos necessários à agricultura. Dois séculos depois, o debate subsiste: A economia baseada no tráfico negreiro e nas plantações teria gerado os capitais que financiaram a decolagem industrial da Europa Ocidental?

As investigações recentes mostram que as taxas de lucro tinham rendimento modesto: em relação aos holandeses, de 5 a 10%; relativamente aos ingleses, de 10%; e no que diz respeito a Nantes, de 6%. O que dizer acerca dos supostos fabulosos benefícios extraídos do "comércio da madeira de ébano"? Essas médias, porém, escondem uma realidade de base atinente ao tráfico de escravos: o seu custo aleatório que era, aliás, o seu principal atrativo. Uma expedição "bem-sucedida" estaria em condições de proporcionar um lucro de 100 a 150%, enquanto outra poderia ser atrozmente deficitária. Esse "jogo" explica o entusiasmo dos capitalistas da época em adquirir quotas de sociedades negreiras.

Para entender melhor as implicações desse tráfico, convém sobretudo estender o olhar a todas as atividades associadas ao complexo colonial, centro vital da economia dos países da Europa Atlântica: fabricação e venda de mercadorias do tráfico, conjunto de ofícios ligados à construção naval e ao armamento dos navios, atividades manufatureiras e comerciais induzidas pela chegada dos produtos coloniais, além da circulação dos capitais através da rede dos bancos, dos seguros marítimos e das bolsas. O tráfico dos escravos era o núcleo desse vasto complexo econômico fortemente integrado. Sua rentabilidade e seu lugar no rápido desenvolvimento da Europa são avaliados mediante o conjunto de todos esses elementos e não unicamente pelo balanço das contas relativas ao transporte negreiro que, aliás, esteve longe de ser negativo.

•••

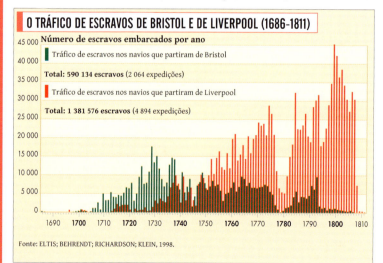

O TRÁFICO DE ESCRAVOS DE BRISTOL E DE LIVERPOOL (1686-1811)
Número de escravos embarcados por ano
■ Tráfico de escravos nos navios que partiram de Bristol
Total: 590 134 escravos (2 064 expedições)
■ Tráfico de escravos nos navios que partiram de Liverpool
Total: 1 381 576 escravos (4 894 expedições)

Fonte: ELTIS; BEHRENDT; RICHARDSON; KLEIN, 1998.

---

8. Os "crioulos" eram os escravos nascidos na plantação. Cf. p. 47 [N.T.].

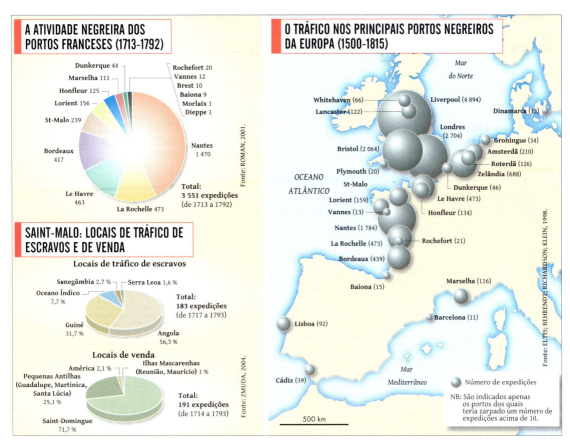

O FLORESCENTE TRÁFICO ILEGAL DE ESCRAVOS, NA FRANÇA, NO SÉCULO XIX

O tráfico de escravos foi proibido pelo Congresso de Viena, em fevereiro de 1815; essa proibição foi confirmada, na França, por uma lei de 15 de abril de 1818. No entanto, o tráfico, que retomara uma atividade à luz do dia, sob o Consulado[9] (83 expedições francesas), continuou até o começo da década de 1850, período durante o qual foram registradas 674 expedições negreiras. A distribuição dos portos mal se diferencia daquela que ocorreu na época do tráfico legal, exceto a origem das 114 expedições – cujo porto de partida é desconhecido – e o surgimento de um tráfico de escravos que sai de Guadalupe e da Ilha Bourbon. Essa atividade ilegal era praticada à vista de todos, suscitando um grande escândalo por parte dos movimentos abolicionistas. Do mesmo modo, a aplicação do tratado internacional esbarrava na atitude francesa que recusava as "visitas" aos navios suspeitos. O acordo franco-inglês de novembro de 1831, que reconhecia o direito de visita para a repressão do tráfico ilegal de escravos, fez recuar o tráfico francês, sem ter conseguido interrompê-lo. ●

9. Regime político vigente na França revolucionária, desde o golpe de Estado de 18 de Brumário do ano VIII (9 de novembro de 1799), que pôs fim ao regime do Diretório (1795-1799); ele era dirigido por três cônsules e, na realidade, exclusivamente pelo primeiro cônsul, Napoleão Bonaparte, que se tornou cônsul vitalício em 1802, até o início do Primeiro Império, em 18 de maio de 1804 (28 do mês Floreal do ano XII), quando Bonaparte se proclamou imperador dos franceses. Cf. FURET, F. & OZOUF, M. *Dicionário Crítico da Revolução Francesa*, 1989 [N.T.].

Verbatim

"De qualquer modo, a economia do tráfico de escravos enriqueceu a população dos portos, assim como os artesãos que desempenhavam suas atividades nesses locais, na França, Grã-Bretanha e Holanda; nesses países, ela acabou fornecendo alguns elementos de acúmulo de capital"
(INIKORI, 1979, p. 236).

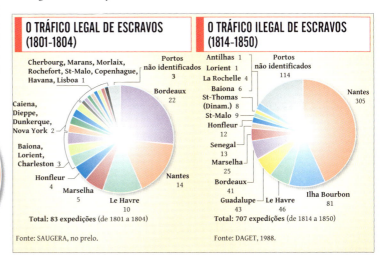

ATLAS DAS ESCRAVIDÕES 35

II A PRÁTICA LEGAL DO TRÁFICO DE ESCRAVOS (SÉCULOS XV-XIX)

5. Bordeaux, porto de tráfico de escravos

Bordeaux nunca chegou a ser o maior porto negreiro francês por ter ocupado o segundo lugar, muito atrás de Nantes, ou então por ter sido ultrapassado por La Rochelle ou Le Havre. Pelo número total de suas expedições destinadas ao tráfico de escravos, o porto situa-se, na França, na quarta posição. Entretanto, o nome de Bordeaux permanece associado intimamente à história do comércio das "ilhas da América" na medida em que o essencial das viagens de volta em "linha reta" era desembarcado em suas docas. A imagem negreira de Bordeaux está de tal modo arraigada na memória coletiva que o esplendor da cidade não pode ser separado da origem de sua riqueza: os produtos coloniais, fruto do trabalho dos escravos das Antilhas e do Oceano Índico.

UM DOS PILARES DO TRÁFICO NEGREIRO NA FRANÇA

Durante dois séculos, Bordeaux ocupou lugar especial na geopolítica colonial da França: era o porto atlântico por excelência, bem localizado para alcançar as Antilhas, mas igualmente perto da Espanha e de Portugal, os dois primeiros países colonizadores do Novo Mundo. Bem situado nas rotas marítimas em direção às regiões litorâneas da África, o porto lançou-se rapidamente no tráfico negreiro, rivalizando com Nantes, mas sem nunca ameaçar a supremacia deste. Ademais, Bordeaux mantinha, há longa data, relações comerciais regulares com a Inglaterra, especialmente para o fornecimento de vinhos: a frequentação dos armadores ingleses, altamente especializados no tráfico negreiro, contribuiu também para orientar a cidade para esse negócio que, na época, não parecia ser considerado infame. Bordeaux foi, portanto, um porto polivalente que se dedicava às mais diversas atividades lucrativas, entre as quais o tráfico de negros aparece como uma atividade comercial perfeitamente honrosa em um plano semelhante ao da importação de açúcar ou da exportação de cereais. Os belos edifícios dos armadores ostentavam orgulhosamente "cabeças de negro" no lugar de carrancas, assim como o afresco do teto da ópera da cidade mostra ainda hoje uma cena de tráfico, glória da cidade e de seu porto no Século das Luzes.

•••

O PORTO A SERVIÇO DAS ILHAS DA AMÉRICA

Bordeaux era o grande porto para as viagens em direção às Antilhas, embora o poder de seus armadores estivesse baseado em uma diversificação de atividades entre as quais o comércio para a Europa ocupava um espaço semelhante àquele que era reservado ao comércio colonial. Essas diferentes facetas da atividade portuária são indissociáveis: os produtos coloniais, transformados no próprio porto, eram encaminhados para

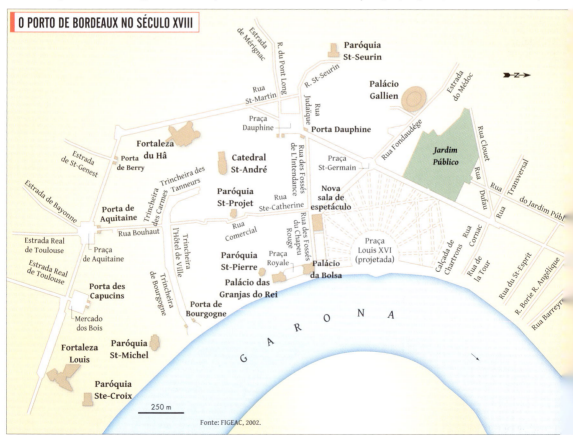

O PORTO DE BORDEAUX NO SÉCULO XVIII

Fonte: FIGEAC, 2002.

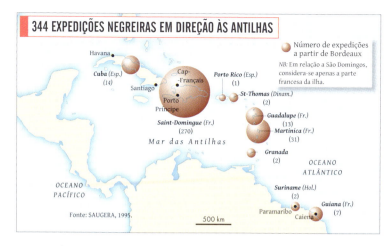

344 EXPEDIÇÕES NEGREIRAS EM DIREÇÃO ÀS ANTILHAS

Número de expedições a partir de Bordeaux
NB: Em relação a São Domingos, considera-se apenas a parte francesa da ilha.

Fonte: SAUGERA, 1995.

a Europa do Norte, até São Petersburgo, Talin, Hamburgo, Lübeck ou Estocolmo. De fato, para o tráfico de escravos, aparelhar o navio consistia, de alguma forma, em garantir o abastecimento em mão de obra dos fornecedores de mercadorias coloniais, além de diversificar seus investimentos e seus riscos.

A análise de 344 expedições negreiras procedentes de Bordeaux, no século XVIII, resume a hierarquia do mundo colonial associado a essa cidade: o peso esmagador de Saint-Domingue que ocupava um lugar hegemônico com cerca de 80% das chegadas de escravos encaminhados pelo tráfico bordalês, ao passo que Martinica e Guadalupe estavam apenas mais bem posicionadas que alguns territórios sob dominação estrangeira, tais como Porto Rico, Saint-Thomas, Cuba ou o Suriname. Assim, Bordeaux teria sido, além do porto de tráfico destinado a Saint-Domingue, o porto das viagens de volta com partida da grande ilha francesa, para o transporte de mercadorias e de homens, como confirma a presença considerável de "negros e pessoas de cor"[10] na cidade (cf. p. 65).

Quem eram esses bordaleses envolvidos no tráfico de escravos? Marinheiros, capitães e armadores formavam a sociedade negreira local. O mundo da gente do mar permanece malconhecido: pessoas remediadas cuja existência não chegou a deixar vestígios. Os capitães, os grandes responsáveis pelo sucesso de uma travessia, eram recrutados após um exame severo de suas competências: eles eram, ao mesmo tempo, navegadores, homens de negócio capazes de gerenciar as transações e carcereiros, aptos para manter a ordem e a disciplina. No entanto, os senhores do negócio eram os armadores: oriundos de um número limitado de famílias, eles estavam à frente de empresas de médio porte. Os armadores negreiros de Bordeaux representaram cerca de 20% do total dos armadores do porto.

•••

UMA TROCA DE MERCADORIAS

O tráfico de escravos era praticado mais frequentemente por intermédio de mercadorias, em vez de dinheiro. O mapa da distribuição da origem dessas mercadorias de tráfico mostra a extraordinária dispersão geográfica dos locais de sua produção. Os tecidos vinham tanto de Hamburgo quanto de Rouen, de Amsterdã ou da região de Nantes; as armas eram oriundas de Londres ou de La Rochelle; a Holanda fornecia os metais em bruto, enquanto os vinhos e a aguardente eram encontrados nas proximidades. Uma "Europa Negreira" desenha-se assim através do inventário de um carregamento de tráfico de escravos que mostra as solidariedades profundas que uniam numerosos setores de atividade, aparentemente muito distantes do "infame comércio".

A avaliação das mercadorias embarcadas reflete a natureza habitual das transações nos territórios litorâneos da África: os tecidos, de boa qualidade, representavam sempre acima de 50% do valor de um carregamento; em seguida, vinham as armas e, em número crescente, as de fogo para satisfazer as exigências dos contratantes, e depois as bebidas alcoólicas e o tabaco, necessários para alimentar as boas relações com os africanos; enfim, os metais e, na maior parte das vezes, em barra. A importância das famosas "bugigangas", supostamente de pouco valor, mas procuradas pelos ingênuos "reis africanos", é quase nula. O comércio negreiro era feito na base de uma troca de valores de uso iguais para os dois parceiros do mercado, ou seja, o vendedor e o comprador. •

Verbatim

"De todos os comércios marítimos, o mais arriscado é, sem sombra de dúvida, o tráfico de negros [...]. Mas é também o que merece mais regalias e proteção [...]. Pelas vantagens auferidas desse tráfico, sua Majestade reconheceu o quanto esse comércio era útil ao Estado e a esta província" (Chambre de commerce de Bordeaux. *Mémoire au roi*, 1778).

10. Para entender a amplitude da expressão "pessoas de cor", cf. p. 48, coluna do meio [N.T.].

MERCADORIAS EXPORTADAS PARA A GUINÉ (1741-1778)

Tecidos manipulados 148 306
Armas brancas 59 742
Metais 233 026
Tabaco 13 245
Moeda 754 610
Vários 147 749
Bebidas alcoólicas 905 284
Armas de fogo 1 705 768
Tecidos em bruto 6 491 075
Total: 10 458 805 libras

PROVENIÊNCIA DAS MERCADORIAS EMBARCADAS NO *AMIRAL* (1743)

Hamburgo — tecidos
Londres — fuzis
Amsterdã — tecidos
Rouen — tecidos, conchas, metais, cachimbos
Nantes — tecidos
La Rochelle — pólvora, chapéus
St-Savinien — pederneiras
Bordeaux — vinho
Saintonge — aguardente
Nerac — farinha, sebo

→ Partida de Bordeaux do navio Amiral

Fonte: SAUGERA, 1995.

ATLAS DAS ESCRAVIDÕES 37

II A PRÁTICA LEGAL DO TRÁFICO DE ESCRAVOS (SÉCULOS XV-XIX)

6. As fortalezas do tráfico de escravos na África

Os portugueses multiplicaram as feitorias no litoral africano: Arguim, na década de 1440, e São Jorge da Mina, a mais importante delas, na década de 1480. Outras nações europeias tomaram rapidamente o lugar dos lusitanos: na Fortaleza da Mina (atual cidade de Elmina, no Gana) os holandeses, que haviam revezado os portugueses, foram substituídos pelos ingleses etc. Várias nações europeias acabaram construindo fortalezas no mesmo território, de modo que suas rivalidades foram arbitradas pelos soberanos locais. Assim, a cidade africana de Hueda, às margens do Benim – anexada pelo reino de Abomei, em 1727 –, torna-se Wydah para os ingleses, Uidá para os franceses, Fida para os holandeses e Ajudá (com sua Fortaleza de São João Baptista de Ajudá) para os portugueses.

■ SÃO JORGE DA MINA

Inicialmente, os portugueses tinham destinado a fortaleza à garimpagem do ouro (à região, eles haviam atribuído o nome de "Costa do Ouro", atualmente, parte integrante do Gana); por sua vez, os comerciantes africanos forneciam os escravos para o transporte do metal precioso para o litoral. Em seguida, os europeus retiraram os escravos a partir da Enseada do Benim, mais ao leste, batizada "Costa dos Escravos". Elmina tornou-se um centro importante de redistribuição de escravos, a partir de 1500, para a Europa e, um pouco mais tarde, para o Brasil.

•••

■ O PRIMEIRO COMÉRCIO TRIANGULAR

O apogeu das relações entre Elmina e São Tomé situa-se em torno de 1520-1530. A ilha não habitada de São Tomé tornara-se uma grande colônia de plantações, baseada no açúcar e no trabalho servil.

Da mão de obra desembarcada do Benim e de Angola, uma parte era retida no local pelos donos das plantações e o restante era enviado para o entreposto de Elmina para ser revendido na Europa e no Brasil.

•••

■ UMA DUPLA FUNCIONALIDADE

Além de ser um entreposto de mercadorias, uma fortaleza de tráfico de escravos é uma guarnição militar e, excepcionalmente, um porto. Construída em uma ilha como em Goreia (em frente de Dacar, no Senegal) ou em um promontório rochoso como Cape Coast (hoje, no Gana), ela controla a interfa-

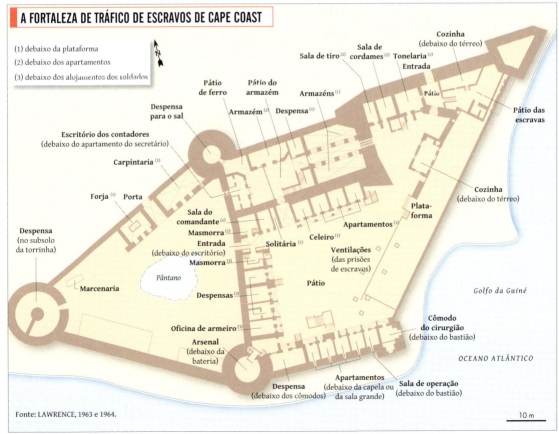

A FORTALEZA DE TRÁFICO DE ESCRAVOS DE CAPE COAST

Fonte: LAWRENCE, 1963 e 1964.

Verbatim

"Na Ilha de Goreia [Gorée, no Senegal] reúne-se a maior parte dos negros que são negociados nesta concessão, os quais se encontram [...] detidos em dois cativeiros à espera de serem transportados pelos barcos da Companhia das Índias para as ilhas da América" (LALANDE, 1723).

AS FORTALEZAS NEGREIRAS NA ÁFRICA

AS FORTALEZA DA "COSTA DO OURO"

ce entre o litoral e as vias d'água que se embrenham no interior do continente. Com grande frequência, a alguns quilômetros no interior das terras, como Uidá (hoje no Benim), ela estabelece a junção entre o capitão negreiro e o estado africano fornecedor de escravos. No entanto, esse espaço não chega a constituir um enclave estrangeiro porque os soberanos africanos concedem ou retiram o privilégio ao comandante da fortaleza.

Nessas praças fortes, em que estão armazenadas munições, a situação dos europeus é precária por causa da insuficiência de gêneros alimentícios, do isolamento afetivo e social, além de sua vulnerabilidade em um clima diferente. Por isso, eles estabeleceram contatos estreitos com as populações locais. Aldeias comunitárias instalaram-se ao pé das muralhas e, até mesmo, no interior do recinto para a troca de mercadorias, o serviço de intérpretes, a confecção de trabalhos artesanais e a tarefa de auxiliares militares. Assim, os agentes das companhias comerciais e militares fundaram uma descendência mestiça, vetor essencial de uma importante aculturação. ●

AS FORTIFICAÇÕES DA ILHA DE GOREIA

ATLAS DAS ESCRAVIDÕES **39**

II A PRÁTICA LEGAL DO TRÁFICO DE ESCRAVOS (SÉCULOS XV-XIX)

7. Os estados negreiros na África

Durante os quatro séculos de existência do tráfico negreiro transatlântico, a demanda europeia de escravos esteve totalmente associada à oferta africana. Os países europeus financiavam e controlavam esse comércio negreiro; por sua vez, os estados africanos eram responsáveis por capturar, transportar, guardar e alimentar os escravos até seu embarque para a "grande travessia". Foi esse o caso da Federação Ashanti (atualmente, Gana) ou do Reino de Abomei (o nome contemporâneo do Daomé deriva do nome do palácio real) que ocupavam uma posição de intermediários no tráfico de escravos. Considerando que seu poderio se baseava em um armamento moderno, desencadeia-se um círculo vicioso: a guerra fornecia cativos, cuja venda servia para comprar armas etc.

■ A GUERRA PERMANENTE

Entre 1658 e 1750, a demanda de armas de fogo progrediu de forma ampla e brusca na África Ocidental, paralelamente à demanda maciça de escravos pelos europeus e ao desenvolvimento dos estados que as vendiam. A força militar desses países expansionistas permitia-lhes controlar o comércio a longa distância: o Reino de Denkyira (1620-1868) nos arredores de Elmina, a Federação Akwamu, absorvida pelo Império Ashanti, e o Reino de Abomei. A guerra permanente desempenhava duas funções solidárias: além de fornecer escravos, ela permitia resolver os conflitos de linhagem. A revolução militar da década de 1690 foi marcada por mudanças importantes: além de terem baixado de preço, as armas importadas pelos reinos africanos ficaram mais confiáveis, no sentido em que o fuzil suplantou definitivamente a espada e o arco, implicando a substituição dos arqueiros pelos fuzileiros. O mosquete de pederneira (*flintlock musket*) conheceu uma difusão considerável, assim como os cavalos, para equipar uma cavalaria de elite.

•••

■ UM INTERCÂMBIO FAVORÁVEL AOS INTERMEDIÁRIOS AFRICANOS

Em Uidá, em 1704, 30.000 escravos são vendidos; na enseada, estão fundeados à espera 12 a 14 navios de

> **Verbatim**
> "Com respeito ao comércio neste litoral [a Costa do Ouro], [...] verifica-se já uma mudança completa na Costa dos Escravos; assim, os indígenas de nossos dias já deixaram de ser utilizados na garimpagem do ouro, uma vez que preferem guerrear-se entre si para fornecer escravos" (Relatório do governador holandês de Elmina, em 5 de setembro de 1705).

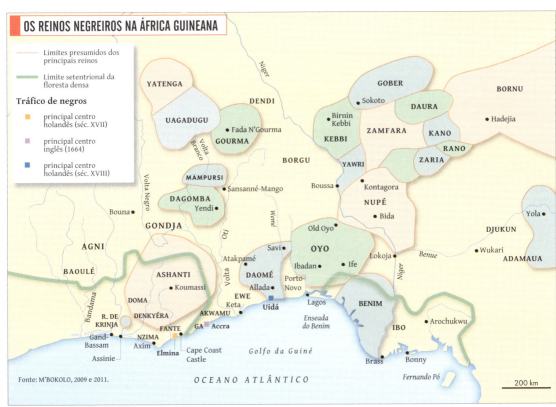

OS REINOS NEGREIROS NA ÁFRICA GUINEANA

Fonte: M'BOKOLO, 2009 e 2011.

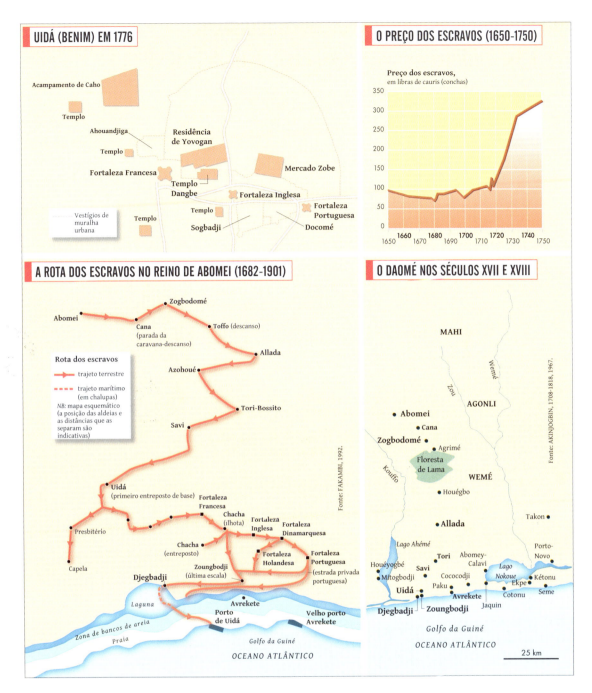

nações diferentes. Essa acirrada concorrência contribuiu para o aumento do preço dos escravos. Em 1682, os holandeses trocavam o fuzil por 8 onças de ouro; em 1717, por 3 onças. Nesse mesmo ano, os ingleses ofereciam 25 fuzis por um escravo macho, enquanto os holandeses propunham 32 de qualidade inferior.

Estado litorâneo do vasto conjunto cultural yorubá, intermediário obrigatório das potências europeias, o Daomé surgiu por volta de 1625: ele controlava Uidá, em 1727, o que assegurou seu poderio. O rei de Abomei desempenhou assim um papel ambíguo nesse tráfico: protetor de seus súditos e, ao mesmo tempo, principal fornecedor de escravos das feitorias europeias, ele impôs-se como seu interlocutor e árbitro das disputas entre elas.

O Reino do Congo apresenta, por sua vez, um exemplo de integração com o Reino de Portugal no século XVI, por intermédio do tráfico de escravos: o cobre das minas congolesas permitia a aquisição de escravos no Benim e, em seguida, a venda desses escravos por traficantes portugueses em troca do ouro do Gana que afluía a Lisboa e irrigava toda a economia ocidental. No plano político, a cristianização do Congo acabou estabelecendo relações de complementaridade entre os dois reinos "irmãos", considerando que o soberano de Portugal fornecia os símbolos de legitimidade e os padres.

II A PRÁTICA LEGAL DO TRÁFICO DE ESCRAVOS (SÉCULOS XV-XIX)

8. O tráfico de escravos no Oceano Índico

O comércio negreiro no Oceano Índico desenvolveu-se na confluência de vários sistemas escravocratas anteriores à chegada dos europeus: tráficos africanos ativos ao longo das regiões litorâneas orientais; tráficos árabes em direção ao Golfo Pérsico e à Índia; enfim, tráficos europeus tendo começado em direção às Mascarenhas – Ilha Bourbon (atual Reunião) e Ilha de France (atual Maurício) – e, em seguida, às outras ilhas colonizadas (Comores, Seychelles). Quantitativamente menos volumoso do que o tráfico transatlântico, esse comércio estendeu-se por um período mais longo e desempenhou um papel importante no povoamento atual dos países ribeirinhos do Oceano Índico, sobretudo das Mascarenhas, inabitadas à chegada dos primeiros europeus.

■ O OCEANO ÍNDICO: FEITORIAS E CIRCUITOS DO TRÁFICO DE ESCRAVOS

As rotas do tráfico negreiro através do Oceano Índico viram cruzar-se as grandes civilizações ribeirinhas: o mundo árabe-muçulmano, muito ativo em abastecer o Golfo Pérsico e o centro do império árabe (Áden, Medina, Meca, Bagdá), assim como Istambul, via Egito; a África Oriental, região em que o entreposto de Zanzibar era a placa giratória do comércio de escravos; o mundo indiano, comprador de escravos para os grandes centros de sua região litorânea ocidental; enfim, as potências marítimas europeias impuseram seu poder econômico e militar para transformar o Oceano Índico, a partir da década de 1750, em um novo reduto fechado das guerras desencadeadas pelas violentas rivalidades surgidas na Europa, repercutindo-se em parte entre Madagascar, o litoral de Zanzibar e a faixa marítima de Tamil Nadu, no sudeste da Índia, ou Costa de Coromandel.

•••

■ A HISTÓRIA DESSE TRÁFICO PARA AS MASCARENHAS: A ILHA BOURBON (ATUAL REUNIÃO) E ILHA DE FRANCE (ATUAL MAURÍCIO)

Propriedades da Companhia das Índias Orientais até 1767 e, em seguida, tendo ficado sob a administração régia, a Ilha de France e a Ilha Bourbon começaram por dedicar-se à cultura do café para a exportação e de víveres destinados aos navios em escala para os entrepostos da Índia. Garantido por europeus e malgaxes sob contrato temporário, o trabalho foi executado, em seguida, por escravos. O tráfico negreiro começou na década de 1710, ampliando-se após 1725 (o *Code Noir* foi adaptado para as Mascarenhas a partir de 1723), e conheceu um crescimento bastante acentuado no século XVIII, culminando entre 1770 e o período napoleônico. Após 1816, o fim do tráfico foi rápido, em grande parte sob a pressão britânica. Se a introdução do açúcar data do final do século XVII, a grande produção açucareira foi feita graças à chegada dos trabalhadores indianos sob contrato temporário, após 1850 (cf. p. 86).

Os escravos introduzidos nas Mascarenhas vinham principalmente de Madagascar, da região litorânea oriental da África, mas também da África Ocidental e da região do Cabo, na África do Sul. No total, os diferentes tráficos negreiros importaram, para as duas ilhas, cerca de 1,2 milhão de escravos entre o final do século XVII e o final da década de 1810.

•••

■ MADAGASCAR, A ILHA FORNECEDORA DE ESCRAVOS

Madagascar alimentou com escravos as sociedades coloniais instaladas no Oceano Índico e em sua periferia. Os árabes abasteciam-se nessa ilha desde o século X. Quanto aos portugueses, levaram daí cativos para o Brasil, no século XVI, procedimento adotado pelos holandeses, no começo do século XVII, para abastecer suas colônias orientais; enfim, a partir da década de 1630, os franceses instalaram entrepostos no Sul e no litoral leste (Fort-Dauphin, em 1643). No século XVIII, apesar da presença inglesa na região litorânea do Canal de Moçambique, a ilha era dominada pelo tráfico francês de escravos com destino às Mascarenhas. Um comércio frutuoso estabeleceu-se assim entre as potências europeias e os reis malgaxes, sobretudo o dos sakalavas.

•••

■ PRAZOS E PRAZEIROS

No Vale do Zambeze, um sistema de concessões permitiu a constituição, em Moçambique, de grandes propriedades que, a partir do século XVII, vieram a desempenhar um papel fundamental para substituir os circuitos de tráfico de escravos: os *prazos*[11]. Eles são guardados por exércitos de escravos negros e exercem uma jurisdição decalcada naquela praticada pelos chefes tradicionais africanos. Os *prazeiros* realizam incursões muito longe no interior da África para trazer cativos que reúnem em parques a fim de vendê-los às Mascarenhas e ao Brasil. ●

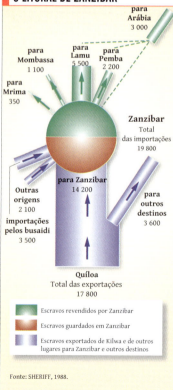

UM CASO DE TRÁFICO DE ESCRAVOS: O LITORAL DE ZANZIBAR

para Arábia 3 000
para Mombassa 1 100
para Lamu 5 500
para Pemba 2 200
para Mrima 350
Zanzibar Total das importações 19 800
para Zanzibar 14 200
Outras origens 2 100
importações pelos busaidi 3 500
para outros destinos 3 600
Quíloa Total das exportações 17 800

Escravos revendidos por Zanzibar
Escravos guardados em Zanzibar
Escravos exportados de Kilwa e de outros lugares para Zanzibar e outros destinos

Fonte: SHERIFF, 1988.

> **Verbatim**
> "O tráfico de escravos é, neste momento, o mais importante objeto de minha administração. Sem ele, não há mão de obra"
> (Carta do governador da Ilha Bourbon enviada ao ministro francês da Marinha e das Colônias, em novembro de 1768).

---

11. Territórios concedidos por um período de três gerações aos comerciantes portugueses e indianos, ou seja, os prazeiros; a transferência era feita por via feminina. Cf. RODRIGUES, E. "As donas de prazos do Zambeze – Políticas imperiais e estratégias locais", 2006 [N.T.].

POPULAÇÃO DAS ILHAS DE FRANCE E BOURBON (1700-1808)

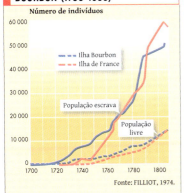

Fonte: FILLIOT, 1974.

O TRÁFICO DE ESCRAVOS PARA AS ILHAS DE FRANCE E BOURBON (1669-1816)

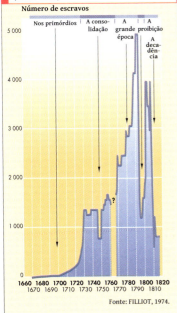

Fonte: FILLIOT, 1974.

IDADE DOS ESCRAVOS POR OCASIÃO DE DOIS TRÁFICOS

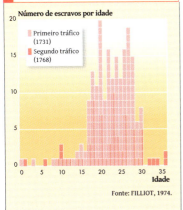

Fonte: FILLIOT, 1974.

OS TRÁFICOS NEGREIROS NO OCEANO ÍNDICO NOS SÉCULOS XVIII E XIX

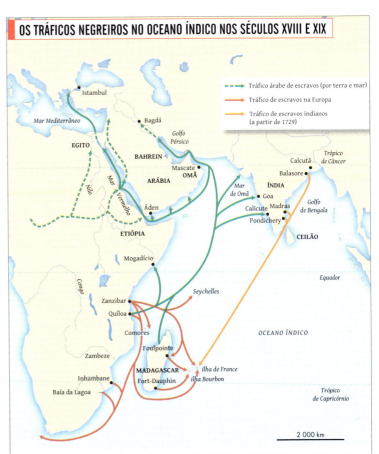

O TRÁFICO DE ESCRAVOS EM MADAGASCAR NO SÉCULO XVIII

ATLAS DAS ESCRAVIDÕES

• II. A prática legal do tráfico de escravos (séculos XV-XIX)

9. CONCLUSÃO

O tráfico negreiro na Europa desenvolveu-se em um contexto perfeitamente legal. Inaugurado desde os primeiros anos do século XVI pela Espanha, ele acompanhou espontaneamente as importações de escravos negros pelos portugueses, a partir da década de 1440, para Lisboa e, em seguida, para as ilhas do litoral africano.

As potências do Noroeste Europeu – ao se lançarem, por sua vez, na corrida pelas colônias – seguiram esse caminho e legalizaram rapidamente esse comércio de seres humanos; posteriormente, organizaram, inclusive nos detalhes, seu funcionamento, seu sistema fiscal e seus incentivos.

Assim, a fase de intensidade máxima da deportação de africanos teria sido praticada às claras, sob o olhar protetor dos estados e orquestrada de forma extremamente consolidada por um arsenal jurídico cada vez mais sofisticado.

Uma "Europa negreira" surgiu dotando-se de portos até mesmo nas províncias mais distantes. A rede de interesses tecida pela engrenagem negreira era de tal modo poderosa que os críticos, cada vez mais veementes a partir da década de 1740, foram incapazes de impedir seu funcionamento. Até o começo do século XIX, nenhuma das nações europeias fez a mínima restrição a esse "comércio particular". A própria Revolução Francesa não tomou nenhuma medida contra o tráfico de escravos.

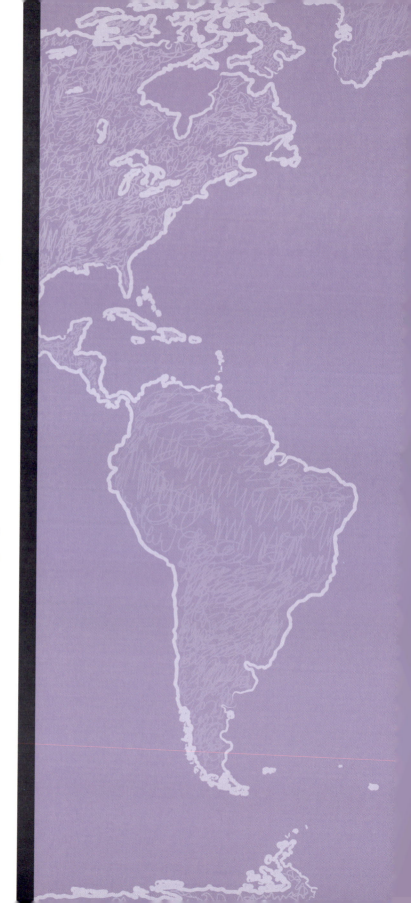

III
AS SOCIEDADES
ESCRAVAGISTAS
(SÉCULOS XVII-XIX)

Na esteira do tráfico de escravos – chamado falsamente "transatlântico" pelo fato de que uma grande parte se referia ao Oceano Índico –, desenvolveram-se formações coloniais de um tipo particular baseadas na economia das plantações, no trabalho servil e no comércio internacional. O modelo mais acabado dessa colonização "moderna", institucionalizada a partir de meados do século XVII, foi a ilha do açúcar, território limitado, virgem ou esvaziado previamente de seus primeiros ocupantes, organizado em oficinas de escravos, cuja produção é destinada ao consumo europeu. As ilhas – São Domingos, Cuba e Mascarenhas – constituem seus exemplos mais emblemáticos.

No continente americano, e de maneira mais isolada na África ou na Ásia, tais excrescências da economia globalizada chegaram a existir no Brasil e na América do Norte. Nas grandes cidades coloniais, à margem do sistema das plantações, uma sociedade conflitante e complexa desenvolve-se nas comunidades rebeldes.

III AS SOCIEDADES ESCRAVAGISTAS (SÉCULOS XVII-XIX)

1. As sociedades coloniais: as plantações (I)

O sistema escravagista colonial esteve estreitamente associado, entre meados do século XVII e o primeiro terço do século XIX, à plantação, chamada habitation (propriedade rural de dimensões consideráveis) nas colônias francesas das Antilhas. Presente em toda parte no mundo colonial dos trópicos, as plantações escravagistas típicas, dedicadas principalmente à monocultura açucareira, conheceram seu pleno desenvolvimento em Saint-Domingue e na Jamaica. Os Estados Unidos, para o tabaco e o algodão, o Brasil e Cuba, para o café e a cana, conheceram igualmente uma generalização desse sistema de valorização do solo.

A MONOCULTURA AÇUCAREIRA, ARQUÉTIPO DAS PLANTAÇÕES ESCRAVAGISTAS

A plantação colonial era, antes de tudo, uma unidade econômica, uma verdadeira "concentração vertical". Sob a mesma direção, reuniam-se as três fases da produção: o cultivo da terra, a transformação dos produtos dentro das plantações (uma manufatura) e sua venda direta aos negociantes metropolitanos. Qualquer ideia de divisão do trabalho era estranha ao universo das plantações. Esse sistema perpetuou-se, sem modificação notável, durante mais de dois séculos. Bastante eficaz nos contextos técnico e social dos séculos XVII e XVIII, ele não permitiu nenhuma inovação: o cultivo da terra ignorou o arado; o moinho continuou sendo movido pela força animal ou pela água e o vento; as unidades de produção permaneceram de tamanho modesto e dispersas no conjunto das zonas cultivadas, como é possível observar, por exemplo, na distribuição dos engenhos de açúcar da Jamaica.

Ao poder econômico do dono da plantação (o *habitant* das ilhas francesas) acrescentava-se o seu poder sobre os homens porque ele era também o proprietário da força do trabalho humano: os escravos. De certa maneira, as plantações realizavam nas colônias o esquema fisiocrático ideal: os que possuíam o solo eram, ao mesmo tempo, os senhores da sociedade.

O fim do tráfico de escravos e, em seguida, o fim da própria escravidão, tendo coincidido não casualmente com o advento das máquinas a vapor, impôs uma evolução desse esquema clássico. Houve separação entre o trabalho agrícola, que ficou nas mãos dos donos das plantações, e o trabalho industrial que ficou por conta dos empresários que dispõem de capital e de poderosas "fábricas centrais". A época das plantações clássicas havia coincidido com o apogeu da escravidão, única força de trabalho implementada em um contexto pré-industrial.

OS ESCRAVOS NA PLANTAÇÃO

Os escravos da mesma plantação não formavam um mundo homogêneo. Partia-se do pressuposto segundo o qual a diversidade de suas origens étnicas evitaria as solidariedades espontâneas: línguas, religiões, tradições deveriam ser tão diferentes quanto possível. Três categorias dividiam entre si tarefas especializadas.

• Os "escravos de enxada" ou, no Brasil, "escravos de campo ou de eito", os mais numerosos, os menos instruídos, os mais desdenhados, estavam encarregados dos trabalhos mais penosos.

• Os "escravos de ganho" haviam recebido uma aprendizagem especializada que lhes permitia exercer funções consideradas mais no-

> **Verbatim**
>
> "Os ingleses atribuem o nome de *planteurs* (donos de plantação) aos habitantes que se mudam para novas colônias para instalar propriedades rurais [...]. Na França, os *planteurs* chamam-se *habitants*, colonos ou concessionários [...]"
> (CHEVALIER DE JAUCOURT. "Planteur", verbete in *Encyclopédie*, t. 12, p. 727.)

ORIGEM DOS ESCRAVOS DESEMBARCADOS EM SAINT-DOMINGUE (1756-1797)

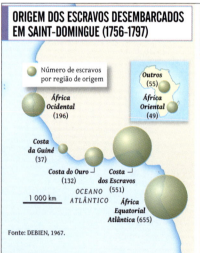

Fonte: DEBIEN, 1967.

NATALIDADE E MORTALIDADE DOS ESCRAVOS DE UM ENGENHO DE AÇÚCAR

Fonte: CAUNA, 1992.

A ESPECIALIZAÇÃO DOS ESCRAVOS

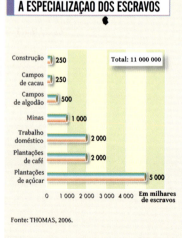

Fonte: THOMAS, 2006.

46 ATLAS DAS ESCRAVIDÕES

UM ENGENHO DE AÇÚCAR NO SUL DE SAINT-DOMINGUE (1768)

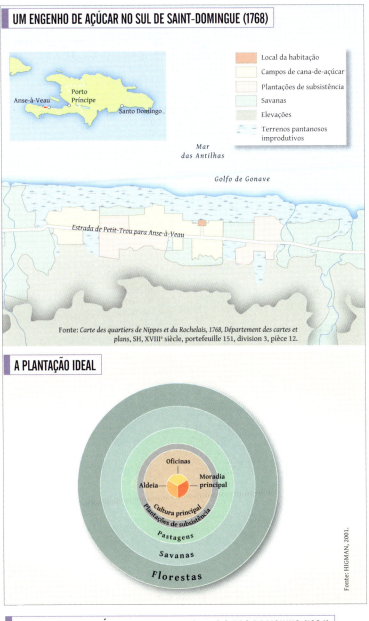

A PLANTAÇÃO IDEAL

OS ENGENHOS DE AÇÚCAR NA JAMAICA, SEGUNDO O TIPO DE MOINHO (1804)

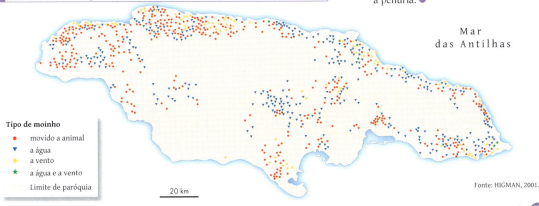

bres: marceneiros, carpinteiros de carroças, ferreiros, trabalhadores do açúcar ou do café, contramestres etc.

• Os escravos domésticos cuidavam do serviço da "casa-grande": cozinheiros, cocheiros, jardineiros, camareiros, mordomos, roupeiras, criadas, amas de leite dos filhos do senhor etc. Essas tarefas domésticas eram executadas principalmente por mulheres, enquanto as profissões de ganho eram exercidas, de preferência, por homens. Havia ainda outra distinção estabelecida entre os escravos nascidos na África e aqueles nascidos na plantação (chamados "crioulos"), pertencentes a categorias superiores.

Enfim, havia as considerações raciais: os mestiços ["sang-mêlé" = os que tinham mistura de sangue] – ou seja, nascidos de mãe escrava e de pai livre, quase sempre branco – beneficiavam-se de um preconceito mais favorável, abrindo-lhes o caminho à alforria.

•••

A ALIMENTAÇÃO DOS ESCRAVOS

A ração alimentar dos escravos era à base de mandioca e de bananas, às quais eram acrescentados vários produtos locais (ervilhas, milho miúdo, milho-verde, batatas, frutas) ou importados (o arroz da Geórgia e das Carolinas). Em relação à carne, eles criavam localmente aves e porcos, ou consumiam produtos salgados de importação (bacalhau da Nova Inglaterra e carne de boi das Antilhas Espanholas). Considerando que a alimentação fornecida aos escravos pelo senhor não era suficiente, seja em quantidade ou qualidade, estes recorrem a "hortas de negros", pedaços de terra individuais de extensão variável, cultivados durante o dia de repouso, a "horta do sábado". Em tempos de guerra, o bloqueio impõe o recurso a "plantações de subsistência" cultivadas coletivamente; tal recurso impôs-se a toda a população para escapar à penúria. •

III AS SOCIEDADES ESCRAVAGISTAS (SÉCULOS XVII-XIX)

2. As sociedades coloniais: as cidades (II)

A instalação dos europeus nas Américas acarreta o desenvolvimento de cidades coloniais que se tornam centros, ao mesmo tempo, de poder, de múltiplas trocas e de produção artesanal, além de focos de expressão cultural. Do porto à praça de armas, de Lima, no Peru, a Nova Orleans, capital da Luisiana, encontra-se o mesmo modelo de urbanismo em tabuleiro de xadrez que, na época, era a marca de uma modernidade que pretendia nivelar a sociedade assim criada. Crisol de uma sociedade original, nem sempre reprodução de estruturas europeias, nem extensão do universo das plantações, a cidade constitui de fato um foco de aculturação, oferecendo oportunidades de promoção ou decadência sociais. Enquanto sede do poder, é aí também que este é contestado.

■ OS ESCRAVOS NA SOCIEDADE URBANA

O primeiro horizonte dos escravos nas cidades é o do mercado destinado a negociá-los, perto do cais de desembarque ou a bordo dos navios. O mercado de Cartagena, no território da atual Colômbia, era importante na medida em que a cidade tinha o monopólio do trânsito dos escravos da Espanha. Os bairros africanos, atrás do porto, foram o ambiente da missão de evangelização e assistência médica do Padre Claver – reconhecido como o santo patrono dos negros colombianos – que cuidou de leprosos no começo do século XVII. A cidade oferece aos escravos oportunidades de fuga para fora do universo das plantações: escravos estabelecidos por conta de seu senhor, operários em oficinas artesanais, empregados domésticos, todos eles têm como horizonte a alforria. Existe também a possibilidade de fuga individual pelo fato de que o fugitivo consegue passar despercebido nesse universo da cidade em que as barreiras sociais são flutuantes. Em reação a essa fluidez social, os europeus apegam-se às hierarquias raciais e aos múltiplos estatutos jurídicos que acabam servindo de fundamento ao preconceito de cor.

•••

■ POPULAÇÕES MISTURADAS

A base da população urbana é essencialmente composta de escravos, mas observa-se a importância relativa de outros dois grupos: brancos e pessoas de cor livres. Numericamente é a categoria dos "petits Blancs" (pequenos brancos) que explica a importância da população branca residente: carregadores, marinheiros, soldados, categorias subalternas do comércio e da justiça, pequenos comerciantes, esses "sans-culottes"[12] dos trópicos encontravam-se cotidianamente ao lado das populações de cor, com as quais mantêm uma relação ambígua de concorrência e de complementaridade. Daí nasce o ressentimento e, até mesmo, o ódio, mas também, ocasionalmente, solidariedades "crioulas" contra os metropolitanos. Por indivíduos de cor livres entende-se tanto os negros quanto os mulatos, libertados por um ato jurídico (manumissão, alforria) ou, em relação aos mestiços, pelo nascimento (miscigenação). É na década revolucionária que eles constituem uma parcela significativa da população urbana de Guadalupe, diferentemente do que ocorre em Saint-Domingue, território em que já havia sido alcançada anteriormente a proporção relativa mais importante dos "petits Blancs" e das pessoas de cor livres.

•••

> ### Verbatim
> "O Cap-Français tem a configuração de um quadrado comprido, ao qual se deve acrescentar uma faixa que, da parte inferior do lado norte, se estende em direção à Fortaleza Picolet" (MOREAU DE SAINT-MÉRY, 1797. Cf. ANEXOS - 1. B).

12. Denominação atribuída pelos aristocratas – que usavam "culotte", espécie de calção que apertava no joelho – aos artesãos, trabalhadores e até pequenos proprietários participantes da Revolução Francesa (desencadeada em 1789), os quais vestiam simples calças de algodão [N.T.].

CIDADE DE BASSE-TERRE (GUADALUPE, 1787)

Hospital Militar

Bairro da Cidade Nova

Bairro da Artilharia

SÃO FRANCISCO

Convento dos Capuchinhos

BASSE-TERRE

Igreja dos Carmelitas (anteriormente dos Jesuítas)

Governo

Hospital de Charité

Convento dos Carmelitas

Praça de armas

Alameda de Nolivos

Armazéns do Rei

Bateria de Irois

Prisão

Presídio

Bateria dos Carmelitas

Bateria de Herbes

OCEANO ATLÂNTICO

100 m

Fonte: PÉROTIN-DUMON, 2000.

48 ATLAS DAS ESCRAVIDÕES

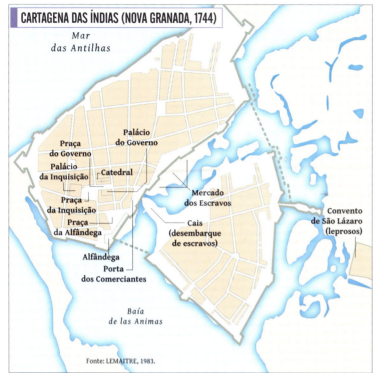

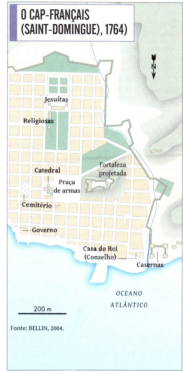

OS MODOS DE VIDA

A partir da década de 1740, assistiu-se a uma homogeneização dos modos de vida das camadas dirigentes de um e do outro lado dos oceanos. Enquanto os grandes proprietários possuíam residências nas grandes cidades metropolitanas e mandavam os filhos para os melhores colégios, a "civilização" europeia difundia-se nas grandes cidades coloniais: teatros, tipografias, lojas maçônicas, academias, hospitais, mercados bem-organizados acompanhavam a iluminação e a pavimentação das ruas, os passeios, os chafarizes e as praças públicas, além das mansões de pedra lavrada. A difusão desses ambientes urbanos dá um caráter universal à noção de "civilização". Em primeiro lugar, as grandes cidades coloniais são urbanizadas e transformadas (Filadélfia, o Cap-Français, Saint-Pierre da Martinica...); em seguida, a partir da década de 1780, esses modelos de urbanismo ganham os centros secundários, contribuindo paradoxalmente para o rápido desenvolvimento do crioulismo. Uma das manifestações mais marcantes dessa nova cultura era o uso ostentatório de determinadas roupas: pretensão de mostrar o luxo e a ociosidade entre os senhores, mas também recurso à elegância pelas populações de cor, como vontade de romper com o universo do trabalho e das plantações. Assim, não é nada surpreendente que seja em torno dessa maneira de exibir a sua identidade na cena pública urbana que se cristalizam os conflitos: impor o uso de certo tipo de roupas, proibir outras, era, para o grupo dominante dos brancos, o meio de manter as pessoas de cor livres em uma condição inferior, exatamente quando se multiplicavam os sinais de mudanças sociais em termos de riqueza adquirida e de saberes comuns.

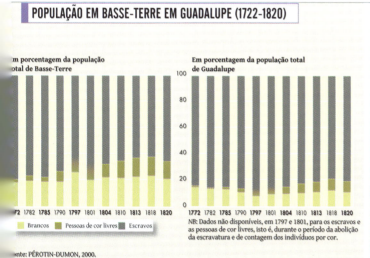

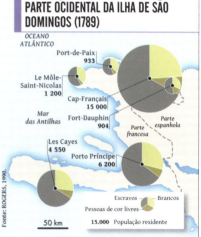

III AS SOCIEDADES ESCRAVAGISTAS (SÉCULOS XVII-XIX)

3. As mulheres e a escravidão

O lugar das escravas foi objeto de debates entre as elites dirigentes das colônias em que existiu o regime das plantações: submetidas aos trabalhos nos campos como os homens, elas não podiam ser consideradas menos úteis; no entanto, elas representavam apenas um terço dos cativos comprados. De fato, os donos das plantações recusavam-se a favorecer a formação de famílias exclusivamente de escravos; assim, em vez da natalidade, eles preferiam o tráfico para renovar a população servil. Entretanto, as mulheres desempenharam um papel importante, garantindo a execução de uma grande parte das tarefas domésticas, além de terem sido frequentemente concubinas dos senhores, aliás, prática que está na origem da categoria dos mestiços; enfim, elas participaram ativamente nos movimentos de resistência à escravidão.

AS ESCRAVAS NA PERSPECTIVA DOS SENHORES

As "mulatas", volúpia das ilhas. "O ser inteiro da mulata está entregue à volúpia, e o fogo dessa deusa arde em seu coração para extinguir-se apenas com a vida. Esse culto, eis o que constitui toda a sua moralidade, todos os seus desejos, toda a sua felicidade. A mais inflamada imaginação jamais teria conseguido conceber algo semelhante, nem pressentir, adivinhar, tampouco chegar à sua plena realização. Enfeitiçar todos os sentidos, entregá-los aos mais deliciosos êxtases, suspendê-los pelos mais sedutores encantos: eis sua única ciência. E a natureza, de alguma forma, cúmplice do prazer, prodigalizou-lhe encantos, atrativos, sensibilidade e, o que é muito mais perigoso, a faculdade de experimentar – em um grau superior àquele vivenciado pelo parceiro – fruições das quais nem o código de Pafos conheceria todos os segredos" (MOREAU DE SAINT-MÉRY, *op. cit.*, t. I, p. 104).

A libertinagem, um mal necessário. "As mulatas são, portanto, em geral condenadas a uma situação de cortesãs, sendo associadas nesse aspecto às escravas. Apesar de contrariar os costumes e a moral religiosa, esse comércio ilegítimo é considerado, no entanto, como um mal necessário nas colônias, territórios em que o número de mulheres brancas é reduzido, e sobretudo na colônia de Saint-Domingue na qual essa desproporção é ainda maior. Segundo parece, ele previne vícios mais graves. [...] De alguma maneira, assumimos inclusive a permissão de afirmar que o clima quente, que exacerba os desejos, e a facilidade de satisfazê-los, hão de tornar inúteis as precauções legislativas que viessem a ser tomadas contra este abuso porque a lei deixa de ter efeito em lugares em que a natureza se impõe de forma irresistível" (MOREAU DE SAINT-MÉRY, *op. cit.*, t. II, p. 106-107).

•••

O LUGAR DAS MULHERES NA DEMOGRAFIA

Nos navios negreiros, os carregamentos eram quase invariavelmente compostos de um terço de mulheres e, inclusive, muito menos no último período, após 1830. Essa sub-representação voluntária não se explica por uma suposta fraqueza física, considerando que as escravas eram utilizadas de maneira quase semelhante àquela exigida aos homens para os penosos trabalhos do campo. As razões desse constante déficit feminino devem ser procuradas, em particular, na recusa de uma política de natalidade por parte dos donos das plantações: até a proibição do tráfico de escravos, a importação regular de novos cativos foi preferida à "criação" de crianças nas plantações. A compra de escravos adultos, prontos para o trabalho, era considerada menos dispendiosa do que a formação no próprio local de uma criança, cuja expectativa de vida era aleatória. Tal "malthusianismo", por antecipação, é perceptível na pirâmide das idades das populações escravas nascidas na África. No entanto, essa atitude foi progressivamente modificada por dois motivos: a alta crescente do preço de compra de escravos no final do século XVIII e, em seguida, a abolição efetiva desse tráfico na década de 1830. Deste modo, o recurso à natalidade acabou por se impor como único meio de manter os efetivos servis, no contexto de uma legislação que favorecia as uniões estáveis. Tal opção natalista foi possível graças à criolização das populações escravas que contribuiu para restabelecer lentamente um *sex ratio* equilibrado pelo jogo natural da natalidade no próprio local. No entanto, esse processo foi seguido de maneira desigual: os territórios – tais como Brasil ou Cuba – em que a economia baseada nas plantações havia atingido, no século XIX, seu desenvol-

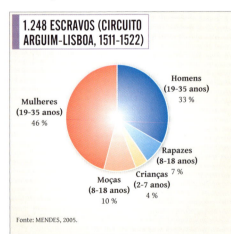

1.248 ESCRAVOS (CIRCUITO ARGUIM-LISBOA, 1511-1522)

Mulheres (19-35 anos) 46 %
Homens (19-35 anos) 33 %
Rapazes (8-18 anos) 7 %
Moças (8-18 anos) 10 %
Crianças (2-7 anos) 4 %

Fonte: MENDES, 2005.

PROPORÇÃO DE MULHERES NO TRÁFICO DE ESCRAVOS (1651-1866)

Taxa da feminilidade (em %)

Fonte: ELTIS, 1998.

O LUGAR DAS MULHERES NO TRÁFICO DE ESCRAVOS

No começo do século XVI, o tráfico sob o controle de Portugal importava escravos como empregados domésticos para Lisboa: a parcela das mulheres alcançava então quase 60% do total. Com o tráfico transatlântico, destinado a abastecer as plantações açucareiras, a parcela dos homens aumentou bastante rapidamente para estabilizar-se, a partir do final do século XVII, nos dois terços dos carregamentos destinados a esse comércio.

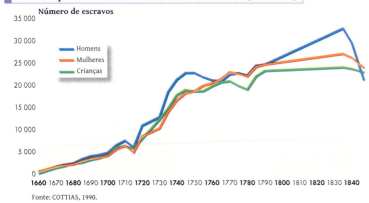

A POPULAÇÃO DE ESCRAVOS POR SEXO NA MARTINICA (1660-1847)

Fonte: COTTIAS, 1990.

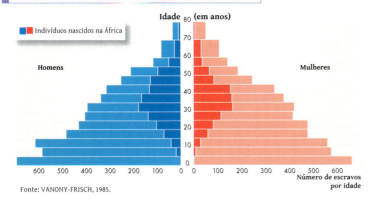

A PIRÂMIDE DAS IDADES DOS ESCRAVOS EM GUADALUPE

Fonte: VANONY-FRISCH, 1985.

vimento máximo, deram continuidade, pelo período mais prolongado possível, à importação maciça de homens.

•••

COMO TRATAR AS ESCRAVAS E OS RESPECTIVOS FILHOS?

A preocupação em obrigar os donos das plantações a tratar "bem" as escravas e os respectivos filhos só foi adotada tardiamente pelos administradores coloniais. "Será útil obrigar as negras a declarar a sua gravidez desde que ela seja confirmada, a fim de ordenar ao capataz para impedi-las de levantar fardos pesados e de fazer esforços passíveis de machucá-las. Mas só devem ser retiradas da grande oficina aos cinco meses de gravidez e, nessa época, serão deslocadas para a pequena oficina ainda durante dois meses e, depois desse tempo até o parto, vão executar uma tarefa doméstica leve. [...] Depois do parto e de ter recebido todos os cuidados necessários à sua situação, uma negra deverá ser deixada livre de seus desejos durante seis semanas, sem exigir dela nenhum trabalho, a fim de facilitar a reparação de suas forças e proporcionar-lhe, assim como ao filho, uma saúde revigorante" (GUISAN, 1788, p. 276-278).

•••

AS MULHERES NOS MOVIMENTOS DE RESISTÊNCIA

Entre as múltiplas formas de resistência dos escravos, os expedientes utilizados pelas mulheres empreenderam caminhos específicos. Em primeiro lugar, ao rejeitarem a natalidade, elas exprimiam a recusa de sua condição servil: como o filho de uma escrava ao nascer é também escravo sem levar em consideração o estatuto jurídico do pai, a recusa de tal maternidade, quando era possível, correspondia a opor-se à perpetuação da escravatura. O recurso ao aborto, reprimido violentamente se viesse a ser descoberto, tinha a mesma finalidade. Essas formas de rejeição do *status* servil, específicas às mulheres, não as impediram de empreender uma ação direta: por ocasião de revoltas servis, as mulheres estão sempre presentes nas listas da repressão. A reivindicação de acesso à terra, para tirar daí o alimento familiar, foi a ocasião mais espetacular da revolta das mulheres: elas foram as mais ativas nas ocupações ilícitas de terras arrancadas à plantation. A figura emblemática da "mulâtresse [mulata] Solitude", em 1802, em Guadalupe, erigida em mito literário, encarna para a posteridade tal presença de mulheres nos combates contra a escravidão. •

Verbatim

"A melhor prova do provérbio segundo o qual 'o amor é cego' pode ser encontrada, com toda a certeza, na paixão desregrada de alguns de nossos franceses que se entregam nos braços de suas negras, apesar da cor escura de suas faces que as torna repulsivas, para não mencionar o fedor insuportável que exalam" (DU TERTRE, t. II, 1667, p. 511-512).

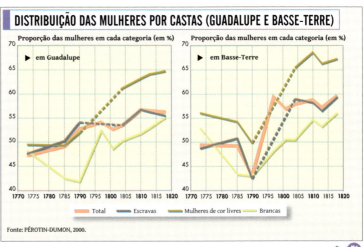

DISTRIBUIÇÃO DAS MULHERES POR CASTAS (GUADALUPE E BASSE-TERRE)

Fonte: PÉROTIN-DUMON, 2000.

III AS SOCIEDADES ESCRAVAGISTAS (SÉCULOS XVII-XIX)

4. O Brasil

O Brasil constitui um caso particular na história da escravidão nas Américas. Foi o território que viu desembarcar o maior número de escravos africanos: acima de 4 milhões, ou seja, perto de um terço do total do tráfico transatlântico. Foi também o país da mais tardia das abolições (1888). À escravidão de africanos, acrescenta-se aqui outra escravatura, pouco importante no resto do continente e quase totalmente desconhecida no espaço caribenho: a dos índios, proibida oficialmente apenas em meados do século XVIII. O Brasil atual é a resultante dessa imensa mistura de populações oriundas de uma escravidão com características específicas.

AS ESPECIFICIDADES DO TRÁFICO NEGREIRO ENCAMINHADO PARA O BRASIL

A partir de 1550, o tráfico de escravos sob o controle de Portugal levou milhares de africanos para a região litorânea de Pernambuco, da Bahia e, posteriormente, do Rio de Janeiro. Angola foi o centro desse comércio negreiro lusitano, completado pelas feitorias portuguesas do Golfo da Guiné e da costa oriental da África, a partir de Moçambique. A maior parte do tráfico luso-brasileiro foi feito em "linha reta", unicamente através do Atlântico Sul: do litoral do Brasil (Rio, Bahia, Recife) para as regiões litorâneas da África (Luanda, Porto Novo, Ajudá, São Jorge da Mina), sem passar por Lisboa. As mercadorias que serviam para pagar os escravos, em vez de serem enviadas da Europa, vinham do Brasil; inversamente, os brasileiros compravam produtos africanos – sobretudo, o marfim – que eram revendidos aos portugueses.

Enquanto os negreiros da Europa do Norte se contentavam em comprar cativos nas regiões litorâneas, sem penetrar no interior da África, seus homólogos portugueses – instalados no próprio lugar, há várias gerações, além de serem frequentemente mestiços e aliados aos personagens importantes locais – dominavam os circuitos internos da África. Enfim, fato único na história do tráfico negreiro: desde o século XVII, alguns "brasileiros", quase sempre mulatos, participaram ativamente desse comércio no próprio âmago da África Portuguesa. Nas duas margens do Atlântico Sul, um "império luso-brasileiro" era movido grandemente pelo tráfico de escravos, no qual o Brasil desempenhava um papel direto, de um modo diferenciado das outras colônias submetidas inteiramente às suas metrópoles europeias.

Em relação à posição modesta de Portugal nesse comércio, a relevância do tráfico luso-brasileiro é excepcional

Verbatim

"Todo brasileiro, mesmo o alvo, de cabelo louro, traz na alma, [...] a sombra, ou pelo menos a pinta, do indígena ou do negro. [...] A influência direta, ou vaga e remota, do africano" (FREYRE, 2003, p. 367).

AS CAUSAS DA MORTALIDADE ENTRE OS ESCRAVOS

Febre maligna 2,1 %
Suicídio 0,1 %
Causas não especificadas 8,3 %
Hidropisia 2,2 %
Coqueluche 3,9 %
Disenteria 4,8 %
Elefantíase 4,8 %
Convulsões 5,1 %
Diarreia 7,3 %
Tétano 7,8 %
Tuberculose pulmonar 53,6 %

Total: 4 071 escravos enterrados em Santa Clara (1695-1839)

Fonte: KARASCH, 1987.

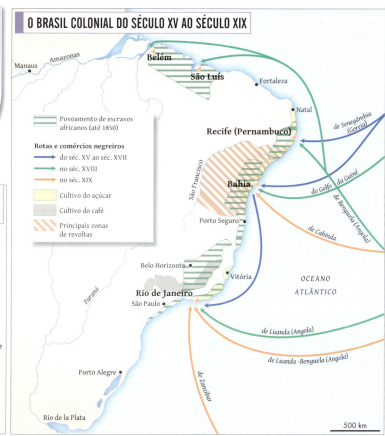

O BRASIL COLONIAL DO SÉCULO XV AO SÉCULO XIX

Povoamento de escravos africanos (até 1850)

Rotas e comércios negreiros
— do séc. XV ao séc. XVII
— no séc. XVIII
— no séc. XIX

Cultivo do açúcar
Cultivo do café
Principais zonas de revoltas

500 km

e sublinha a existência de um império apoiado nas duas margens do Atlântico Sul, do qual Lisboa estava longe de ser o centro único, em benefício do Rio, Recife, São Paulo ou Luanda.

•••

A ESCRAVIDÃO NO BRASIL E SUAS CARACTERÍSTICAS

A figura do escravo modelou a história do Brasil, inclusive depois da independência do país: escravidão dos índios até meados do século XVIII; escravidão dos africanos deportados pelo tráfico, desde a década de 1550; escravidão doméstica quase generalizada até mesmo nas camadas mais modestas da população livre; enfim, escravidão urbana que chega a atingir acima de um terço da população no Rio, no final do século XVIII, ou 60% na Bahia por volta de 1830. As novas manufaturas fizeram também, após 1860, a tentativa de utilizar trabalhadores servis. Tal generalização da escravatura provocou fenômenos de resistência. O Brasil foi a terra por excelência da grande fuga de escravos, sob a forma do quilombo: enquanto território que escapava da dominação colonial, este chegava a reunir, às vezes, milhares de escravos fugitivos. Mas, ao contrário de uma tradição tenaz, não há demonstração de vínculos entre esses bolsões de resistência, que vivem fora do mundo das plantações, e os processos abolicionistas. Os quilombos eram enclaves de liberdade articulados com a economia escravagista por fornecerem víveres procedentes de uma agricultura desconhecida das zonas de monocultura; eles constituíam uma espécie de zonas-tampão que desempenhavam um papel de regulador do sistema escravocrata, sem nunca ameaçá-lo em seus fundamentos. Assim, o Brasil foi o país em que a fuga de escravos atingiu a máxima extensão e, ao mesmo tempo, o país em que a abolição da escravatura ocorreu mais tardiamente, em 13 de maio de 1888.

No início do século XIX, os afro-americanos representavam dois terços da população brasileira; eles começaram a decrescer claramente a partir de 1850 (abolição do tráfico de escravos). No momento da abolição da escravatura, em 1888, os negros não eram mais do que 15% da população, ao passo que os mestiços tinham passado de 21%, em 1830, para 41% em 1890. Uma forte imigração europeia (os brancos passam de 14% para 44% da população) modifica no mesmo tempo a demografia brasileira; no entanto, a presença cultural africana permanece sensível. ●

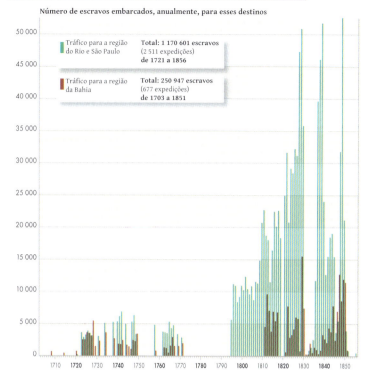

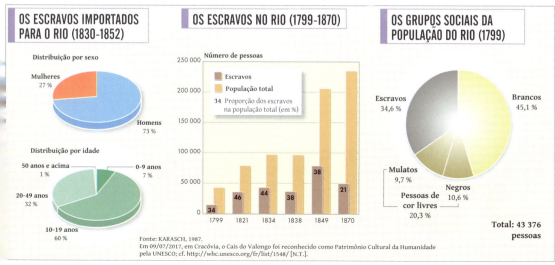

Em 09/07/2017, em Cracóvia, o Cais do Valongo foi reconhecido como Patrimônio Cultural da Humanidade pela UNESCO; cf. http://whc.unesco.org/fr/list/1548/ [N.T.].

III AS SOCIEDADES ESCRAVAGISTAS (SÉCULOS XVII-XIX)

5. A escravidão nos Estados Unidos

Nos Estados Unidos, a continuidade territorial entre estados livres e estados escravagistas – diferentemente não só das nações europeias, cujas colônias com escravos ficavam longe das metrópoles, mas também do Brasil, país em que a escravidão era lícita em todo o território – contribuiu para fazer da "questão negra" um dos grandes debates nacionais no decorrer do qual assistiu-se à construção de identidades que, desde a década de 1780, opôs duas visões de futuro relativamente à União. Além de terem sido necessários uns oitenta anos, foi preciso recorrer a uma terrível guerra civil para levar a União inteira a pender para o lado da "liberdade moderna".

■ **UMA ESCRAVATURA CONSUBSTANCIAL À NOVA NAÇÃO?**

A independência dos Estados Unidos é o arquétipo da "independência branca": negros escravos, negros livres, mulatos e índios foram, de imediato, excluídos da cidadania nascente. No entanto, a questão da escravatura foi levantada por uma parte dos pais fundadores da nova nação (J. Jay, A. Hamilton, B. Franklin): aliás, eles foram os primeiros a se comprometerem com a criação de sociedades antiescravagistas. No lado contrário, os outros líderes da independência eram virginianos, donos de plantações e proprietários de escravos (G. Washington e T. Jefferson, futuros presidentes dos Estados Unidos). Sem nenhuma menção explícita a esse fato, a Constituição Federal de 1787 tinha optado pela conservação da escravatura nos estados em que ela existia, reconhecendo assim a cada estado o direito de modificar o *status* das pessoas

A Constituição foi um compromisso não declarado entre "estados livres" ao norte de uma linha que passava ao sul da Pensilvânia e de Nova Jersey, e "estados escravocratas" ao sul dessa linha. À medida que novos estados ingressaram na União, após a compra à França da imensa Luisiana, em 1803, formulou-se a seguinte questão: os novos estados serão livres ou escravagistas? As implicações da resposta eram importantes pelo fato de que o equilíbrio político podia ser questionado, tanto mais que os estados escravocratas eram dotados de um número de votos aumentado em três quintos do efetivo de seus escravos para o cálculo do número de representantes no Congresso Federal; assim, um escravo equivalia, politicamente, aos três quintos de um cidadão branco, mas não dispunha da cidadania.

Os Estados Unidos instalaram-se em um sistema escravocrata estendido à maior parte dos novos territórios que ingressaram na União, durante as primeiras décadas do século XIX. Em 1860, no momento em que o edifício escravagista estava a ponto de soçobrar na guerra civil, os Estados Unidos permaneciam um dos dois últimos estados independentes da América, ao lado do Brasil, em que a escravidão era legal, considerando que Cuba e Porto Rico eram ainda oficialmente colônias espanholas.

•••

■ **THOMAS JEFFERSON**

O caso de Thomas Jefferson, redator da Declaração de Independência dos Estados Unidos, é emblemático das contradições do novo estado em relação à "instituição particular" que é a escravatura. Ele pertence ao grupo dos "virginianos", republicanos adeptos de uma democracia agrária de proprietários independentes. Mas sua residência em Monticello é também uma grande plantação, ou seja, contexto de vida opressivo para 200 escravos, cuja alforria era algo impossível de promover pelo político que estava mergulhado em dívidas. Viúvo, ele tem um caso com

> **Verbatim**
> "O sistema de escravidão patriarcal sulista é superior, do ponto de vista econômico, político e moral, ao sistema capitalista baseado no assalariado branco do Norte. [...] O fato de uma classe ou de uma raça viver do trabalho da outra é uma lei da civilização" (John Calhoun, senador da Carolina do Norte, vice-presidente dos Estados Unidos durante o mandato presidencial de John Quincy e, em seguida, de Andrew Jackson, citado por FOHLEN, 1998, p. 236. Cf. ANEXOS - 3. B: Estados Unidos da América.

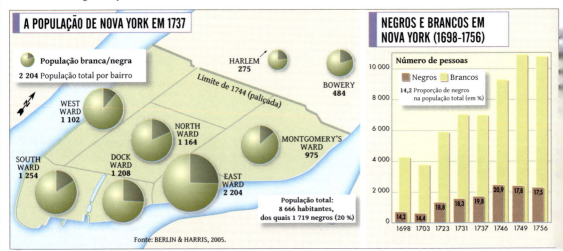

Fonte: BERLIN & HARRIS, 2005.

Sally Hemmings, a jovem escrava que cuidava de seus filhos, proferindo ao mesmo tempo afirmações características do preconceito de cor em suas *Notes on the State of Virginia* (1785; Nova York, 1964), ao considerar que os negros se encontram em um estado de inferioridade natural em relação aos brancos. Ele não deixa de lamentar o sistema escravocrata, considerado como responsável por uma degradação global da espécie humana e condenável por sua perversão moral. Ao vislumbrar sua extinção lenta e progressiva, ele teme uma abolição brutal, como havia sido o caso em Saint-Domingue. Em seu entender, a construção da nova nação americana só pode ser um projeto da população branca; os ex-escravos emancipados seriam obrigados a retornar para a África ou confinados em territórios periféricos.

•••

■ ALFORRIAS E ABOLIÇÃO

Os Estados Unidos não ignoraram a prática da alforria, reguladora do sistema escravocrata. No entanto, os números mostram que as alforrias foram bastante reduzidas e, nesse país, ser negro significava quase sempre ser escravo. Assim, a proporção de negros livres era ínfima na maior parte dos estados do Sul: em 1850, no Alabama, 93% dos negros são escravos, 97% na Carolina do Sul e 91% na Carolina do Norte, taxa que chega a mais de 99% no Mississippi e Texas, 97% no Tennessee e 98% no Arkansas. Nenhuma sociedade escravagista das Antilhas ou da América do Sul havia conhecido uma taxa tão baixa de negros livres.

Essa recusa da alforria refletia o medo de perder uma mão de obra indispensável e, ao mesmo tempo, a vontade explícita de evitar a criação de uma classe numerosa de negros livres, considerados como inassimiláveis à sociedade branca; tratava-se da rejeição de qualquer forma de mestiçagem. Essa obsessão em manter a "pureza racial" foi manifestada por Jefferson ao vislumbrar que a futura emancipação dos negros exigiria a criação de um estado à parte para agrupar os negros alforriados longe dos brancos. Não foi tomada, portanto, nenhuma medida transitória para preparar a inevitável abolição da escravatura – hipótese rejeitada pelos brancos do Sul –, diferentemente das políticas empreendidas pela França e pela Inglaterra nas décadas que haviam precedido a emancipação geral.

•••

■ A POPULAÇÃO NEGRA

No momento da independência (1783), havia perto de 600.000 escravos no território das treze colônias, ou seja, apenas um pouco mais do que na colônia francesa de Saint-Domingue. Em 1860, a população servil chegava a quase 4 milhões, isto é, um crescimento acima de 500% em oitenta anos, sobretudo nos estados do Sul! A proporção de escravos em relação à população branca permaneceu sempre inferior às taxas atingidas nas Antilhas no apogeu da escravidão: 85% em determinadas ilhas. Nos Estados Unidos, a Carolina do Sul era o estado que tinha a mais forte proporção com mais de 57% de sua população composta de escravos; em seguida, aparecia a Luisiana (47%), Alabama (45%) e a Flórida (44%). Alguns estados escravocratas tinham proporções mais baixas: 1,6% em Delaware, 12% em Marilândia e 9% no Missúri. A proporção de escravos nos estados do Sul era de 38% em 1860, aliás, a taxa máxima alcançada justamente antes da abolição. •

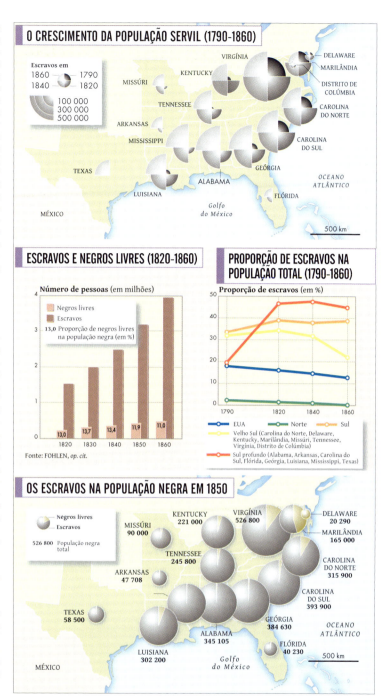

III AS SOCIEDADES ESCRAVAGISTAS (SÉCULOS XVII-XIX)

6. Cuba

Território espanhol desde o começo da colonização, Cuba permaneceu durante muito tempo fora dos circuitos negreiros. O desmantelamento do sistema escravocrata em Saint-Domingue, seguido pelo afluxo de colonos franceses refugiados, abriu o caminho para o desenvolvimento muito rápido das grandes plantações escravagistas nesta ilha: açúcar, no oeste, e café no leste. Deste modo, no século XIX, Cuba tornou-se, ao lado do Brasil, um dos principais destinos do tráfico ilegal de escravos. A exploração intensiva do açúcar integrou as inovações industriais: máquinas a vapor e fábricas centrais. Pelo grande volume de escravos, Cuba foi também a terra por excelência de suas fugas e insurreições.

EXPANSÃO TARDIA DE UMA COLÔNIA ESCRAVOCRATA

No século XVIII, Cuba não é uma "ilha do açúcar"; a valorização deste produto permanece parcelar, considerando a importância do tabaco e das grandes propriedades de criação de gado, para as frotas do império espanhol. O interesse da colônia é fundamentalmente estratégico com o porto e o arsenal de Havana; o cerco da cidade e, em seguida, sua tomada pelos ingleses, em 1762, é um indício do declínio da América Espanhola.

A Espanha recupera Havana, mas empreende uma série de reformas que hão de levar suas colônias – entre as quais, Cuba – a entrar em uma nova época. A ilha conhece então um desenvolvimento maciço do tráfico negreiro, favorecido pelas medidas liberais que vão beneficiar, antes de tudo, as ricas famílias negociantes crioulas, os *habaneros*.

De 1791 a 1803, essa oligarquia crioula é renovada pelas vagas de donos de plantação franceses que fogem da revolução de Saint-Domingue: seu número é particularmente importante no sul, em redor de Santiago de Cuba; em grande quantidade também, eles hão de participar do rápido desenvolvimento das plantações açucareiras nas planícies do Norte, nos arredores de Havana. A despeito das vicissitudes da conjuntura política (expulsão dos franceses em 1808, pelo fato da adesão das autoridades coloniais às juntas insurrecionais opostas a Napoleão, sem que eles deixem de conservar a sua influência e as suas redes), forma-se a *sacarocracia*, a oligarquia açucareira.

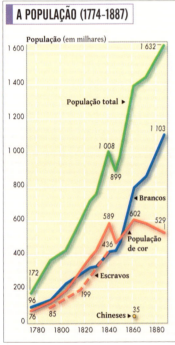

Fontes: YACOU, 2009 e 2010; cf. ANEXOS - 3. B: Cuba.

Na economia mundial, Cuba toma o lugar, de maneira duradoura, de Saint-Domingue, tornando-se a nova "pérola das Antilhas". As grandes fazendas modernizam-se graças à introdução da máquina a vapor, em 1817, e tornam-se imensos campos de trabalho, os *ingenios*, ou seja, espaço vital e, ao mesmo tempo, sistema mecanizado e integrado da produção açucareira.

Durante uns trinta anos, entre 1815 e 1845, a população negra excede a população branca; no final desse período, a ilha é sacudida por uma vaga de sublevações de escravos. Essa evolução alimenta, no seio da oligarquia, a obsessão de que um novo Saint-Domingue venha a ocorrer e, em alguns senhores, o projeto de ligação aos Estados Unidos para consolidar o bloco dos estados sulistas escravocratas. Progressivamente, diminui o recurso ao tráfico negreiro; os donos de plantações procuram uma mão de obra substitutiva, importando asiáticos da Califórnia ou sonhando com a imigração dos ameríndios do continente.

A partir da década de 1860, a crise financeira e a depressão econômica arruínam numerosas plantações, enquanto a população branca, que se tornara majoritária, está preocupada sobretudo com seu futuro político. A abolição tardia de 1886 é um fator secundário das guerras de independência (1868-1898).

• • •

■ OS CAÇADORES DE HOMENS

"Don Juan Herreros y Campo, tenente, administrador civil da jurisdição de Los Palacios, residente no novo povoado de Santa Isabel, em Limones, sob a alta autoridade de Sua Excelência, representante do Reino em matéria de Governo e Capitão Geral desta ilha [...].

Don Francisco Estebez, Comandante da seção encarregada da perseguição dos escravos fugitivos que vivem nos acampamentos situados nessas colinas, está à minha frente. Pela presente e naturalmente por delegação de Sua Excelência, e de acordo com essa decisão superior, o dito Estebez pode exigir de todos os habitantes da jurisdição a ajuda como guias nos locais em que tiver necessidade, além de ter essas pessoas à disposição. Convém, portanto, assinalar-me aquele que, sendo útil, viesse a recusar-se a colaborar com esse serviço para obrigá-lo a isso, a fim de garantir a tranquilidade pública nas melhores condições e os desejos de Sua Excelência.

Jurisdição de Los Palacios, aos 20 de fevereiro de 1837" (Texto citado por BRENOT, 2008, p. 74-75). ●

Verbatim

"A prosperidade e a riqueza da Ilha de Cuba são, hoje, mais do que nunca nominais e fictícias: não há um só proprietário que possa garantir que continuará sendo, amanhã, o dono de seus bens" (PIZARRO Y GORDÍN, J. In: A.H.N., Sección Ultramar, leg. 3550, 1844).

CRONOLOGIA CUBANA NOS SÉCULOS XVIII E XIX

- **1763** • Tratado de Paris. A Espanha recupera Havana dos ingleses.
- **1764** • Fim do monopólio comercial de Cádiz e de Sevilha.
- **1768-1789** • Desenvolvimento maciço do tráfico negreiro; o comércio de escravos negros deixa de ser regulamentado.
- **1791-1803** • Vagas de emigração de donos de plantações brancos franceses, oriundos de Saint-Domingue.
- **1808** • 16.000 franceses são expulsos após o governador Someruelos jurar fidelidade a Fernando VII.
- **1811** • O deputado Arguelles apresenta às Cortes de Cádiz um projeto de abolição do tráfico negreiro e da tortura.
- **1812** • Conspiração antiescravagista e anticolonial do negro livre, José Antonio Aponte.
- **1817** • Assinatura do Tratado de Abolição do Tráfico de Escravos entre a Grã-Bretanha e a Espanha, aprovado por Fernando VII. Introdução da máquina a vapor na indústria açucareira por Arango y Pareno.
- **1836** • Fundação da sociedade secreta afro-cubana, Abakua, por estivadores negros.
- **1837** • Primeira estrada de ferro (de Havana a Bejucal). Essa linha destinava-se ao transporte da cana-de-açúcar.
- **1841-1843** • Rebeliões de escravos em Havana e em diversas grandes plantações de açúcar.
- **1844** • Repressão e processo da conspiração de La Escalera.
- **1847** • Estruturação do movimento que reivindica a anexação de Cuba aos EUA.
- **1853** • Ordonanza de emancipados: garantias de liberdade para os alforriados. Introdução de mão de obra chinesa ou de índios do Yucatán para substituir a mão de obra servil.
- **1857** • Grande crise financeira e econômica. Colapso da atividade cafeeira.
- **1868** • Decreto do "ventre livre": daí em diante, os filhos de escravos nascerão livres.
- **1868-1878** • 1ª Guerra de Independência. O governo independentista de Carlos Manuel Cespedes adota um regulamento de liberdade de modo que esta seja concedida aos escravos.
- **1880** • O Congresso de Madri proclama a abolição da escravatura.
- **7 de outubro de 1886** • Decreto régio que abole definitivamente a escravidão em Cuba.
- **1895** • Rebeliões (de José Martí) e começo da 2ª Guerra de Independência.
- **1898** • Intervenção militar dos EUA e independência formal de Cuba.

III AS SOCIEDADES ESCRAVAGISTAS (SÉCULOS XVII-XIX)

7. As resistências contra a escravidão

A escravização está intrinsecamente ligada a seu contrário, a resistência, a qual se manifesta sob múltiplas facetas: a recusa a embarcar ou as revoltas a bordo dos navios negreiros, as quais só excepcionalmente deixaram vestígios escritos. Acontece o mesmo com toda a resistência passiva no universo da plantação que se traduzia pelos abortos, suicídios, rupturas do ritmo de trabalho nas oficinas, envenenamentos da comida dos senhores e sabotagem de máquinas. A fuga para a cidade ou para as montanhas ilustra igualmente essas revoltas silenciosas, às vezes, facilitadas por sociedades secretas.

■ A CADEIA DAS INSURREIÇÕES

A insurreição, revolta de uma grande camada da população, é o ato de resistência que deixou o maior número de textos. Aquelas que podem ser situadas com maior precisão no tempo e no espaço são apenas a parte emersa de um fenômeno, ainda amplamente aberto à investigação histórica que, não tendo conhecido nenhuma trégua, tem passado por ritmos de intensidade variável. Desde as primeiras revoltas em Cuba, no começo do século XVI, até o Brasil e os Estados Unidos na segunda metade do século XIX, é possível detectar alguns tempos fortes: a generalização do sistema de plantação escravagista entre 1670 e 1730; a esperança suscitada pela generalização das medidas abolicionistas a partir da Revolução Francesa; a perda paralela de legitimidade do escravagismo no seio das opiniões públicas ocidentais no século XIX.

Determinados territórios, tais como Jamaica, Porto Rico, Suriname, Martinica e Guadalupe, conheceram situações em que a insurreição era quase permanente.

■ AS RESISTÊNCIAS NA ILHA BOURBON (ATUAL REUNIÃO)

A escravidão em Bourbon foi diferente do sistema servil adotado nas Antilhas: menos desenvolvimento do cultivo da cana, plantações modestas, paternalismo dos senhores, pelo menos, se forem levadas em consideração suas declarações... No entanto, as mais recentes pesquisas questionaram essa "escravidão branda". Bem mais numerosas e intensas do que havia sido afirmado por uma tenaz tradição, as resistências dos escravos manifestaram-se através de revoltas permanentes, complôs servis, envenenamentos e recusas a trabalhar. A investigação minuciosa nos arquivos judiciários deixa claro o ritmo ascendente da repressão, termômetro da atividade resistente com suas fases bruscas de impetuosidade no momento da Revolução Francesa e, em seguida, na década de 1820 e, enfim, após a abolição aplicada pela Inglaterra em Maurício, a antiga Ilha de France, sempre em estreita simbiose com a Ilha Bourbon: sem ter conhecido a primeira abolição em 1794, esta não foi, portanto, a ilha de escravos aprazíveis.

■ AS RESISTÊNCIAS CULTURAIS

Assim que chegava às plantações, o escravo devia trocar de identidade: batizado, ele devia romper com a religião professada anteriormente; dotado de um novo nome, ele devia esquecer aquele pelo qual era chamado; isolado frequentemente de seus compatriotas, não podia utilizar seu idioma; enfim, ele era impedido de tocar as músicas, de entoar os cantos e de executar as danças da África porque esses ritos eram considerados superstição e, até mesmo, pretextos para complôs. Assim, o escravo era desculturado, despojado de sua vida interior e obrigado a se dobrar às novas normas impostas por quem havia adquirido a totalidade de sua pessoa.

Na realidade, essa aculturação forçada nunca chegou a tolher a vida inteira do escravo negro: sob múltiplas formas, as culturas africanas sobreviveram, transformando-se ao se misturarem entre si. Práticas religiosas clandestinas (qualificadas como feitiçaria pelos colonos), danças, músicas, práticas médicas ancestrais, "invenção" de línguas crioulas desconhecidas dos senhores, todos esses elementos constituíram outras tantas formas de recusa das normas impostas aos escravos. Cuba, Brasil e Saint-Domingue foram os lugares por excelência dessas recusas insidiosas do universo mental dos brancos; no entanto, essas recusas são perceptíveis – tendo deixado vestígios até nossos dias – em todos os territórios nos quais os escravos eram suficientemente numerosos. ●

> **Verbatim**
> "Os escravos de Madagascar estão sempre prontos a abandonar os senhores, procurando recuperar a sua liberdade. Vários deles já conseguiram chegar às matas e às montanhas, locais quase inacessíveis aos outros indivíduos"
> (DALRYMPLE, 1755).

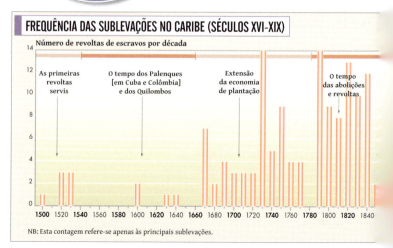

FREQUÊNCIA DAS SUBLEVAÇÕES NO CARIBE (SÉCULOS XVI-XIX)
Número de revoltas de escravos por década
- As primeiras revoltas servis
- O tempo dos Palenques [em Cuba e Colômbia] e dos Quilombos
- Extensão da economia de plantação
- O tempo das abolições e revoltas

NB: Esta contagem refere-se apenas às principais sublevações.

AS REVOLTAS NA AMÉRICA E NAS ANTILHAS (SÉCULOS XVI-XIX)

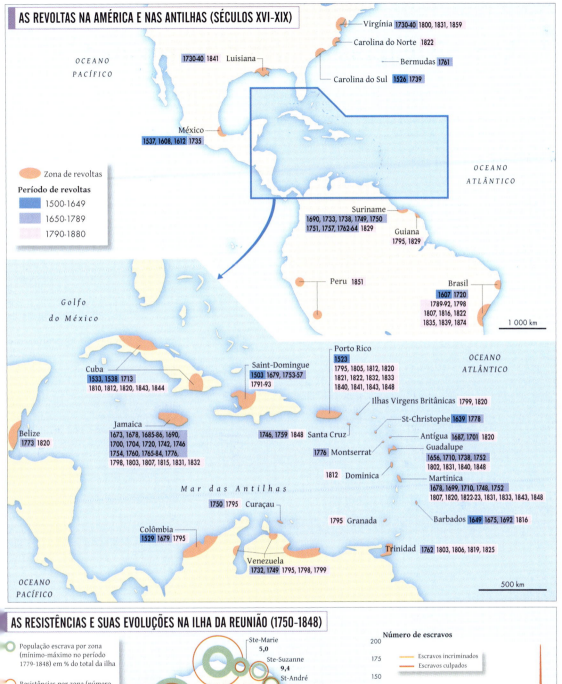

AS RESISTÊNCIAS E SUAS EVOLUÇÕES NA ILHA DA REUNIÃO (1750-1848)

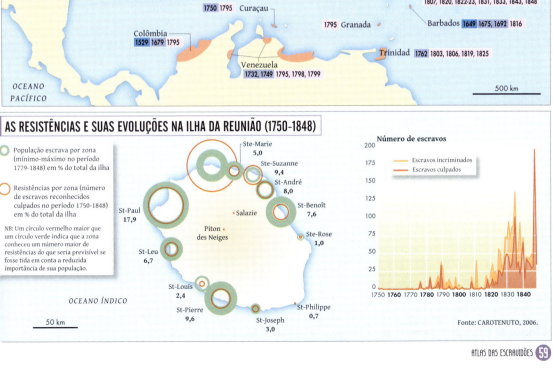

Fonte: CAROTENUTO, 2006.

III AS SOCIEDADES ESCRAVAGISTAS (SÉCULOS XVII-XIX)

8. O grande movimento quilombola

A fuga de escravos para fora das plantações é designada, em francês, pela palavra *marronnage* que, segundo a opinião mais comumente aceita, seria derivada do termo espanhol *cimarrón*, ou seja, aquele que vive nos cimos das montanhas. Outra etimologia propõe como sua origem a palavra *arawak* que designa os animais que voltaram ao estado selvagem; aplicado aos escravos que abandonaram as plantações para viverem escondidos em zonas inacessíveis, o termo acaba comparando o escravo ao animal. Essa conotação sublinha a obsessão dos donos das plantações diante do grande movimento quilombola, particularmente nas colônias de escravos nas Antilhas, no continente americano e nas ilhas Mascarenhas: esses bandos de fugitivos criaram contrassociedades que ameaçavam permanentemente os colonos e suas famílias.

A ESCRAVIDÃO E A LIBERDADE NOS ESTADOS UNIDOS

A escravidão nos Estados Unidos teve um aspecto desconhecido em outros lugares. Sob a mesma soberania, coexistiam dois universos jurídicos radicalmente opostos na abordagem da escravidão: legal para um deles e proibida para o outro. Esses dois espaços eram separados apenas por uma linha de demarcação, uma "fronteira interior": estados escravocratas e estados livres eram contíguos ao passo que, por exemplo, a França ou a Inglaterra estavam separadas de suas colônias com escravos por vários milhares de quilômetros. A continuidade territorial entre escravidão e liberdade criava condições particulares para os escravos em luta por sua liberdade, além de explicar a ausência na prática de zonas de fuga para um grande número de escravos nos Estados Unidos, com exceção de faixas nos confins dos novos territórios. Os fugitivos podiam alimentar a expectativa de se tornarem livres, refugiando-se ao norte da linha de demarcação: uma vez no território livre, eles encontravam ajuda jurídica e solidariedade junto a outros fugitivos e abolicionistas do Norte.

A grande dificuldade residia no longo trajeto a empreender para alcançar essa famosa fronteira. Esses *liberty ways*, ou estradas de ferro subterrâneas, estavam sob a vigilância de caçadores de fugitivos, pagos pelos senhores para capturar e levar de volta às plantações os que tentavam sua sorte na fuga.

No entanto, transpor essa linha não garantia a liberdade: a Constituição Federal reconhecia implicitamente o "direito de perseguir" aos senhores de escravos fugitivos, em nome do sagrado direito de propriedade. Essa disposição foi sistematicamente confirmada pela jurisprudência e, em seguida, por uma decisão da Suprema Corte em 1850 (*Dred Scott Case*) segundo a qual um negro não podia ser livre em um estado não escravagista sem um processo específico: o escravo conservava seu *status* ao se deslocar no território.

• • •

OS QUILOMBOS NO SURINAME NA AMÉRICA DO SUL

No Suriname, colônia holandesa desde 1674, os donos de plantações exploravam apenas uma estreita faixa litorânea. Em duas das revoltas dos quilombos, os governadores foram obrigados a chegar a um acordo com os grupos de insurretos, conhecidos pelo nome de "negros do Rio Saramacca", instalados à beira da floresta tropical. Em 1770, uma nova revolta estendeu-se a partir do leste, sob a direção de um chefe mítico, Boni: ela devastou as plantações até às portas da capital, Paramaribo. O governador apelou para um corpo expedicionário europeu do qual fazia parte o Capitão Stedman. Em 1773, após uma série de expedições repressivas apoiadas em tropas locais de caçadores negros, os seguidores de Boni foram rechaçados para a Guiana. Stedman publicou o relato romanceado dessa guerra, expondo o sadismo dos senho-

AS GUERRAS SERVIS NO SURINAME NO SÉCULO XVIII

- Planícies litorâneas destruídas pelos rebeldes
- Campanhas militares contra os insurretos sob o comando de Boni (1733-1777)
- Invasões dos insurretos sob o comando de Boni
- Acampamentos de escravos fugitivos
- Regiões contestadas

Fonte: POULAILLON, 1986.

Verbatim

"Nasci na África, continente em que [...] fui preso e vendido no litoral da Guiné, como escravo, por meus compatriotas. Comprado por um de seus colegas que é agora meu juiz, fui tão cruelmente tratado pelo capataz dele que acabei fugindo para juntar-me aos rebeldes" (Declaração de um chefe integrante dos insurretos comandados por Boni, relatada por STEDMAN, 1799).

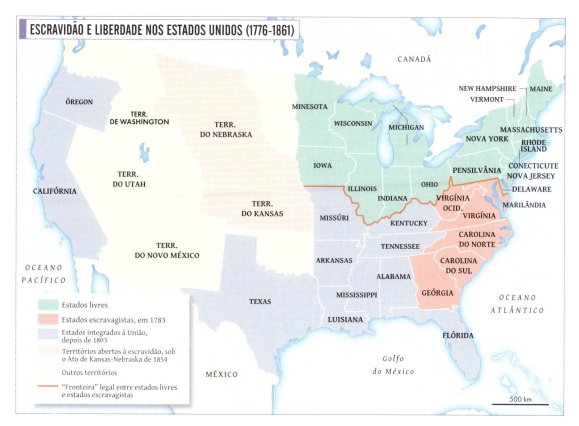

res brancos para com os escravos negros, defendendo uma reforma humanista do sistema colonial. Esse livro obteve um grande sucesso, especialmente graças às ilustrações – de um realismo cruel – de William Blake, difundidas em toda a Europa.

∴

UMA "REPÚBLICA QUILOMBOLA" NA JAMAICA

A Jamaica foi a terra das revoltas de escravos. Desde que os ingleses conquistaram a ilha aos espanhóis, em 1654, com o apoio dos escravos insurretos, a pacificação nunca foi completa. Em 1730, escravos fugitivos de diversas origens fortificaram-se nas regiões montanhosas, em particular nas cadeias orientais, conhecidas pelo nome de Montanhas Azuis. A guerra terminou em 1739 com a assinatura de um tratado pelo Governador Trelawney e pelo chefe dos quilombos, Cudjoe. Mediante o compromisso assumido pelos negros azuis, e em troca de seu reconhecimento, as autoridades coloniais receberiam de volta qualquer escravo que viesse procurar refúgio no território deles. Esse acordo perdurou até a grande "guerra dos quilombos" de 1795-1796 que teve como desfecho o desaparecimento da autonomia dos negros azuis. Durante meio século, o grande movimento quilombola que, no começo, não passava de um ato de revolta contra o sistema servil, tornou-se um meio de regulação à margem desse sistema.

∴

MAKANDAL, O MITO DO INSURGENTE IMORTAL

Em Saint-Domingue, o grande movimento de fuga de escravos nunca ganhou grande amplitude. No entanto, um episódio marcou, durante várias gerações, as mentalidades: François Makandal, escravo do Congo, foi um organizador incansável de revoltas, envenenamentos e incursões nas plantações. Sacerdote vodu, reputado imortal, ele exercia um poder carismático. Preso por traição no começo de 1758, condenado à fogueira, uma tradição difundida em toda a planície do Norte afirma que ele conseguiu escapar das chamas para retomar o combate. Esse mito Makandal subsistiu até a insurreição de 1791; aliás, um grande número de escravos chegou a atribuir-lhe a iniciativa dessa operação. ●

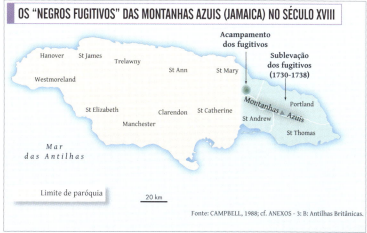

Fonte: CAMPBELL, 1988; cf. ANEXOS - 3: B: Antilhas Britânicas.

ATLAS DAS ESCRAVIDÕES 61

III AS SOCIEDADES ESCRAVAGISTAS (SÉCULOS XVII-XIX)

9. As sociedades escravagistas na América Espanhola

A escravidão é onipresente na América Espanhola, mas apresenta uma grande diversidade de condições; só tardiamente é que ocorreu a sua sistematização nas Antilhas sob a forma da economia de grandes plantações monoprodutoras. Nos confins do Império verificou-se inclusive a inversão de situações em que os povos indígenas chegaram a praticar a escravidão, em larga escala, à custa dos brancos.

SISTEMA DE *ASIENTO* E *HACIENDAS*

A importação de escravos africanos é regida pelo sistema do *asiento*. O governo espanhol deixava o comércio de escravos por conta das potências estrangeiras mediante o pagamento de uma taxa. O comércio tinha sido autorizado por Carlos V, em 1519, mas tinha que ser feito exclusivamente a partir de dois portos no espaço caribenho: Vera Cruz, em Nova Espanha, e Cartagena das Índias, na Nova Granada. Nos séculos XVII e XVIII, as grandes companhias europeias lutaram avidamente para obter esse privilégio. Em 1713, os ingleses foram os únicos beneficiários desse comércio, em substituição dos portugueses e holandeses. Esse monopólio sofreu violentos ataques após a Guerra dos Sete Anos, sob a pressão dos contrabandistas e armadores independentes. Verificou-se o desenvolvimento de novos centros, tais como Lima e Buenos Aires. No entanto, o *asiento* só foi revogado oficialmente em 1817.

A partir dos portos, os escravos africanos foram distribuídos, em função da demanda, pelos diferentes vice-reinos. Duas importantes atividades absor-

veram quantidades enormes dessa mão de obra: o serviço doméstico e as obras públicas, estradas e fortificações. O fato de possuir um ou vários criados negros constituía uma marca de distinção na sociedade crioula; as ordens religiosas eram também grandes demandantes de servos. Mas os escravos negros estavam presentes em número cada vez maior na agricultura, essencialmente nas plantações dedicadas à exportação (açúcar, ca-

cau, tabaco, algodão e índigo). As ilhas do Caribe e as planícies litorâneas da Venezuela orientaram-se claramente para essas atividades no final do século XVIII.

A mão de obra oriunda da África era dominante também nas *haciendas* dedicadas à plantação de hortaliças na proximidade das grandes metrópoles, nos vales férteis das regiões andinas. As atividades de mineração eram, tradicionalmente, o domínio de emprego da

Verbatim

"Florescente graças ao açúcar, o comércio será arruinado; a agricultura será aniquilada; haverá um declínio da população; além disso, as famílias que brilhavam de maneira esplendorosa serão sufocadas pelas dívidas e pela penúria." Súplica enviada ao rei, datada de Havana, em 19 de janeiro de 1790, pelos cubanos proprietários de refinarias de açúcar contra a aplicação da "Instrucción para la educación, trato y ocupaciones de los esclavos, dada en Aranjuez el 31 de mayo de 1789" (cf. LUCENA SALMORAL, 2000).

OS ESCRAVOS NA AMÉRICA ESPANHOLA

Número de escravos
500 000
200 000
100 000
50 000
20 000

⚓ Principais portos de importação de escravos

1 000 km

ATLAS DAS ESCRAVIDÕES

força de trabalho nativa. No entanto, os ameríndios manifestaram uma tendência cada vez maior para abandonar as minas de cobre em Cuba ou na Venezuela, assim como as jazidas de ouro nas planícies da Colômbia; por conseguinte, tornou-se necessário recorrer à mão de obra servil. As famosas minas de prata de Potosí acabaram também por utilizar um número crescente de escravos negros, o que explica que Buenos Aires tenha se tornado um porto de destino do tráfico negreiro transatlântico.

•••

O TEMPO DAS REFORMAS

Depois de 1763, as Antilhas Espanholas (Santo Domingo, Cuba, Porto Rico e província de Caracas) é que foram objeto de todas as atenções por parte da Coroa: houve a preocupação de fortalecer cada vez mais o seu papel estratégico de defesa nos postos avançados do Império. Mas impôs-se arcar com as despesas de tal operação. Algumas reformas foram iniciadas a partir de 1778: a divisão das grandes propriedades de produção extensiva de gado, assim como a concessão de terrenos vagos para transformá-los em plantações tributáveis. Além disso, tratava-se de recuperar o atraso em relação aos concorrentes franceses e britânicos, voltando-se resolutamente em direção à economia de plantação escravagista. Atenuações significativas foram feitas nos regulamentos do *asiento*; esse foi o novo regime do *comercio libre*. A Coroa concedia facilidades comerciais reivindicadas, havia muito tempo, pelos crioulos: introdução de escravos do tráfico estrangeiro, baixa das tarifas comerciais entre a metrópole e os seus territórios, ampliação do número de portos abertos ao comércio e, em particular, ao tráfico negreiro. Duas ilhas próximas do continente africano, Fernando Pó e Ano Bom, foram transformadas em entrepostos de escravos. Em uma década, o número de escravos tinha dobrado em Porto Rico. Em 1789, e durante dois anos, Cuba abriu-se ao tráfico estrangeiro; essa liberdade de acesso dos escravos tornou-se definitiva em 1791.

•••

REGULAMENTAR A CONDIÇÃO SERVIL?

Mas esse aumento do número de escravos africanos não deixou de suscitar problemas. Nas economias tradicionais de produção extensiva, o grande movimento quilombola estava bem-estabelecido. Os escravos que fugiam de seus donos constituíam-se em entidades semiautônomas, os *palenques* e os *cumbes*, que ameaçavam o abastecimento e a segurança das cidades. Nos bairros de Cartagena havia um grande número de escravos diaristas, subjugados a todos os tipos de abuso (castigos cruéis se não rendessem determinada soma por dia, prostituição e procriações forçadas para as mulheres) e dispostos a se revoltarem. A necessidade de um controle social dos escravos levou os reformadores a tentarem implementar uma legislação que se inspirava nos códigos negros da França. Até então, as regulamentações locais sobre os escravos (as primeiras datam de 1522) eram incorporadas na grande compilação de 1681 (a *Recopilación de Leyes de Indias*). Os reformadores espanhóis, fervorosos admiradores da sistematização jurídica e adeptos do despotismo esclarecido, sentiram a necessidade de uma uniformização do direito para obter um melhor rendimento das grandes plantações. Assim, em primeiro lugar, foi publicado o *Código Negro y Ordenanzas* de Santo Domingo, em 1768, que fundia o Édito de Colbert de 1685 com as ordenanças espanholas. Em seguida, foi o *Código Negro de Luisiana* de 1769, que era uma adaptação do código francês de 1724 – por sua vez, modificação das disposições do Édito de 1685 – para a colônia espanhola. O *Código Carolino* (do nome do rei de Espanha, Carlos IV) de 1784 era uma tentativa de unificação de todos os regulamentos relativos aos escravos na América Espanhola. Enfim, a *Instrucción para la educación, trato y ocupaciones de los esclavos* de 1789 consistia em uma generalização da regulamentação ao Império inteiro, incluindo as Filipinas. Todas essas iniciativas de sistematização jurídica da condição servil permaneceram letra morta por terem esbarrado na hostilidade obstinada dos proprietários de escravos a qualquer regulamentação, considerada como uma insuportável violação de seu poder.

•••

O IMPÉRIO COMANCHE APOIA-SE NA ESCRAVIDÃO

O que é designado como Império Espanhol não era um conjunto definido territorialmente por fronteiras fixas, nem controlado politicamente por um robusto poder central. Nas margens e nos interstícios do Império, a presença europeia era fustigada por comunidades autóctones que conheciam uma expansão territorial e econômica. Esse foi o caso dos comanches, a partir do início do século XVIII, a nordeste do México. Essa nação ameríndia nômade instalou-se solidamente nas Grandes Planícies, fez comércio com a carne de bisão, com ferramentas de ferro, armas e milho. A *Comancheria* lançou ataques no Novo México e Texas, a fim de obter escravos e cavalos; milhares de mexicanos foram assim deportados e os escravos representaram 25% da população comanche. O território, no norte do México, foi deste modo desestabilizado de maneira violenta. Os colonos estadunidenses, a chegada da estrada de ferro e a economia dos *rancheros* puseram termo rapidamente à dominação comanche, no período de 1840 a 1860, por meio de campanhas de aniquilamento. ●

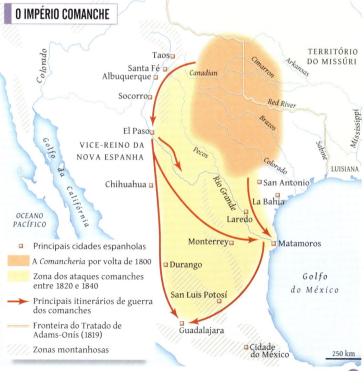

O IMPÉRIO COMANCHE

ATLAS DAS ESCRAVIDÕES 63

III AS SOCIEDADES ESCRAVAGISTAS (SÉCULOS XVII-XIX)

10. As opiniões públicas perante a escravidão

O consumo de produtos coloniais, as idas e vindas de oficiais, soldados, tripulações dos navios negreiros e, enfim, de comerciantes, levaram progressivamente a conhecer a existência de escravos nas colônias do Novo Mundo, inclusive nas regiões mais afastadas dos portos. A existência de populações "não brancas" era igualmente conhecida dos europeus pela circulação de almanaques, livros vendidos por ambulantes, teatro popular, imagens e caricaturas. Finalmente, a circulação de textos, cujo objetivo consistia em justificar o tráfico negreiro e a escravidão, contribuíram para informar a opinião pública a respeito dessas práticas; tal informação veio também da lenta difusão de uma literatura antiescravagista.

■ A CONTESTAÇÃO DA ESCRAVATURA

A escravidão foi praticada desde a mais alta Antiguidade, sem que considerações filosóficas ou religiosas tenham condenado sua essência, nem sequer pelos primeiros pensadores do cristianismo. A escravatura, enquanto ato ofensivo contra o ser humano, começou a ser criticada com o rápido desenvolvimento da escravidão colonial no Novo Mundo, no século XVI: os pensadores da Escola dita de Salamanca, na esteira de Bartolomé de Las Casas, foram os primeiros a afirmar a unidade da espécie humana, condenando a escravização de povos inteiros. No entanto, foi o Iluminismo do século XVIII que produziu as condenações mais radicais: em primeiro lugar, na Inglaterra, na sequência das campanhas promovidas por pregadores dissidentes da Igreja oficial; e, em seguida, na França, na esteira de Prévost, Saint-Lambert, Montesquieu, Rousseau, Voltaire e, sobretudo, Diderot e Raynal. Aos anátemas dos filósofos, juntou-se o veredito dos economistas (Mirabeau pai, Dupont de Nemours, Turgot e Condorcet, Adam Smith): ao considerarem a escravidão como uma forma de trabalho arcaica, eles opinavam ser preferível, do ponto de vista econômico, o assalariado livre. No final do século XVIII, na sequência

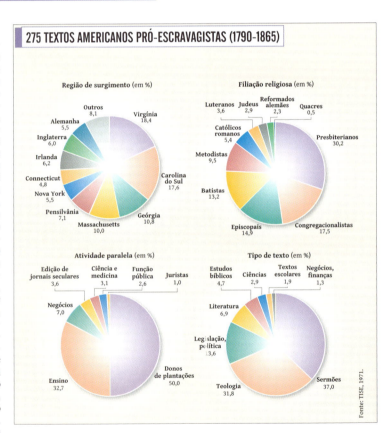

275 TEXTOS AMERICANOS PRÓ-ESCRAVAGISTAS (1790-1865)

Fonte: TISE, 1971.

> **Verbatim**
> "Convém propor ao imperador algumas medidas que tendam a desembaraçar a França de um grande número de negros, empregados domésticos ou sem fortuna, cuja presença tem o único efeito de multiplicar os mestiços" (Carta do ministro da Guerra enviada a Fouché, ministro da Polícia, em 29 de outubro de 1807).

desses fundadores do antiescravagismo teológico, econômico e filosófico, um verdadeiro movimento abolicionista foi desencadeado na América do Norte e, em seguida, na Inglaterra e na França, sob a forma de "sociedades antiescravagistas" dotadas de uma sólida estrutura e conectadas em uma verdadeira "internacional abolicionista".

...

■ OS NEGROS NA FRANÇA, NO SÉCULO XVIII

Em relação à jurisprudência do reino, não havia nenhuma ambiguidade: "A França, mãe de liberdade, não permite nenhum escravo em seu solo"; deste modo, os colonos eram proibidos de trazer escravos, como empregados domésticos, para a França. Ora, a partir da década de 1740, o número de negros não cessou de crescer em Bordeaux, Nantes e, sobretudo, Paris. A legislação teve de se adaptar: o edito de 1716 legalizou a presença deles, limitando sua liberdade à duração da estadia na metrópole, mas multiplicando as possibilidades de alforria definitiva. O texto mais repressivo foi o edito de 1777: declaração obrigatória pelo senhor por ocasião da entrada de escravos; residência forçada em um "depó-

64 ATLAS DAS ESCRAVIDÕES

AS SOCIEDADES ANTIESCRAVAGISTAS

1775	Filadélfia	Sociedade Antiescravagista
1783	Nova York	Sociedade Antiescravagista
1785	Boston	Sociedade Antiescravagista
1787	Londres	Sociedade Antiescravagista
1788, 1796	Paris	Sociedade Antiescravagista
1816	Washington	American Colonization Society
1821	Paris	Société de la morale chrétienne
1822	Paris	Comité pour l'abolition de la traite
1834	Paris	Société française pour l'abolition de l'esclavage (SFAE)
1839	Londres	British and Foreign Anti-Slavery Society
Junho de 1841	Londres	I Convenção Mundial Antiescravagista
Fevereiro de 1842	Londres	II Convenção Mundial Antiescravagista

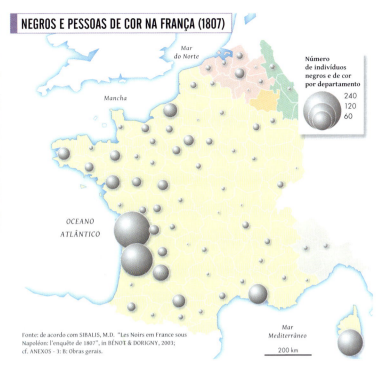

Fonte: de acordo com SIBALIS, M.D. "Les Noirs en France sous Napoléon: l'enquête de 1807", in BÉNOT & DORIGNY, 2003; cf. ANEXOS - 3: B: Obras gerais.

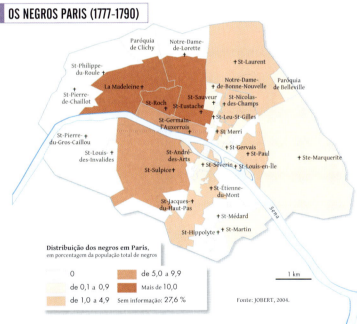

Fonte: JOBERT, 2004.

sito" situado em cada porto, às custas do senhor; e expulsão dos que viessem a entrar, de forma ilegal, no território francês. Por sua vez, as crianças nascidas de uniões inter-raciais não podiam "ser investidas de qualquer cargo até a quarta geração". Verificou-se a impossibilidade de aplicar tal legislação. No total, havia cerca de 3.500 negros e pessoas de cor em Paris, por ocasião do censo de 1777, à volta de 700 em Nantes, 370 em Bordeaux, 66 em La Rochelle e várias dezenas espalhados pelas outras cidades.

Após as guerras e as revoluções nas colônias, a abolição e, em seguida, o restabelecimento da escravatura, em 1807, a percepção da presença de negros na França tinha sofrido uma alteração; assim, Napoleão ordenou um recenseamento geral dessas pessoas. Apesar da proibição de entrar no solo francês estabelecida desde 1802, ainda foi possível encontrar cerca de 2.000 negros, sem contar com os residentes em Paris devido à perda dos respectivos dossiês.

...

A DEFESA DA ESCRAVIDÃO

A legitimação da escravatura foi constante entre bom número de teólogos que se apoiavam na famosa "maldição de Cam [antepassado de Canaã]", episódio bíblico que, durante muito tempo, foi interpretado literalmente: "Tendo despertado da embriaguez, Noé ficou sabendo o que fizera o filho mais novo [Cam], e disse: 'Maldito seja Canaã! Que ele se torne o último dos escravos de seus irmãos!'" (Gn 9,24-25).

Oriundos supostamente de Canaã, os africanos estavam condenados à escravidão pela Bíblia... Em meados do século XVIII, o teólogo francês Bellon de Saint-Quentin afirmava o seguinte: "É lícito ter escravos e servir-se deles; essa posse e esse serviço não são contrários à lei natural, nem à lei divina escrita, tampouco à lei do Evangelho" (BELLON DE SAINT-QUENTIN, 1764. Cf. ANEXOS - 1. B).

Nos Estados Unidos, território em que a escravidão foi mantida após as abolições nas colônias europeias e nos estados independentes da América Hispânica, a argumentação pró-escravagista era essencialmente religiosa: alguns pastores apoiaram-se na Sagrada Escritura para legitimar a escravidão, benefício divino, único meio de garantir a salvação dos negros. Um grande número desses pastores possuíam também escravos. •

III. As sociedades escravagistas (séculos XVII-XIX)
11. CONCLUSÃO

Do século XVII ao século XVIII, o número de sociedades coloniais escravocratas aumentou rapidamente e, em toda parte, elas caracterizavam-se por meio de aspectos comuns. Antes de mais nada, trata-se de colônias de exploração e, de forma bastante secundária, de povoamento: em vez de se instalarem aí para viver, os colonos vêm para fazer fortuna. Um grande número deles são moradores não permanentes.

Trata-se de grandes propriedades com vocação exclusivamente exportadora de produtos tropicais, em que o açúcar se tornou a produção colonial por excelência, relegando o café, o anil, o tabaco… a uma posição secundária. A função das plantações coloniais consiste então em fornecer à metrópole – e de maneira exclusiva – as produções que é incapaz de cultivar em seu solo.

As sociedades coloniais tornaram-se complexas ao se enriquecerem, especialmente pelo rápido desenvolvimento de cidades que alcançam dimensões importantes e agrupam funções políticas, militares, econômicas e sociais; tudo isso vai transformá-las em lugares de sociabilidade, desconhecidos para o mundo rural das plantações.

Enfim, e sobretudo, as colônias de plantação são o universo da escravatura, nas quais o trabalho é assegurado inteiramente por homens e mulheres deportados da África. O desequilíbrio demográfico entre indivíduos livres e escravos acentuou-se rapidamente para alcançar proporções, no mínimo, de 80%.

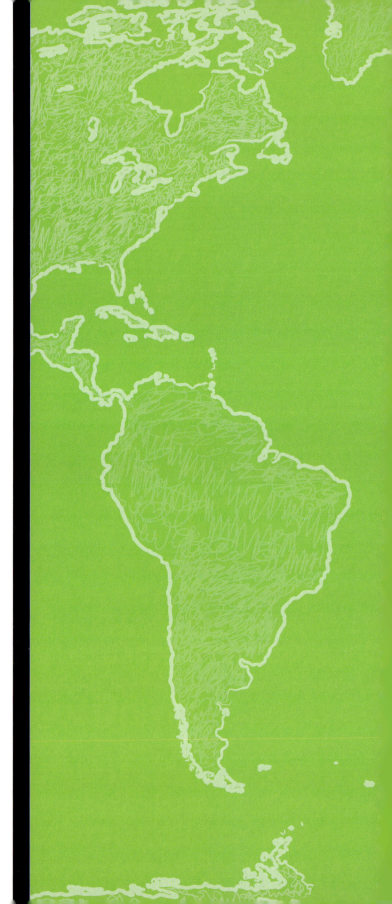

IV
AS ABOLIÇÕES
(FINAL DO SÉC. XVIII- FINAL DO SÉC. XIX)

A contestação radical da escravatura, no cruzamento do cristianismo evangélico com o pensamento do Iluminismo em meados do século XVIII, resultara no abolicionismo programático e oferecera uma saída para as revoltas crônicas.

Em primeiro lugar, reivindicada como gradual – tendo começado pelo tráfico e, no termo do processo, pela condição servil – e organizada, a abolição da escravatura conhecerá três modos diferentes de realização. A modalidade mais brutal é a via revolucionária francesa que, em discrepância com o programa inicial, culmina em uma abolição imediata. A via mediana é aquela adotada pela Dinamarca e pelo Reino Unido, os círculos dirigentes procuram conservar o controle do processo, levando-o a termo mediante etapas. As abolições tardias (Estados Unidos, Brasil e Cuba) dependem, ao mesmo tempo, de contradições econômicas e políticas que acabam impondo um modelo liberal de desenvolvimento, sem ter conseguido evitar violência (guerra civil) e discriminação das antigas populações escravizadas (segregação racial).

IV AS ABOLIÇÕES (FINAL DO SÉCULO XVIII-FINAL DO SÉCULO XIX)

1. A Revolução Francesa e a escravidão

Revolução dos direitos humanos, ao proclamar a universalidade de tais direitos, essa Revolução poderia ignorar a existência de escravos em territórios que dependiam da soberania francesa? A Assembleia Constituinte (1789-1791) não causou o menor dano ao sistema colonial escravocrata. Foi a rebelião geral dos escravos do norte da Ilha de São Domingos, em 22 de agosto de 1791, que impôs uma extensão dos direitos humanos aos escravos mediante a proclamação, no próprio local, da abolição da escravatura sem condições em 29 de agosto de 1793, ratificada pelo Decreto da Convenção Nacional[13] em 16 do mês pluvioso do ano II (4 de fevereiro de 1794). Os revoltosos negros obrigaram assim a Revolução Francesa a estender seus princípios às colônias com escravos.

1789: QUAL TERIA SIDO A MOBILIZAÇÃO DA OPINIÃO PÚBLICA?

No começo de 1789, no momento em que a França preparava a reunião dos Estados Gerais, a questão da escravatura parecia distante dos franceses às voltas com suas penosas condições de existência. No entanto, esse assunto não esteve totalmente ausente, como testemunham os *cahiers de doléances*[14] redigidos pelas paróquias rurais, pelas cidades e pelas três ordens – Clero, Nobreza e Terceiro Estado – dos bailiados e das senescalias.

Ao contrário das afirmações repetidas com demasiada frequência, os cadernos de 1789 não ficaram em silêncio acerca do assunto do tráfico e da escravidão: assim, é inexato afirmar que um só e único caderno (o de Champagney) exprimiu a indignação dos habitantes diante das práticas coloniais. O mapa ao lado, elaborado a partir de pesquisas recentes, indica que a realidade foi mais complexa; além disso, a questão da escravatura foi formulada por um número não negligenciável de cadernos. A distribuição desses cadernos mostra, contudo, uma França dividida de acordo com uma linha que vai do Rio Loire inferior até a cadeia montanhosa do Jura, passando por Châtellerault e Charolles: 80% das queixas manifestadas sobre a escravidão encontram-se ao norte dessa linha que coincide quase fielmente com aquela que separa a França intensamente alfabetizada da França pouco alfabetizada.

Essa presença da escravidão nas queixas de 1789 pode parecer, no entanto, precária se for comparada com a amplitude da mobilização britânica, no mesmo momento, sobre esse assunto: as petições ao Parlamento de Londres para obter a proibição do tráfico de escravos continham dezenas de milhares de assinaturas. Tal situação deve-se ao fato de que, na Inglaterra, as liberdades fundamentais – reunião, petição, imprensa, eleições, parlamento – existiam há quase um século, ao passo que na França o absolutismo controlava a opinião ou, pelo menos, estava em condições de impedir a livre-circulação da informação.

A diferença entre os dois países escravagistas era, portanto, essencial neste ponto e explica amplamente os comportamentos diferentes das opiniões públicas.

A suposta indiferença dos franceses a respeito dessas questões era, antes de mais nada, o sinal de pouca informação, um tanto atenuada pela propaganda recente dos Amigos dos Negros. O

Verbatim

"Todos os negros e mestiços, atualmente na escravidão, são declarados livres para usufruir de todos os direitos vinculados à qualidade de cidadão francês; eles serão, no entanto, submetidos a um regime cujas disposições estão contidas nos artigos seguintes"
(Proclamação de L.F. Sonthonax, comissário civil da República Francesa no Cap-Français, Ilha de São Domingos, em 29 de agosto de 1793. Cf. ANEXOS - 3. B: Obras gerais e Saint-Domingue - Haiti.
• 3. C: LUCENA SAMORAL, 2000).

AS REFERÊNCIAS À ABOLIÇÃO NOS *CAHIERS DE DOLÉANCES* (1789)

Cadernos dos bailiados e das senescalias
◆ ordem do clero
◆ ordem da nobreza
◆ ordem do Terceiro Estado

Cadernos das paróquias
● ordem do clero
● ordem do Terceiro Estado

---

13. Ou simplesmente Convenção é o nome atribuído à Assembleia Constituinte que governou a França de 21 de setembro de 1792 a 26 de outubro de 1795. Cf. FURET, F. & OZOUF, M. Op. cit., 1989 [N.T.].

14. Literalmente, cadernos de queixas: registros nos quais a assembleia de cada uma das circunscrições francesas, encarregadas de eleger os deputados para os Estados Gerais, anotava petições e queixas da população. Cf. FURET, F. & OZOUF, M. Op. cit., 1989 [N.T.].

número relativamente reduzido de festas que celebram a abolição da escravatura em 1794 constitui outro indício dessa defasagem entre a importância histórica do acontecimento e sua percepção pouco esclarecida por parte da opinião pública que, no entanto, era intensamente politizada nessa data.

...

A PRIMEIRA ABOLIÇÃO DA ESCRAVATURA

A Revolução Colonial foi inaugurada pelos colonos que consideraram os princípios de 1789 como o meio político de romper a tutela da metrópole sobre suas atividades. A Assembleia Constituinte acabou dando todos os poderes aos colonos – excluindo as pessoas de cor livres e, mais ainda, os escravos – pela criação de assembleias coloniais brancas dotadas de amplos poderes.

A revolta armada dos mulatos, no final de 1790, mostrou à opinião francesa que os colonos não representavam sozinhos as colônias, mas que eram sua "aristocracia". Em seguida, a insurreição dos escravos, em agosto de 1791, ao conjugar seus efeitos com a guerra estrangeira a partir de 1793[15], levou a Revolução a abolir a escravidão pelo decreto de 16 do mês pluvioso do ano II (4 de fevereiro de 1794), estendendo a todas as colônias francesas a abolição proclamada em Saint-Domingue, em 29 de agosto de 1793.

Assim, a Revolução Francesa reintegrava ao seio da humanidade as centenas de milhares de africanos escravizados depois de terem sido deportados para a América.

A brusca virada autoritária de 1799-1800 rompeu esse vínculo entre a revolução dos direitos humanos e a abolição da escravatura: o Consulado optou por um retorno ao antigo regime colonial, restabelecendo a escravidão e o tráfico negreiro a partir de 1802. Para os ex-escravos e as pessoas de cor livres, o fim da República não era uma fórmula esvaziada de sentido: ela concretizava-se pelo retorno, para os primeiros, à condição servil e, para os segundos, à desigualdade dos direitos. ●

---

15. As guerras revolucionárias francesas ocorreram entre 1792 e 1801, embora a França estivesse continuamente em guerra contra o Reino Unido até a assinatura do Tratado de Amiens em 1802. Cf. FURET, F. & OZOUF, M. Op. cit., 1989 [N.T.].

16. Conhecido como o Período do Terror, entre agosto de 1792 e julho de 1794, durante o qual as garantias civis foram suspensas e o governo revolucionário, controlado pela facção da Montanha dentro do partido jacobino, perseguiu e assassinou seus adversários. Cf. FURET, F. & OZOUF, M. Op. cit., 1989 [N.T.].

AS FESTAS QUE CELEBRAM A ABOLIÇÃO DA ESCRAVATURA (1794)

Fontes:
- HALPERN, 1995; cf. ANEXOS – 3. B: Obras gerais.
- BERNET, 2003.
- BERNET, 1993.
- PIQUET, 1999.
- CROUIN, 2005.

AS PETIÇÕES ABOLICIONISTAS NA INGLATERRA (1785-1833)

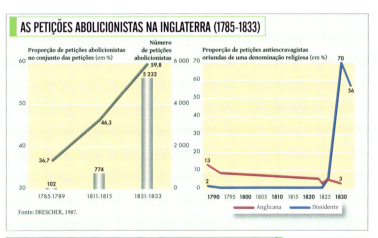

Fonte: DRESCHER, 1987.

AS CONGRATULAÇÕES PELO DECRETO DE 16 DO MÊS PLUVIOSO DO ANO II (4 DE FEVEREIRO DE 1794)

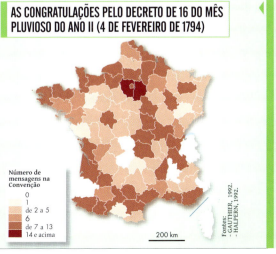

Fontes:
- GAUTHIER, 1992.
- HALPERN, 1992.

NUMEROSAS MENSAGENS DE CONGRATULAÇÃO

A adesão ao decreto sobre a liberdade geral exprimiu-se pela via não só das mensagens enviadas pelas sociedades populares, mas também das festas comemorativas. 356 textos parabenizam a Convenção pelo decreto, sobretudo, na região parisiense, Normandia, Borgonha e Sudoeste. Após o período jacobino[16], tais mensagens deixaram de ser enviadas; no entanto, até 1799, o aniversário do decreto é assinalado por cerimônias.

ATLAS DAS ESCRAVIDÕES 69

IV AS ABOLIÇÕES (FINAL DO SÉCULO XVIII-FINAL DO SÉCULO XIX)

2. O período revolucionário no Caribe

O movimento abolicionista, independentemente de sua boa organização, não teria conhecido tão rapidamente a sanção de seus princípios pela lei se os acontecimentos subsequentes à Revolução Francesa não tivessem dado um impulso decisivo. O objetivo das incessantes revoltas dos escravos consistia sempre em contrariar o dilema entre a consolidação do sistema escravocrata ou a repressão sangrenta, até que a liberdade geral, promulgada na esteira da Revolução Francesa, viesse a oferecer uma perspectiva de saída do sistema. No entanto, os revolucionários franceses, em vez de tramarem um plano secreto de subversão, eram corroídos por hesitações e contradições.

■ A EMIGRAÇÃO DOS COLONOS

Um grande número de senhores, acompanhados quase sempre por seus escravos, emigraram para fugir das convulsões revolucionárias em direção de Cuba, da Luisiana ou da Venezuela. Eles acabaram difundindo, em todo o espaço caribenho, as estruturas da economia de plantação, além de terem formado importantes colônias urbanas nos Estados Unidos (Filadélfia, Charleston).

■ AUTONOMIAS BRANCAS E REVOLTAS DOS INDIVÍDUOS DE COR LIVRES

Desde 1787, foram implementadas as assembleias coloniais, compostas unicamente por donos de plantações que eram brancos: seu ideal consistia na instalação de um sistema que combinava a descentralização administrativa (*self-government*), a liberdade comercial e a neutralidade diplomática. O objetivo é a preservação do sistema escravocrata e da supremacia racial branca.

As assembleias, porém, esbarram na plebe dos "petits Blancs", a qual utiliza, por sua vez, a retórica revolucionária para denunciar a aristocracia dos donos das plantações, rejeitar a tutela do comércio metropolitano e resistir às demandas igualitárias dos indivíduos de cor livres.

Estes últimos constituem a segunda frente de oposição. Liderados por uma elite instruída e abastada, eles fazem pressão sobre o poder metropolitano para obter a igualdade de direi-

70 ATLAS DAS ESCRAVIDÕES

CRONOLOGIA DA REVOLUÇÃO NAS ANTILHAS FRANCESAS (1787-1804)

① Das revoltas parciais à conflagração geral (1789-1791)

1787	Criação de assembleias coloniais.
18 de fevereiro de 1788	Formação da Société des Amis des Noirs (Sociedade dos Amigos dos Negros).
Dezembro de 1789	Revolta dos escravos na Martinica.
8 de março de 1790	Decreto que institui as assembleias coloniais brancas.
28 de maio de 1790	Decreto da assembleia colonial de Saint-Domingue, no porto de Saint-Marc, que estabelece as bases para uma Constituição separatista.
Outubro de 1790	Vincent Ogé solicita à assembleia colonial para reconhecer a igualdade política das pessoas de cor livres. Insurreição no bairro de Grande-Rivière (Norte de Saint-Domingue).
26 de fevereiro de 1791	Condenação à morte de Vincent Ogé e de Chavannes, assim como de vários companheiros deles, no Cap-Français.
13-15 de maio de 1791	Grande debate contraditório sobre as colônias na Assembleia Constituinte. O decreto confere a qualidade de cidadão às pessoas de cor livres, nascidas de pais livres. Anulado em 24 de setembro do mesmo ano.
7 de agosto de 1791	Formação no Sul de Saint-Domingue, em Mirebalais, de um Conselho de Pessoas de cor Livres, presidido por Pinchinat, para exigir a igualdade dos direitos políticos com os brancos.

② Insurreições armadas e intervenções estrangeiras: rumo à abolição da escravatura (1791-1794)

Noite de 22 a 23 de agosto de 1791	Rebelião dos escravos negros da rica planície do Norte de Saint-Domingue.
4 de abril de 1792	A Assembleia Legislativa decreta a igualdade total dos direitos políticos entre os brancos e as pessoas de cor livres.
6 de agosto de 1792	Vitória dos escravos revoltados no Sul de Saint-Domingue sobre as tropas do Governador Blanchelande (Batalha de Platons).
17 de setembro de 1792	Chegada da 2ª Comissão Civil a Saint-Domingue (Sonthonax, Ailhaud, Polverel), encarregada de mandar aplicar o decreto de 4 de abril.
24 de outubro de 1792	Encarregado pela Convenção, o comissário Lacrosse proclama a República nas Pequenas Antilhas (Guadalupe, Martinica, Santa Lúcia). A assembleia colonial de Guadalupe permanece fiel ao rei.
15-21 de junho de 1793	Os republicanos e as tropas de escravos armados rechaçam os ingleses (Martinica).
20-24 de junho de 1793	Tentativa de golpe de Estado monarquista por parte de Galbaud, no Cap-Français, contra a Comissão Civil. Fracasso e fuga de Galbaud e de numerosos agitadores independentistas.
27 de agosto de 1793	Polverel concede a liberdade aos escravos no Oeste e, em seguida, no Sul de Saint-Domingue.
29 de agosto de 1793	Sonthonax concede, por sua vez, a liberdade geral no Norte de Saint-Domingue.
4 de fevereiro de 1794 (16 do mês pluvioso do ano II)	Decreto da Convenção Nacional abolindo a escravidão.

③ A reconquista republicana e a ascensão social dos oficiais de cor (1794-1801)

24 de março de 1794	Capitulação de Rochambeau diante dos ingleses na Martinica.
11 de abril de 1794	Desembarque dos ingleses em Gosier (Guadalupe). Capitulação do Governador Collot.
Abril de 1794	Toussaint rompe os laços de solidariedade com os outros chefes negros revoltados, denuncia a aliança espanhola e inicia uma correspondência com o general Laveaux que representa a França republicana. Ele junta-se ao general em 18 de maio.
3-4 de junho de 1794	Desembarque, em Gosier, das tropas enviadas pela Convenção, sob o comando dos comissários Victor Hugues e Pierre Chrétien, os quais proclamam a abolição da escravatura em Guadalupe.
Outubro-dezembro de 1794	Sucesso contra os ingleses: dos generais mulatos, Rigaud e Beauvais, no Sul de Saint-Domingue; e de Toussaint e do General Laveaux, no Norte.
19 de junho de 1795	O corpo expedicionário francês, sob o comando de Goyraud, apodera-se de Santa Lúcia.
24 de agosto de 1797	Toussaint manda expulsar Sonthonax, sob pretexto de "conluios independentistas".
1º de janeiro de 1798	O Diretório cria os Departamentos do Ultramar
2 de maio de 1798	Acordo de rendição entre o General Maitland e Toussaint: evacuação das forças britânicas, sem que o agente do Diretório, Hédouville, seja informado de tal operação.
25 de junho de 1799	Começo da guerra civil entre o general mulato, André Rigaud, e Toussaint.

④ A restauração colonial e a independência do Haiti (1801-1804)

9 de maio de 1801	A Assembleia Central de Saint-Domingue, nomeada por Toussaint, apresenta-lhe uma Constituição autonomista. Ela será promulgada em 8 de julho.
29 de maio de 1801	Chegada de Lacrosse a Guadalupe.
21 de outubro de 1801	Pélage e Ignace rebelam-se contra Lacrosse.
29 de janeiro de 1802	Chegada do corpo expedicionário do General Leclerc ao largo de Cap-Français.
6 de maio de 1802	Desembarque do corpo expedicionário de Richepanse em Guadalupe. Rendição de Pélage. Desarmamento das tropas de cor. Adesão de Ignace e Delgrès à resistência.
20 de maio de 1802 (10 do mês floreal do ano X)	Lei que mantém a escravidão na Martinica e em Santa Lúcia, colônias entregues pela Inglaterra à França.
28 de maio de 1802	Morte em combate de Delgrès, em Matouba.
7 de junho de 1802	Prisão de Toussaint por conspiração, seguida de deportação para a França.
12 de julho de 1802	Decreto que restabelece a escravidão em Guadalupe e na Guiana.
Outubro de 1802	Insurreição geral em Saint-Domingue contra as tropas francesas.
19 de novembro de 1803	Capitulação do corpo expedicionário francês, dirigido por Rochambeau.
1º de janeiro de 1804	Dessalines proclama a independência da República do Haiti.

Fonte: GAINOT, 2004.

---

tos entre todos os proprietários, qualquer que seja a cor da pele; isso passa pelo desmantelamento das medidas segregacionistas, pelo acesso de todos os habitantes aos empregos em função do mérito, por uma representação paritária nas assembleias coloniais, assim como pela continuidade territorial e pela liquidação do separatismo imposto pelos colonos.

•••

AS TERGIVERSAÇÕES DOS DIRIGENTES REVOLUCIONÁRIOS FRANCESES

O processo revolucionário caribenho está associado aos ritmos da Revolução na metrópole. As evocações à "liberdade", instrumentalizadas habilmente pelos partidários do *statu quo* colonial, representados em Paris pelo Club Massiac – um grupo de pressão junto da Assembleia Constituinte –, eram acolhidas favoravelmente pela maioria dos deputados. O decreto de 8 de março de 1790 legaliza as assembleias coloniais, exclusivamente brancas, consagrando assim o princípio do *self-government* e o racismo institucionalizado. Graças aos esforços da *Société des Amis des Noirs* (Sociedade dos Amigos dos Negros), as discussões evoluem na Assembleia Constituinte no sentido contrário: em 15 de maio de 1791, os deputados adotam – após um debate extremamente agitado entre o Abbé Grégoire, Pétion e Robespierre, favoráveis aos direitos políticos para os indivíduos de cor livres, e Barnave, Moreau de Saint-Méry e o Abbé Maury, defensores dos privilégios dos colonos brancos – um decreto que concede a cidadania às pessoas de cor nascidas de pais livres; aliás, esse decreto seria anulado em 24 de setembro seguinte. A Assembleia Legislativa amplia esse decreto: em 4 de abril de 1792, a igualdade dos direitos políticos é concedida plenamente às pessoas de cor livres. ●

Verbatim

"Que todo homem deva ser livre, que não haja lugar para os escravos nem para a escravidão: eis o que, há dois séculos, deixou de ser objeto de controvérsia" (GADAMER, 2009).

IV AS ABOLIÇÕES (FINAL DO SÉCULO XVIII-FINAL DO SÉCULO XIX)

3. Saint-Domingue[17] e a liberdade geral

Em 1793 e 1794, a República Francesa decreta uma alforria universal dos escravos, ou liberdade geral, e mostra sua vontade de erradicar a escravatura pela aplicação da Constituição, conciliando, após vários anos, o estatuto jurídico das pessoas com os princípios do direito natural. A radicalidade dessa primeira abolição explica-se pela especificidade de seu contexto: diferentemente do que ocorrerá em 1848, ela é inseparável da guerra, tanto no plano exterior com a entrada no conflito mundial da Inglaterra em fevereiro de 1793 quanto no plano interior com as consequências da revolta dos escravos de agosto de 1791.

A REBELIÃO DOS ESCRAVOS EM AGOSTO DE 1791

A revolta dos escravos instalados na planície à volta do Cap-Français redistribuiu as cartas entre os grupos que dominavam até então a cena política, levando a colônia a entrar em um processo revolucionário irreversível. Essa revolta, coordenada, mas cujos segredos ainda não foram totalmente desvendados, inscreve-se na continuidade de outras revoltas de escravos pelo fato de terem ocorrido, seja nos mesmos locais (MAKANDAL, 1757)[18], seja em uma conjuntura semelhante (em agosto de 1789, os escravos revoltam-se em Saint-Pierre, na Martinica, divulgando a notícia falsa segundo a qual um decreto régio lhes tinha concedido a liberdade). Eis as características principais dessas sublevações: boatos, ritos de iniciação africanos, função importante da música e indeterminação relativamente aos objetivos, exceto o de "massacrar todos os brancos". Essa revolta teve uma repercussão particular por atingir o âmago da prosperidade colonial, destruindo as ricas fazendas da grande planície do Norte que eram sua fonte principal.

O poder colonial estava enfraquecido por suas divisões internas e pela defecção das mais politizadas pessoas de cor livres, algumas das quais acabaram por juntar-se aos acampamentos em revolta. Esse foi o caso não só dos chefes mulatos do Sul, mas também de Toussaint Louverture, um alforriado que se tornou proprietário e se juntou às fileiras dos insurgentes alguns meses após a deflagração ocorrida na planície do Norte, em novembro de 1791. A autoridade colonial já não tinha condições de garantir a reação armada e judiciária.

•••

SAINT-DOMINGUE EM REBELIÃO

As disputas entre os donos de plantações – bem representadas na assembleia colonial de Cap-Français, os quais desejavam preservar os vínculos com a França – e os "petits Blancs"[19], cujas reivindicações eram defendidas pela assembleia separatista de Saint-

---

17. Cf. p. 29, nota 6 [N.T.].
18. Sobre Makandal, cf. p. 61 [N.T.].
19. A respeito de "petits Blancs", cf. p. 48, coluna do meio, 2º par., 5ª linha [N.T.].

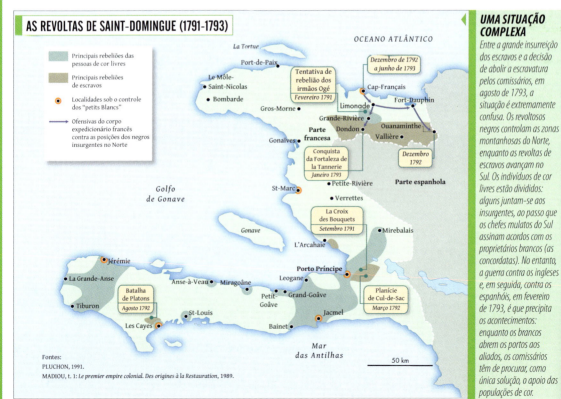

AS REVOLTAS DE SAINT-DOMINGUE (1791-1793)

Fontes:
PLUCHON, 1991.
MADIOU, t. 1: *Le premier empire colonial. Des origines à la Restauration*. 1989.

UMA SITUAÇÃO COMPLEXA

Entre a grande insurreição dos escravos e a decisão de abolir a escravatura pelos comissários, em agosto de 1793, a situação é extremamente confusa. Os revoltosos negros controlam as zonas montanhosas do Norte, enquanto as revoltas de escravos avançam no Sul. Os indivíduos de cor livres estão divididos: alguns juntam-se aos insurgentes, ao passo que os chefes mulatos do Sul assinam acordos com os proprietários brancos (as concordatas). No entanto, a guerra contra os ingleses e, em seguida, contra os espanhóis, em fevereiro de 1793, é que precipita os acontecimentos: enquanto os brancos abrem os portos aos aliados, os comissários têm de procurar, como única solução, o apoio das populações de cor.

-Marc, uma cidade da província do Oeste, degeneraram em confrontos, tendo tomado, em vários locais, a aparência de uma verdadeira guerra. Os indivíduos de cor livres, cujo *status* era um dos pontos centrais do debate, tornaram-se atores do conflito; no Norte, Ogé e Chavannes, dois proprietários mulatos, lançaram seus partidários em uma insurreição armada, em outubro de 1790. Dispersados pelas tropas coloniais, eles foram mortos em condições atrozes, em 26 de fevereiro de 1791. Esse desenlace trágico incentivou os mulatos do Sul a pegar, por sua vez, em armas. Um grande número de donos de plantações acabou considerando que a adesão das pessoas de cor a uma "frente de proprietários" era a única maneira de manter o sistema escravocrata, abalado pela revolta servil.

...

CONTRAOFENSIVA E OPERAÇÕES MILITARES (1793-1795)

Os colonos entraram em contato com os ingleses em busca de proteção militar, da garantia de manter a escravidão e o preconceito de cor, assim como da liberdade comercial. Os comissários civis enviados pela metrópole (Sonthonax e Polverel) tinham recebido instruções para impor a aplicação da igualdade civil, sem tocar na questão da escravatura. Mas, diante da anarquia crescente e, sobretudo, da determinação dos autonomistas brancos de abrir os principais portos aos ingleses, os comissários chegaram rapidamente à conclusão de que a única maneira de conservar a colônia na República era juntar-se às tropas de ex-escravos refugiados na parte espanhola da ilha, proclamando a abolição imediata da escravatura. Houve divergências na tomada de posição das autoridades militares: o Governador Galbaud aderiu à causa dos colonos, enquanto o comandante do corpo expedicionário, Laveaux, permaneceu fiel aos comissários. Em junho de 1793, os autonomistas abriram vários portos aos ingleses. Em 29 de agosto, Sonthonax proclamou a abolição imediata da escravatura no Norte da colônia, seguido por Polverel que procedeu à mesma proclamação no Oeste e no Sul. De forma isolada, manteve-se uma resistência à ocupação inglesa: Laveaux, no Noroeste; os chefes mulatos Rigaud e Beauvais, no Sul. Os comissários tinham sido convocados pela metrópole para fornecer explicações sobre seu procedimento. Entretanto, a Convenção decretou por unanimidade, em 16 do mês pluvioso do ano II (4 de fevereiro de 1974), a liberdade geral, legitimando assim, após o fato consumado, a iniciativa tomada. Os efeitos desse decreto foram decisivos para a relação de forças: os 5.000 homens de Toussaint Louverture juntaram-se às tropas republicanas.

Um ano mais tarde, a ação coordenada por Laveaux – com Toussaint, no Norte, e Rigaud, no Sul – permitiu a libertação das principais cidades, obrigando espanhóis e ingleses a se retirarem de todo o território. ●

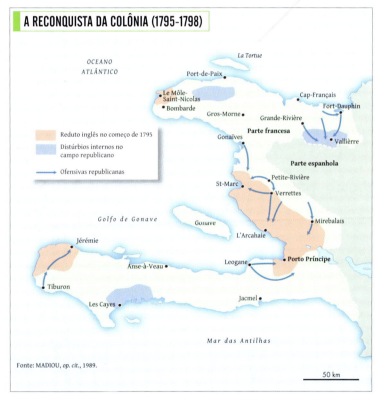

Verbatim

"A Convenção Nacional decreta a abolição da escravatura em todos os territórios da República; por conseguinte, todos os homens, sem distinção de cor, hão de usufruir dos direitos do cidadão francês" (Sessão de 16 do mês Pluvioso do ano II – 4 de fevereiro de 1794).

IV AS ABOLIÇÕES (FINAL DO SÉCULO XVIII-FINAL DO SÉCULO XIX)

4. A "reação" escravagista de 1802-1804

Com a desconstrução do processo revolucionário que, pela guerra em 1793-1794, havia conduzido à abolição, um processo inverso de restauração desencadeou-se nos anos 1802 a 1804: desarmamento das tropas de cor, condição do restabelecimento da escravatura. Dois acontecimentos favoreceram essa tentativa: o golpe de Estado de Napoleão Bonaparte (18-19 do Brumário do ano VIII, 9-10 de novembro de 1799) que suprimiu a garantia constitucional da liberdade geral, inscrita no texto de 1795; e a paz com a Inglaterra (1802) mediante a qual o regime consular (Consulado, 1799-1804) era autorizado a implementar um projeto global para o Caribe, cujo primeiro ato foi o envio de um corpo expedicionário. Daí resultou a independência da primeira república negra.

A DITADURA DE TOUSSAINT LOUVERTURE

Ao tornar-se governador da colônia em 1797, após a partida de Laveaux e Sonthonax para a metrópole, Toussaint conduziu em 1799 uma guerra de extermínio, no Sul, contra os mulatos de Rigaud; em seguida, ele anexou a parte espanhola da ilha e fez-se nomear, em 1801, governador vitalício por uma assembleia criada para o efeito, a qual redigiu uma Constituição autonomista que estabelecia, em particular, o trabalho forçado.

•••

A GUIANA, UM DESTINO SINGULAR

Na Guiana, a liberdade geral "concedida" pela metrópole não foi o resultado da necessidade militar; de fato, apesar da ocorrência de revoltas de escravos, nenhuma foi suficientemente importante para questionar o conjunto do sistema escravagista. Em 14 de junho de 1794, o comissário civil Jeannet-Oudin proclamou, na Guiana Francesa, a abolição imediata da escravatura em cumprimento do decreto de 16 do mês pluvioso: seu objetivo consistia em manter a economia de plantação, "regenerando-a" mediante um contrato de trabalho que substituía a posse de escravos. Os ex-escravos tornaram-se cidadãos e participaram das eleições. Um batalhão de negros tinha pegado em armas.

O problema crucial consistiu em dar continuidade à economia de plantação, considerando que as aspirações dos recém-livres iam na direção da agricultura familiar. Assistiu-se a um grande número de escaramuças e, inclusive, de rebeliões parciais. Jeannet-Oudin regulamentou o cultivo e procedeu ao recrutamento de agricultores.

As autoridades coloniais depararam-se com o descontentamento dos agricultores e os complôs dos mulatos, por um lado, e, por outro, com a resistência passiva dos donos de plantações que mantinham cumplicidades entre as tropas brancas. Aliás, os colonos brancos tomaram o poder a força, em Caiena, no mesmo dia do golpe de Estado de Napoleão Bonaparte na metrópole. Em janeiro de 1800, Victor Hugues foi enviado à capital da Guiana; sob sua autoridade, a escravidão foi restabelecida sem maiores sobressaltos, no final de 1802.

•••

O PLANO DE RESTAURAÇÃO COLONIAL DE NAPOLEÃO BONAPARTE

Uma vez que os herdeiros da *Société des Amis des Noirs*, ainda presentes sob o Diretório, haviam sido marginalizados, a política colonial do Consulado foi influenciada por saudosistas do *Ancien Régime* e de sua prosperidade que se apoiava nas plantações escravagistas. As principais colônias do projeto eram a Luisiana, a Martinica e Saint-Domingue. A Luisiana, cedida pelo aliado espanhol, permitiria restaurar a influência da França na América do Norte e opor-se à expansão dos Estados Unidos. A Martinica, ocupada pelos ingleses em 1793, nunca conheceu a abolição da escravatura. O destino reservado a Saint-Domingue não estava fixado: um grupo defendia o entendimento com Toussaint, o que facilitaria a retorno dos colonos emigrados e a

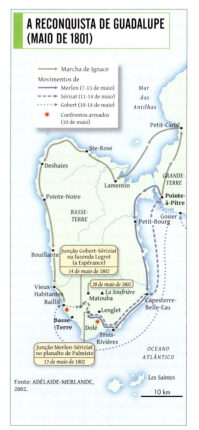

restauração da economia de plantação sob o regime do trabalho forçado; outro grupo, majoritário, insistia no mau exemplo oferecido pela insubordinação de um "negro" e nos acordos comerciais que este havia assinado com os Estados Unidos.

...

TENTATIVAS DE RECONQUISTA

A promulgação da Constituição autonomista de Toussaint Louverture levou Bonaparte a utilizar a firmeza e a brutalidade, aliás, preconizadas desde o Brumário por um poderoso *lobby* escravocrata.

Um corpo expedicionário, sob o comando do General Leclerc, desembarcou em Saint-Domingue, em março de 1802. Oficialmente, em vez do restabelecimento da escravidão, o objetivo era o retorno das colônias à tutela metropolitana e o desarmamento das tropas de cor. Toussaint organizou a resistência ao corpo expedicionário, dirigindo-se para as montanhas e incendiando várias cidades. Essa primeira fase da guerra terminou com a prisão de Toussaint Louverture, em 7 de junho de 1802, sua deportação para a França e a adesão da maioria de seus generais a Leclerc.

Em Guadalupe, as tentativas de desarmamento empreendidas por Richepanse esbarraram em uma resistência das tropas de cor, lideradas pelos oficiais Delgrès e Ignace; após a morte desses líderes, seguiu-se uma repressão sangrenta, prelúdio do restabelecimento da escravidão, em julho de 1802.

Os oficiais de cor de Saint-Domingue retomaram as armas que, aliás, nunca haviam sido depostas por grupos insurgentes isolados; eles lançaram conjuntamente um apelo à insurreição geral, em setembro de 1802. Um ano mais tarde, os sobreviventes do corpo expedicionário dizimado pela doença, cercados em algumas cidades isoladas, acabaram capitulando. O general negro Dessalines proclamou a independência do Haiti (nome de um antigo reino do Caribe), em 1º de janeiro de 1804. ●

Verbatim

"Nas colônias restituídas à França [...], a escravidão será mantida de acordo com as leis e regulamentos anteriores a 1789. [...] O tráfico de negros e sua importação [...] ocorrerão de acordo com as leis e regulamentos existentes antes da dita época de 1789" (Lei de 30 do mês Floreal do ano X – 20 de maio de 1802).

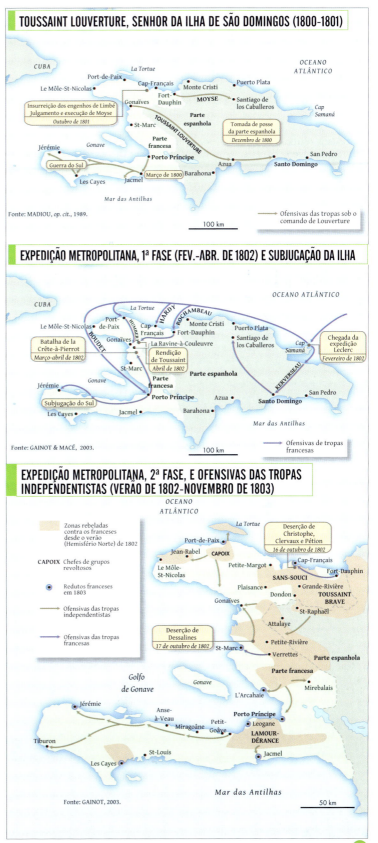

ATLAS DAS ESCRAVIDÕES 75

IV AS ABOLIÇÕES (FINAL DO SÉCULO XVIII-FINAL DO SÉCULO XIX)

5. O tráfico ilegal de escravos e sua repressão

O século XIX ocupa um lugar à parte na história do tráfico negreiro organizado pelas potências ocidentais: declarado ilegal pelo Congresso de Viena em 1815, esse tráfico não deixou de prosperar, durante vários decênios, até o começo da década de 1860. Assim, em quase quatro séculos de existência do tráfico de negros oriundos da África para as colônias europeias, o século XIX chega em segunda posição com cerca de dois milhões de deportados, logo atrás do século XVIII, apogeu do tráfico legal. Convém questionar-se sobre a aparente contradição entre a proibição internacional do tráfico de escravos e a continuidade desse comércio praticamente à luz do dia.

O TRÁFICO ILÍCITO DE ESCRAVOS: UMA PROSPERIDADE INSOLENTE

A luta contra esse tráfico tinha sido o objetivo principal dos antiescravagistas do século XVIII: sendo o aspecto mais desumano do sistema negreiro, era também seu ponto fraco.

As ações dos abolicionistas. Era, portanto, suficiente difundir maciçamente descrições incisivas das realidades atrozes desse tráfico para criar um importante movimento de indignação que obrigasse os governos a proibir esse "infame comércio". A difusão da planta do navio negreiro, *Brooks*, sob a forma de cartazes, foi uma verdadeira revelação para um amplo público europeu, assim como o relato a respeito das condições de transporte de escravos, elaborado pelo cirurgião da marinha Falconbridge, adepto do abolicionismo. Da abolição do tráfico resultaria uma rápida adaptação da própria escravatura, permitindo a implementação de um plano de abolição gradual que se estenderia, pelo menos, durante duas gerações.

A abolição do tráfico de escravos. Como o movimento abolicionista surgiu na Inglaterra, foi este o primeiro país a abolir o tráfico de escravos, em 1807; os Estados Unidos fizeram o mesmo no final de 1807, respeitando à letra a Constituição Federal de 1787 que havia proibido expressamente qualquer modificação do *statu quo* antes de vinte anos. Enfim, em 1815, as potências europeias reunidas em Viena assinaram, sob a pressão da Inglaterra, uma Convenção que coloca o tráfico negreiro fora da lei. Essa foi incontestavelmente uma grande vitória para os abolicionistas.

No entanto, as expectativas não se concretizaram. De fato, após a abolição do tráfico, a escravatura não chegou a ser erradicada em nenhum lugar por estas duas razões: por um lado, os donos das plantações conseguiram criar rapidamente uma dinâmica demográfica que fez fracassar as teorias segundo as quais uma população escravizada não poderia reproduzir-se e, menos ainda, crescer. Por outro, um tráfico ilegal organizou-se de imediato, tendo sido capaz de fornecer escravos aos territórios ávidos de mão de obra; por isso, apesar de se tratar de um tráfico ilícito, os próprios poderes públicos deixavam de tomar qualquer medida por considerá-lo como necessário.

A amplitude do tráfico ilegal de escravos. Os números à nossa disposição atualmente evidenciam a amplitude desse tráfico no século XIX: no total, após 1815, houve cerca de dois milhões de africanos transportados para as Américas a um ritmo anual comparável ao das últimas décadas do século precedente. O "auge" de toda a história do tráfico transatlântico foi inclusive alcançado nesse momento: 1829 foi o único ano em que o número de cativos transportados passou acima de 100 mil. A medida exata do tráfico ilegal é muito mais difícil de circunscrever do que a do tráfico legal, devidamente registrado nos arquivos. Ao contrário, em relação ao tráfico ilegal, quase nada consta nas fontes oficiais: armador ou capitão, nenhum deles chegou a reivindicar sua

> **Verbatim**
>
> "A Grã-Bretanha e a França comprometeram-se a juntar seus esforços no Congresso de Viena a fim de que todas as potências da Cristandade viessem a proclamar a abolição universal e definitiva do tráfico dos negros" (Anexo n. 15 da Ata final do Congresso de Viena, em 9 de junho de 1815).

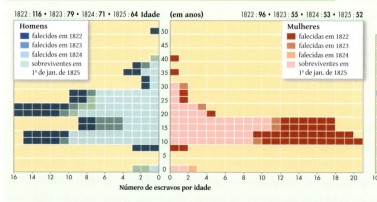

PIRÂMIDE DE IDADE DOS ESCRAVOS A BORDO DO *AMÉLIE* (1822-1825)

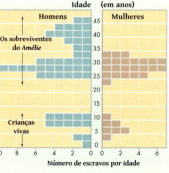

OS SOBREVIVENTES EM 1838

1838: 53 homens e 30 mulheres, ou seja, 63 sobreviventes de 1822 e 20 crianças

Fonte: THÉSÉE, 1986.

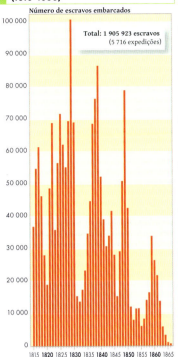

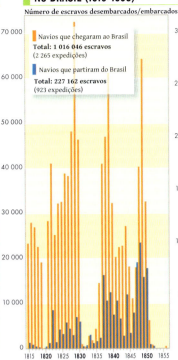

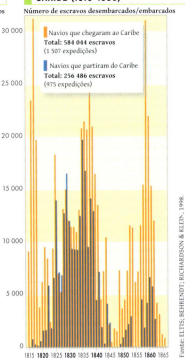

participação nesse tráfico. O verdadeiro destino do navio não aparece nos registros dos portos de partida. No entanto, numerosos indícios permitem detectar a verdadeira natureza da expedição supostamente reservada ao "comércio legítimo": embarque de ferros e correntes, carregamento importante de tecidos, de barras de ferro, de aguardentes... As autoridades – pelo menos até o começo da década de 1830 – fecharam os olhos para semelhantes evidências.

A repressão desse transporte marítimo foi, durante muito tempo, difícil por falta de acordos internacionais no sentido de autorizar o "direito de visita" de navios em alto-mar. Em novembro de 1831, um acordo franco-britânico permitiu tais visitas, o que tornou um pouco mais eficaz a luta contra o tráfico clandestino, sem ter conseguido, longe disso, suspendê-lo imediatamente.

•••

OS ESCRAVOS IBOS DO *AMÉLIE*

Esse navio praticava o tráfico ilegal entre Saint-Pierre da Martinica e o Golfo da Guiné. Foi interceptado, em 1822, com 245 cativos a bordo: tendo sido estabelecido o flagrante delito, o navio foi reconduzido a Saint-Pierre e os cativos colocados à disposição da assistência pública. Os arquivos permitem acompanhá-los até sua libertação em 1838: dos 212 escravos devolvidos vivos à administração, em fevereiro de 1822, restavam apenas 134, em 1823; 116, em 1825; e 63, em 1838.

•••

UMA GEOGRAFIA QUASE IMUTÁVEL

Os destinos continuaram sendo os mesmos do século anterior: o Brasil, primeiro comprador com mais de um milhão de escravos desembarcados, dos quais cerca de 25% foram "reexportados" para outras colônias; em seguida, o Caribe com quase 600.000 desembarcados, cuja metade era revendida através de circuitos mal-identificados, em parte para os Estados Unidos, cujos donos de plantações estavam impedidos de praticar a "importação" da África, a não ser correndo o risco de sofrerem pesadas sanções.

Quase todos os países que tinham praticado o tráfico legal prolongaram esse frutuoso comércio, na maior parte das vezes sob uma falsa bandeira. A distribuição da atividade negreira ilegal dos portos franceses é eloquente: Nantes ocupa de longe o primeiro lugar, seguindo-se o de Le Havre e de Bordeaux; a novidade consistia no surgimento de um tráfico direto entre as ilhas do açúcar (sobretudo Guadalupe e Bourbon) e a África, burlando assim parcialmente a vigilância dos portos da metrópole.

•••

O FIM DO TRÁFICO DE ESCRAVOS

O fim efetivo desse tráfico foi conseguido apenas no começo da década de 1860. Três fatores contribuíram para esse resultado: em primeiro lugar, os combates incessantes dos abolicionistas no sentido de aplicar a proibição; em seguida, a ação repressiva conjugada das potências marítimas (Reino Unido, França, Estados Unidos); enfim, as abolições da escravatura a partir de 1833, privando aos poucos o tráfico de "mercados".

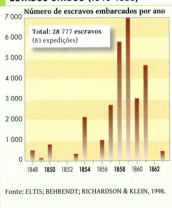

Fonte: ELTIS; BEHRENDT; RICHARDSON & KLEIN, 1998.

ATLAS DAS ESCRAVIDÕES **77**

IV AS ABOLIÇÕES (FINAL DO SÉCULO XVIII-FINAL DO SÉCULO XIX)

6. O abolicionismo no século XIX

O abolicionismo do século XIX compreende-se à luz do choque da revolução de Saint-Domingue e da primeira abolição da escravatura sob a Revolução Francesa, seguido do restabelecimento de 1802 e da independência do Haiti, primeira república fundada por escravos. Durante décadas, os antiescravagistas foram acusados de pretenderem provocar uma nova revolução dos negros. A lenta reconstrução de um movimento abolicionista internacional, após as guerras napoleônicas, teve de distanciar-se do precedente haitiano, insistindo sobre sua rejeição da violência, de qualquer projeto de abolição imediata e de qualquer ideia de favorecer a independência das colônias mediante a abolição da escravatura.

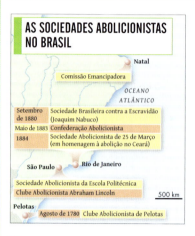

AS SOCIEDADES ABOLICIONISTAS NA EUROPA

O abolicionismo do século XIX foi incentivado pela Inglaterra. As sociedades antiescravagistas inglesas criadas, antes das guerras revolucionárias, prosseguiram seus combates contra o tráfico de escravos e obtiveram a abolição da escravatura, desde 1807, juntamente com a decisão dos Estados Unidos. Essa dupla abolição foi estendida às potências signatárias da Convenção de Viena em fevereiro de 1815. Em seguida, o combate consistiu em fazer aplicar a proibição internacional desse tráfico, além de abolir a escravatura por etapas. Os dois grandes líderes abolicionistas da década de 1780 – W. Wilberforce e T. Clarkson – permaneceram as figuras emblemáticas do antiescravagismo dos anos 1830-1840; aliás, Clarkson esteve na origem das duas Convenções Antiescravagistas Mundiais organizadas em Londres, em 1840 e 1843. A Convenção prevista para Paris, em 1842, foi proibida pelo governo.

Na França, sob o choque da perda de Saint-Domingue e do colapso napoleônico, tornou-se difícil questionar em público a escravidão; por isso, o abolicionismo empreendeu caminhos indiretos criando, em 1822, o *Comité pour L'abolition Effective de la Traite* (Comitê para a Abolição Efetiva do Tráfico de Escravos) no seio de uma associação filantrópica com forte conotação protestante, ou seja, a *Société de la Morale Chrétienne* (Sociedade da Moral Cristã). Para conseguir divulgar suas ideias, o abolicionismo francês teve de esperar a abolição inglesa de 1834: a criação da *Société Française pour l'Abolition de l'Esclavage* [Sociedade Francesa para a Abolição da Escravatura] deu nova força ao combate público para a emancipação, mas sua ação permaneceu letra morta na Monarquia de Julho[20]. O retorno da República, em fevereiro de 1848, fez com que abolicionistas convictos, entre os quais Arago e Schœlcher, chegassem ao poder.

Em outros lugares da Europa não houve um verdadeiro movimento abolicionista: a Holanda ignorou esse tipo de compromisso; e, na sequência da proclamação da independência por parte das colônias espanholas no continente americano, assim como do Brasil português, as metrópoles tiveram a oportunidade de se desembaraçar das práticas escravagistas que não deixaram de se perpetuar nesses territórios, em particular no Brasil, ao mesmo tempo em que tinha continuidade o tráfico ilegal de escravos.

•••

O CASO JOHN BROWN (1859-1860)

John Brown, antiescravagista radical, organizou uma rebelião de escravos que deveria ter começado pela tomada de controle do arsenal federal localizado na cidade de Harper's Ferry, no Norte da Virgínia, esperando que os escravos dos três estados contíguos se juntassem à insurreição. Em 16 de outubro de 1859, ele passou à ação com uma vintena de partidários, sem que tivesse ocorrido a sublevação prevista. O exército federal atacou facilmente os locais e prendeu os revoltosos. John Brown e seis de seus companheiros, condenados à morte por crime de sedição, foram supliciados na forca em 2 de dezembro de 1859. O caso, relativamente banal em um país no qual reinavam violência e repressão sem limites, tomou rapidamente uma dimensão nacional e, em seguida, internacional. O Sul considerava tal operação como a prova da existência de complôs contra os fundamentos da sua riqueza, enquanto os abolicionistas do Norte transformaram Brown em um mártir branco na luta contra a escravidão. O abolicionista Henry David Thoreau chegou a considerá-lo um novo Cristo: "Há 1800 anos que Cristo foi crucificado. Nesta manhã, coincidentemente, o Capitão Brown foi enforcado. Trata-se das duas extremidades de uma corrente que não deixam de ter seus vínculos. Ele deixou de ser o Tio Brown para se transformar em um anjo de luz" (THOREAU, 1859. Cf. ANEXOS - 3. B: Estados Unidos da América). O eco mais tonitruante a respeito desse caso foi repercutido por Victor Hugo que, no próprio dia do enforcamento, escreveu uma Carta dirigida aos Estados Unidos: "Com toda a certeza, [...] algo

A IMPRENSA ABOLICIONISTA NO RIO

1868	*A Reforma*, jornal fundado por Joaquim Nabuco (SALLES, R. "Nabuco, os ingleses e a abolição", 2010. Cf. ANEXOS - 3. B: Brasil)	
1875	*Gazeta de Notícias*, de Ferreira de Araújo	
1876	*Revista Ilustrada*, fundada por um caricaturista italiano, Ângelo Agostini (apelidada pelos escravocratas de "Revista Vermelha")	
1880	*O Abolicionista*, órgão da Sociedade Brasileira contra a Escravidão.	
1883	*A Terra da Redempção. Órgão Abolicionista*, órgão dos Cearenses Abolicionistas, fundado em maio de no Rio	
1884	*Gazeta da Tarde*, criada por José do Patrocínio (filho de um padre e de uma negra vendedora de frutas, servia-se do pseudônimo Proudhomme, para escrever artigos extremamente violentos contra os defensores da escravidão)	
1884	*The Rio News*, fundado por um abolicionista norte-americano, Andrew Jackson Lamoureux	
1887	*O Espelho*, criado por Mendes	
1887	*Vinte e Cinco de Março*, órgão da Sociedade Abolicionista 25 de Março, data da abolição no Ceará	
1887	*O Paiz*	
1887	*Cidade do Rio*, fundado por José do Patrocínio	
1888	*Diário de Notícias*	

UMA IMPRENSA ENGAJADA

Na década de 1880, a imprensa abolicionista do Rio tornou-se o epicentro do movimento contra a escravidão, marcado por Joaquim Nabuco, fundador da Sociedade Brasileira contra a Escravidão, em setembro de 1880. Entre 1868 e a abolição, em 1888, oito jornais abolicionistas no Rio retomavam os textos dos precursores do antiescravagismo: tanto os ingleses Clarkson e Wilberforce quanto os franceses Condorcet e Schœlcher.

mais assustador do que Caim matar Abel, é Washington matar Espártaco" (HUGO, 1859. Cf. ANEXOS -1. A). O caso John Brown contribuiu para desestabilizar um grande número de consciências norte-americanas, nas vésperas da guerra civil, a qual teve como desfecho o desmantelamento da escravidão.

...

O ABOLICIONISMO NAS AMÉRICAS

Tendo sido bastante precoce nos estados Unidos, o movimento antiescravagista acabou sendo freado bruscamente pelo compromisso constitucional de 1787 que legalizava a escravidão nos estados do Sul da União. No entanto, o ativismo antiescravagista manteve-se na maior parte das cidades do Norte. Em 1807, a abolição do tráfico de escravos fez recuar esse militantismo visto que um grande número de abolicionistas estava então convicto de que o fim da escravidão ocorreria o mais rapidamente possível. O crescimento territorial da União pela entrada de novos estados levou à tomada de consciência de que a relação política entre estados livres e estados escravocratas era favorável aos segundos na medida em que a maioria dos novos territórios defendia a causa escravagista. Assim, a partir dos anos 1815-1820, o abolicionismo conheceu um novo desenvolvimento nos Estados Unidos que se estendeu a todos os estados livres do Norte. Frente ao poder dos interesses escravagistas, que ameaçavam a unidade do país em caso de ataque a seus valores sociais baseados na hierarquia das raças e no trabalho servil, o movimento abolicionista desempenhou um papel dinâmico no combate pela emancipação ao difundir maciçamente informações sobre as realidades da escravidão.

Outro território de forte progressão do movimento abolicionista foi o Brasil. Apesar de seu surgimento tardio (1880), ele propagou-se imediatamente a todas as zonas de grandes concentrações de escravos, a partir dos centros urbanos mais importantes: Rio, estado em que se encontrava a metade da população escrava, e São Paulo. O abolicionismo desenvolveu a sua ação em um longo período, da década de 1780 à década de 1880, pontuado pelas independências dos impérios continentais que deram origem a repúblicas soberanas: Estados Unidos, em 1783; Brasil, em 1822; América Espanhola, entre 1810 e 1825; e Haiti, desde 1804.

No entanto, a criação desses numerosos estados não desencadeou a abolição da escravatura. Com exceção do Haiti, cuja independência foi a consequência do desmantelamento da escravidão, nenhuma das independências do Novo Mundo gerou o fim rápido do regime escravocrata. Várias décadas separaram a independência política da abolição: 80 anos, nos Estados Unidos; 66 anos, no Brasil; e de 20 a 40 anos, nas repúblicas oriundas do império espanhol. Os dirigentes das independências (Jefferson, Washington, Bolívar...) eram colonos, proprietários de terras e de escravos: eles souberam impor a manutenção do regime escravagista no interior dos novos estados. ●

Verbatim
"Será impossível que, na França, venha a emergir o impulso moral e religioso que favoreceu a emancipação na Inglaterra: [...] para o sucesso da própria emancipação, é vantajoso tratá-la como um assunto de estrada de ferro em vez de promover uma cruzada em favor dos negros" (LECHEVALIER, 1840, apud SCHMIDT, 2000, p. 219).

20. Período histórico que, na França, vai de 1830 com a "Revolução de Julho" – marcando o fim do período conhecido como a "Restauração" [o qual perdurava desde a queda de Napoleão Bonaparte, em 1814] – até a "Revolução de 1848" que deu lugar à Segunda República (1848-1852) [N.T.].

IV AS ABOLIÇÕES (FINAL DO SÉCULO XVIII-FINAL DO SÉCULO XIX)

7. As alforrias

Enquanto proprietário do escravo – o qual, por sua vez, era definido como "bem de natureza móvel" –, o senhor podia dispor de seu direito de propriedade, restituindo-lhe a liberdade. O *Code Noir* (Código Negro) francês de 1685 tinha confirmado esse direito dos senhores, considerado como regulador do sistema escravocrata. Considerando que a alforria era a recompensa justa de um comportamento leal para com o senhor, uma categoria particular de pessoas livres constituiu-se progressivamente em todas as sociedades de plantação: os alforriados – muitas vezes, mestiços nascidos de uniões ilícitas entre senhores e escravas –, mas também os "Noirs Libres" (indivíduos de raça negra livres), segundo a fórmula utilizada nos textos oficiais visto que os termos "noir" (preto) ou "nègre" (negro) tornaram-se sinônimos de escravo.

DO MEDO DOS ALFORRIADOS E DAS PESSOAS DE COR ATÉ A SUA INTEGRAÇÃO

Uma legislação restritiva. Diante da importância crescente dos alforriados – mal diferenciados das "pessoas de cor livres", consideradas frequentemente como o fruto da libertinagem dos brancos –, a legislação tentou restringir a faculdade de alforriar ao exigir uma autorização administrativa e um documento escrito assinado diante de um juiz ou de um escrivão (regulamento régio de 24 de outubro de 1713, confirmado ao longo do século XVIII). Essa regulamentação foi inócua, tendo como resultado a multiplicação dos "indivíduos livres de fato" ou "indivíduos livres de savana", não registrados oficialmente, mas comportando-se como pessoas livres com plenos direitos. Em 1746, uma taxa de alforria foi instituída em benefício do rei: 1.000 libras para um homem e 600 para uma mulher, a qual foi elevada a 2.000 libras em 1766 para a mulher com idade inferior a 40 anos. Tratava-se de desestimular os senhores que pretendessem alforriar suas amantes de cor; no entanto, tal medida não produziu efeito porque o mecanismo das alforrias não chegou a ser anulado, nem sequer sob a ocupação inglesa da Martinica, na época da Revolução, quando o ocupante tinha proibido qualquer alforria. No entanto, e eis um aspecto essencial, se a alforria era concedida aos "escravos de ganho", aos escravos empregados domésticos e

às mulheres – muitas vezes, mães dos filhos ilegítimos do senhor –, ela nunca era reconhecida praticamente aos "escravos de eito", aqueles que se dedicavam aos trabalhos agrícolas ou aos engenhos de açúcar. Evitava-se assim, a qualquer preço, que a alforria viesse prejudicar os fundamentos da economia colonial, ou seja, o complexo açucareiro.

As alforrias facilitadas. Sob a Monarquia de Julho, verificou-se uma mudança radical na doutrina oficial: a lei de 1832 suprimia a taxa de alforria e simplificava o procedimento. Tratava-se de fazer recuar o número de escravos para preparar lentamente a supressão – se possível, por extinção – da escravatura sem recorrer a uma lei abolicionista. O efeito foi imediato: o número de alforriados atingiu rapidamente mais de 40% do número de escravos. Mas, ainda nesse caso, a dinâmica prevista foi bloqueada porque os senhores continuaram recusando-se a alforriar seus trabalhadores agrícolas.

●●●

DONOS DE PEQUENAS PLANTAÇÕES EM GUADALUPE

Os donos de pequenas plantações – ao se tornarem, em número considerável, proprietários de terras e escravos –

faziam parte dos senhores. No entanto, eles compravam raramente grandes fazendas açucareiras, com exceção de alguns indivíduos de cor em Saint-Domingue, alforriados e ricos, tais como Julien Raimond que era igualmente proprietário na França. Na sua maioria, eles eram proprietários de fazendas de café, de fábricas de anil e de terrenos mais baratos de produção de víveres, os quais exigiam um número reduzido de escravos.

●●●

OS ALFORRIADOS NA SOCIEDADE COLONIAL

Ainda raros no século XVII, os alforriados tornaram-se numerosos durante o século seguinte, e ainda mais no século XIX. Em Saint-Domingue, nas vésperas da Revolução, eles constituíam, inclusive, um grupo quase tão importante quanto o dos brancos. O *status* dos alforriados evoluiu à medida que, em razão de seu crescimento demográfico, eles se transformavam potencialmente em uma força social. O *Code Noir* de 1685, em seus artigos 57 e 59, dava plena liberdade aos alforriados com direitos semelhantes aos dos brancos. Usufruindo do direito de propriedade, os alforriados constituíram rapidamente uma categoria social

Verbatim

"Os senhores com idade de vinte anos poderão alforriar seus escravos por todos os atos em vida ou por causa de morte, sem serem obrigados a justificar tal alforria, tampouco terem necessidade de solicitar a opinião dos pais, ainda que sejam menores de vinte e cinco anos" (Artigo 55 do *Code Noir* de 1685. Cf. ANEXOS - 2. A).

AS CATEGORIAS DE POPULAÇÃO EM GUADALUPE (1670-1848)

Número de habitantes

População total

Escravos

Brancos

Abolição da escravatura

Pessoas de cor livres

140 000 · 120 000 · 100 000 · 80 000 · 60 000 · 40 000 · 20 000 · 0

1670 1680 1690 **1700** 1710 **1720** 1730 **1740** 1750 **1760** 1770 **1780** 1790 **1800** 1810 **1820** 1830 **1840** 1850

Fonte: FALLOPE, 1992.

80 ATLAS DAS ESCRAVIDÕES

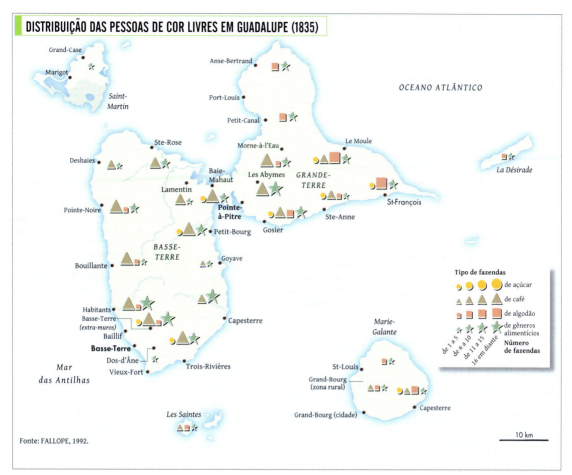

DISTRIBUIÇÃO DAS PESSOAS DE COR LIVRES EM GUADALUPE (1835)

Fonte: FALLOPE, 1992.

em vias de integração no universo colonial; numerosos nas cidades – sobretudo em Cap-Français, Porto Príncipe, Saint-Pierre e Fort-Royal –, eles exercem as profissões do comércio e artesanato, além de formarem as tropas e os suboficiais das milícias encarregadas de manter a ordem e de reprimir as fugas de escravos; eles, ou seus descendentes, eram contramestres ou capatazes das plantações. Apesar dos textos oficiais, eles foram rapidamente vítimas de discriminação racial, impedidos de se guindarem a patentes de oficiais, de terem acesso à função pública e às profissões judiciárias. O "preconceito de cor" proibia-lhes também o uso de nomes de famílias brancas. A legislação revolucionária de 1791 recusou-lhes a igualdade de direitos com os brancos (decreto de 24 de setembro de 1791). No entanto, para enfrentar a insurreição dos escravos, a lei de 4 de abril de 1792 concedeu-lhes a plena cidadania, anulada em 1802 por Napoleão Bonaparte e recuperada apenas em 1832. ●

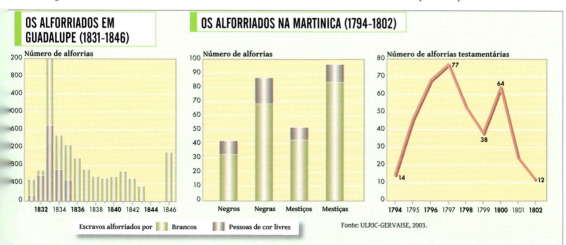

OS ALFORRIADOS EM GUADALUPE (1831-1846)

OS ALFORRIADOS NA MARTINICA (1794-1802)

Fonte: ULRIC-GERVAISE, 2003.

IV AS ABOLIÇÕES (FINAL DO SÉCULO XVIII-FINAL DO SÉCULO XIX)

8. As abolições

O século XIX é apresentado como o "século das abolições"; se, por essa expressão, entendemos a erradicação das práticas escravagistas, tal obra, até hoje, não foi levada a termo. Se nos detivermos apenas nas decisões oficiais, é possível distinguir três tipos de iniciativa. As primeiras abolições estavam associadas a um contexto militar e marcadas pelo precedente revolucionário francês. Paralelamente, alguns países seguiam as iniciativas inglesas, ou seja, uma abolição gradual que começava pela proibição do tráfico de escravos. Enfim, os esforços coordenados em direção das sociedades africanas mantinham uma relação ambígua com o imperialismo.

OS TRÊS PERÍODOS DE ABOLIÇÃO NA AMÉRICA IBÉRICA

A abolição revolucionária da escravatura em Saint-Domingue – que, em 1804, se tornou a República do Haiti – permaneceu um caso único no processo de saída da escravidão das colônias europeias. Em todos os outros lugares, o "espectro haitiano" foi sistematicamente agitado para fazer oposição às campanhas abolicionistas e, mais ainda, para reprimir violentamente as revoltas de escravos. No entanto, em 1816, Simón Bolívar concluiu um pacto com o presidente da República do Haiti, Alexandre Pétion: em troca do apoio à sua luta de libertação, ele comprometia-se a abolir a escravatura. Houve abolições de fato para os escravos alistados nos dois exércitos envolvidos nesses combates, mas as abolições oficiais foram mais lentas e diversificadas: o Chile tinha assumido o compromisso de abolir a escravidão, desde 1811, mas a promulgação só ocorreu em 1823. Nos estados com forte presença servil, os prazos foram mais longos. O desaparecimento total da escravidão nesses novos estados foi escalonado durante várias décadas: 1824, em Honduras, Salvador, Guatemala e Costa Rica; 1829, no México; 1831, na Bolívia; 1851, na Colômbia e no Equador; 1853, na Argentina; 1854,

na Venezuela; e 1855, no Peru. No Caribe sob o controle espanhol, o processo foi ainda mais lento. A Lei Moret de abolição gradual, votada pelas Cortes em 1870, foi aplicada em 1873 em Porto Rico, e apenas em 1886 em Cuba. A abolição precoce em São Domingos teve outra origem: a ocupação haitiana da totalidade da ilha (1822-1843) é que impôs o fim da escravidão. Foi o Brasil que fechou a série, apenas em 1888, sob fortes pressões da Grã-Bretanha; com efeito, as exportações brasileiras dependiam das empresas inglesas.

●●●

A TUNÍSIA, UMA ABOLIÇÃO PREVENTIVA EM 1846

A Tunísia foi o primeiro país africano que tomou a decisão soberana de abolir a escravatura, em 1846. O país havia sido, há vários séculos, o ponto de chegada de numerosas pistas de caravanas; os escravos negros eram numerosos em Túnis, nas cidades litorâneas e nos oásis do Sul; por tradição, eles eram empregados domésticos ou soldados. Essa decisão foi tomada por ministros reformadores, dos quais o mais influente era Keir ed-Din, que estavam obcecados pelo receio de que o país sofresse uma ocupação colonial análoga à da vizinha Argélia. A abolição retirava assim o pretexto para uma campanha abolicionista que viesse a implicar uma intervenção armada. A medida, porém, inscrevia-se igualmente em um plano geral de modernização do país, inspirado pela ideia de que abrir a Tunísia à ocidentalização era o meio mais seguro de resistir à colonização.

●●●

ABOLIÇÃO E GUERRA CIVIL: O CASO DOS ESTADOS UNIDOS

Os Estados Unidos eram um país em que o abolicionismo tinha raízes profundas e antigas (os quacres no

século XVIII foram pioneiros nesse assunto) e no qual a economia de plantação escravagista era florescente em vários estados do Sul. Com a fundação do Partido da Liberdade em 1840, o problema da escravidão tornou-se um importante desafio político. No plano institucional, a expansão da União para o Oeste levou a formular a questão de saber se os novos estados adotariam uma legislação escravocrata. Ora, por jogos complexos de pressão, a maioria dos novos estados optou pela legislação escravagista. Os novos estados escravocratas que entraram na União, após 1803, foram os seguintes: Missúri, Kentucky, Tennessee, Alabama, Luisiana, Flórida, Texas, Kansas, Nebraska, Utah e Arkansas. O desafio era decisivo: cada estado, independentemente de sua população, era representado por dois senadores. Assim, qualquer modificação do *statu quo* constitucional de 1787 tornava-se impossível para os estados livres que não podiam dispor dos 2/3 dos votos no Congresso. Esse bloqueio só pôde ser quebrado pela derrota do Sul no desfecho da guerra civil. No Norte, os abolicionistas mobilizaram-se, em particular, para defender a causa dos escravos fugitivos diante dos tribunais. Enfim, no Sul, verificou-se a multiplicação das revoltas de escravos.

A eleição de Lincoln, abolicionista moderado, para a presidência da União, em 1860, ateou fogo em barril de pólvora. Onze estados do Sul fizeram secessão e reagruparam-se em uma Confederação. A guerra civil perdurou de 1861 a 1865. Lincoln proclamou a abolição geral em 1863, consagrada pela décima terceira emenda à Constituição, em 31 de janeiro de 1865.

Mas os ex-escravos não tiveram acesso à igualdade civil nos estados da ex-Confederação: privados do direito de voto e da maioria dos direitos civis por campanhas de terror, confinados a um *status* de meeiros e obrigados a emigrar para as fábricas do Norte, eles foram marginalizados.

Verbatim

"Em nome do povo francês, o governo provisório, considerando que a escravidão é uma afronta contra a dignidade humana [...] decreta, artigo primeiro: a escravidão será inteiramente abolida em todas as colônias e possessões francesas" (Decreto de 27 de abril de 1848).

82 ATLAS DAS ESCRAVIDÕES

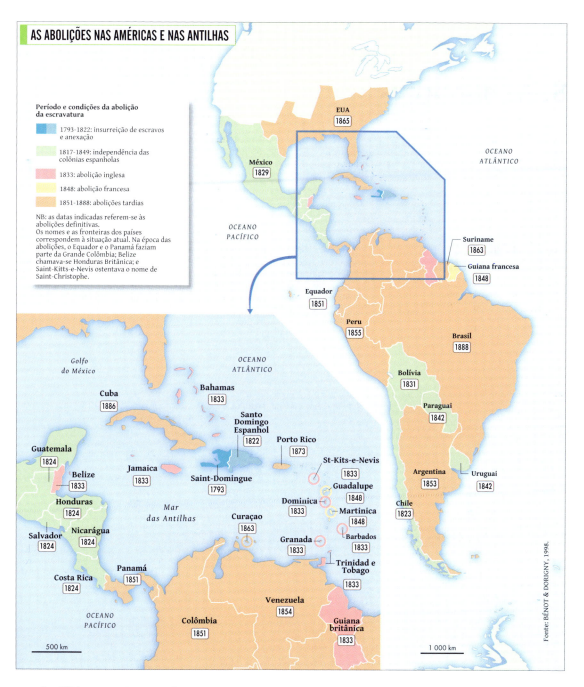

AS ABOLIÇÕES NAS AMÉRICAS E NAS ANTILHAS

Período e condições da abolição da escravatura
- 1793-1822: insurreição de escravos e anexação
- 1817-1849: independência das colônias espanholas
- 1833: abolição inglesa
- 1848: abolição francesa
- 1851-1888: abolições tardias

NB: as datas indicadas referem-se às abolições definitivas. Os nomes e as fronteiras dos países correspondem à situação atual. Na época das abolições, o Equador e o Panamá faziam parte da Grande Colômbia; Belize chamava-se Honduras Britânica; e Saint-Kitts-e-Nevis ostentava o nome de Saint-Christophe.

Fonte: BÉNOT & DORIGNY, 1998.

O edifício segregacionista acabou sendo desmantelado na década de 1960, mas nem por isso a questão negra ficou resolvida.

...

AS INICIATIVAS BRITÂNICAS

A ação contínua dos ingleses para suprimir não só o tráfico de escravos a partir de 1807 (decisão assumida conjuntamente com os Estados Unidos), mas também posteriormente a escravidão após 1833-1838, ação acompanhada de pressões econômicas, intervenções policiais e cruzada moral, é geralmente considerada como emblemática de todo o movimento abolicionista. No entanto, não se deve esquecer o precedente revolucionário francês e a decisão da Dinamarca de abolir esse tráfico desde 1792 e que se tornou efetiva em 1º de janeiro de 1803. Entretanto, a iniciativa de 1807, apoiada em um poderoso movimento de opinião, deu o impulso decisivo.

Os britânicos apostaram em uma ação negociada dos europeus. O Congresso de Viena foi, nesse aspecto, uma etapa importante para colocar o tráfico de escravos fora da lei. A vantagem estava definitivamente no campo abolicionista com a proclamação da liberdade geral pela Assembleia Constituinte Francesa, em 27 de abril de 1848. Portugal tomou uma decisão semelhante em 1861 e os Países Baixos em 1863, ou seja, dois países estreitamente ligados à Inglaterra.

ATLAS DAS ESCRAVIDÕES 83

IV AS ABOLIÇÕES (FINAL DO SÉCULO XVIII-FINAL DO SÉCULO XIX)

9. As indenizações

Bem antes das primeiras medidas promulgadas em favor da emancipação dos escravos, a questão da indenização dos respectivos proprietários foi objeto de debates entre aqueles que consideravam o escravo como uma propriedade legítima, pela qual o proprietário deveria receber uma indenização em caso de abolição legal, e aqueles que afirmavam que a propriedade de um ser humano em relação a outro continuava sendo uma violência ilegítima, de tal modo que nenhuma indenização poderia ser concedida se a lei viesse a restabelecer plenamente os direitos da natureza mediante a abolição da escravatura (cf. ANEXOS - 1. A e B).

A FAVOR OU CONTRA O PRINCÍPIO DA INDENIZAÇÃO DOS PROPRIETÁRIOS?

Contra o princípio de uma indenização. Com base nos princípios enunciados pelo Iluminismo no século XVIII, a rejeição em considerar a propriedade de um escravo como algo legítimo, portanto, sagrado e inviolável, constitui o motivo da recusa de indenização para os proprietários das plantações em caso de abolição legal da escravatura. Nesse ponto, a posição do matemático, filósofo e político francês Condorcet, desde 1781, é a mais clara e radical: "Mostramos que o dono não tinha nenhum direito em relação a seu escravo, que o fato de mantê-lo em servidão não é a fruição de uma propriedade, mas um crime; que a lei, ao alforriar o escravo, não lesa a propriedade, mas deixa de tolerar uma ação que ela deveria ter punido com a pena capital. O soberano não deve, portanto, nenhuma compensação ao dono dos escravos, assim como ele nada fica devendo a um ladrão que, por sentença, tenha sido privado da posse de uma coisa roubada. A tolerância pública de um crime absolve da punição, mas não pode estabelecer um verdadeiro direito a partir do benefício do crime" (CONDORCET, 1781, cap. VII: "Convém acabar com a escravidão dos negros, e seus donos não podem exigir nenhuma compensação").

Mesmo que a escravidão seja legal, ela é considerada por seus detratores como ilegítima pelo fato de se opor radicalmente às leis da natureza. Em 1835, o abolicionista martiniquense, Cyrille Bissette, invertia o raciocínio dos proprietários das plantações: como o escravo nunca é uma propriedade legítima, a abolição da escravatura não pode ser considerada como uma violação à propriedade, mas como uma restauração do verdadeiro direito de propriedade; deste modo, o escravo recupera a propriedade de sua pessoa. A indenização daquele que, de maneira ilegítima, possuía um ser humano seria, portanto, imoral.

Em favor da indenização dos proprietários de plantações. Para os defensores da indenização, a escravatura (e o tráfico que se encontra em sua origem) é legítima e perfeitamente legal: os estados incentivaram sistematicamente essas práticas, além de financiá-las e protegê-las por um importante arsenal legislativo e fiscal. Ao desapossar os proprietários de escravos, a abolição é apresentada como uma violação do direito de propriedade que deve implicar uma indenização à semelhança do que ocorre no caso de qualquer tipo de expropriação por interesse público.

Em 1791, o deputado francês Louis-Marthe Gouy d'Arsy, membro do Club Massiac[21], lembra que os armadores e os colonos investiram na escravatura sob a proteção da lei e que,

por conseguinte, não podem ser espoliados pelo Estado. Assim, a propriedade sobre os escravos é um direito inviolável e sagrado, garantido pelas leis fundamentais das nações da Europa Ocidental. Na Inglaterra, em 1831, o deputado colonial William Burge afirma na Câmara dos Comuns: "A lei e os costumes reconhecem o direito de propriedade do proprietário das plantações em relação a seu escravo negro [...]. Mesmo que a lei e os costumes

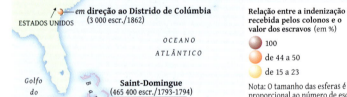

INDENIZAÇÕES PAGAS POR COLÔNIA

Fonte: BEAUVOIS, 2013.

21. Uma sociedade de colonos ricos brancos de Saint-Domingue e das Pequenas Antilhas, instalada no Hôtel de Massiac, em Paris, e fundada em 1789 com o objetivo de combater a influência da *Société des Amis des Noirs*, criada em 1787, a qual pretendia abolir o tráfico negreiro nas colônias. Cf. DEBIEN, 1953 [N.T.].

sejam considerados ruins e tenham de ser alterados, eles não deixam de ser a lei e os costumes e, como tal, devem ser respeitados" (BURGE, 1831).

Assim, nos debates parlamentares, tanto na França quanto na Inglaterra, uma ampla corrente de opinião, manifestada perante o poder legislativo, considerava o escravo como uma propriedade "normal", legítima e, portanto, inviolável, exceto em troca de uma "justa e prévia indenização" paga ao proprietário. Esse será o sentido do artigo 5 do Decreto de 27 de abril de 1848, que abole a escravidão nas colônias francesas: "A Assembleia Nacional irá pagar o montante da indenização, que deverá ser atribuída aos colonos". Em aplicação desse artigo, um "Comitê da Indenização" foi implementado para examinar, caso a caso, os pedidos de indenização por parte dos proprietários de plantações; ele manteve-se em atividade até o final da década de 1850.

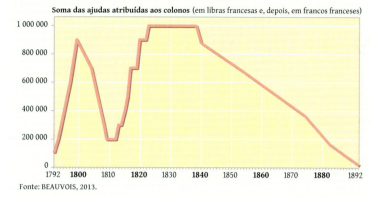

EVOLUÇÃO DAS AJUDAS ATRIBUÍDAS AOS REFUGIADOS DE SAINT-DOMINGUE

Soma das ajudas atribuídas aos colonos (em libras francesas e, depois, em francos franceses)

Fonte: BEAUVOIS, 2013.

•••

O CASO DE SAINT-DOMINGUE E DO HAITI APÓS A ABOLIÇÃO REVOLUCIONÁRIA DE 1793-1794

O caso da abolição da escravatura em Saint-Domingue é radicalmente diferente do que se verificou em quase todas as outras colônias de escravos em que os proprietários receberam indenizações, certamente, mais ou menos avultadas, sem deixar de reconhecer o seu *status* de proprietários "espoliados" pela decisão legislativa de abolição da escravatura. Os estados do Sul dos Estados Unidos haviam constituído outra exceção: derrotados no desfecho da Guerra de Secessão, os proprietários de escravos não tiveram direito a nenhuma compensação.

Em Saint-Domingue, a abolição da escravatura em 29 de agosto e 21 de setembro de 1793 foi o resultado da insurreição geral dos escravos a partir de 22 e 23 de agosto de 1791, conjugada com as consequências da guerra travada pela posse dessa colônia entre a Inglaterra, a Espanha e a Holanda. Assim, a proclamação da "Liberdade geral" foi a única escolha que restou a Léger-Félicité Sonthonax e Étienne de Polvérel, comissários da República em Saint-Domingue, para conter a invasão estrangeira da colônia; por sua vez, a Convention Nationale, ao votar a abolição geral da escravatura em 4 de fevereiro de 1794 (16 do mês pluvioso do ano II), legalizou as decisões tomadas em Saint-Domingue. Essa votação não correspondia, de modo algum, a um projeto efetivamente amadurecido na medida em que a abolição da escravatura havia sido vislumbrada sempre como um processo gradual, cuja implementação deveria ocorrer em tempos de paz; essa abolição imediata, sem qualquer medida transitória, foi a resposta política a um perigo iminente para as colônias.

Nesse contexto excepcional de uma abolição revolucionária da escravatura não se formulou a questão de indenizar os donos abruptamente privados de seus escravos. A postura defendida havia muito tempo por Condorcet é que foi aplicada: "[...] ao alforriar o escravo, a lei não lesa a propriedade, mas deixa de tolerar uma ação que ela deveria ter punido com a pena capital. O soberano não deve, portanto, nenhuma compensação ao dono dos escravos, assim como ele nada fica devendo a um ladrão que, por sentença, tenha sido privado da posse de uma coisa roubada" (CONDORCET, 1781).

Durante a Revolução Francesa foi mantida essa atitude e nenhuma indenização foi paga aos colonos. Em compensação, os colonos fugitivos, nomeadamente para escaparem aos massacres, receberam quase de imediato alguma ajuda que lhes foi atribuída, em Filadélfia, Boston ou outros portos dos Estados Unidos pelas autoridades francesas. No território metropolitano esses apoios foram rapidamente implantados: entre 1793 e 1799, uma série de medidas aplicáveis aos colonos, em particular aos de Saint-Domingue, foi tomada, a fim de garantir, sob condição, ajuda às famílias dos refugiados. Tais medidas foram prorrogadas, com numerosas variantes, ao longo do século XIX até o início dos anos de 1870. No decorrer das décadas, os beneficiários – quase sempre bastante modestos – eram os descendentes dos colonos. Essas ajudas, de natureza "humanitária", não podem ser consideradas como uma indenização pela perda dos escravos por esses colonos.

De natureza diferente foi a indenização dos colonos que a ordenança de Carlos X, de 17 de abril de 1825, impôs à República do Haiti: a França reconhecia a independência de sua ex-colônia, sob a condição do pagamento de uma indenização de 150 milhões de francos-ouro destinada a reembolsar os bens dos colonos que haviam sido forçados a deixar a colônia entre 1793 e 1804; através de múltiplas vicissitudes, a República do Haiti pagou essa indenização colonial à França, reduzida a 90 milhões e reembolsável durante um período de 30 anos pelo Tratado de 1838. Tratar-se-ia da "restituição" do valor correspondente aos mais de 460.000 escravos que haviam conseguido a própria alforria? Nenhum dos textos relacionados a esse complexo procedimento financeiro evoca tal aspecto: foram contabilizadas as propriedades e os imóveis (terrenos, casas, refinarias de açúcar, plantações de café, armazéns...) para avaliar a indenização devida a cada colono; mas o número de escravos nunca é mencionado nos numerosos arquivos produzidos por esse longo e penoso procedimento. No entanto, que valor atribuir a esses meios de produção que só se tornavam rentáveis mediante a mão de obra servil? Nesse ponto é que incide o debate que ainda hoje continua aberto. Desde a década de 1990, algumas associações militantes haitianas e antilhanas exigem o reembolso, por parte da França, das somas pagas pelo Haiti entre 1825 e 1883, ano do último pagamento previsto pelo Tratado de 1838. O argumento a favor dessa "restituição" baseia-se no fato de que, diferentemente das indenizações pagas aos proprietários de escravos das outras colônias, foram os próprios ex-escravos e os seus descendentes que, no Haiti, procederam a tal pagamento, e não os estados coloniais. ●

Verbatim

"A expropriação dos bens, sem compensação, ocorre apenas durante as revoluções. Os legisladores, por sua vez, não procedem desse modo: eles fazem alterações e transformam as leis, mas nunca promovem a perda da fortuna. Aliás, eles levam em consideração os direitos adquiridos, seja qual for a sua origem" (LAMARTINE, A. *Archives parlementaires*, 22/04/1835).

IV AS ABOLIÇÕES (FINAL DO SÉCULO XVIII-FINAL DO SÉCULO XIX)

10. Os trabalhadores sob contrato temporário

Os donos de plantações temiam, especialmente desde a abolição do tráfico de escravos, a penúria de mão de obra, a qual se tornou realidade após a abolição da escravatura porque os indivíduos récem-alforriados recusaram-se a continuar trabalhando nas plantações em que haviam sido escravos. Essa recusa era particularmente notória para os trabalhos nas fazendas de açúcar, núcleo mais importante das economias coloniais, mas demasiado estreitamente associado à condição servil. Diante dessa penúria de braços, o recurso à importação de trabalhadores sob contrato temporário impôs-se como única solução. Uma nova categoria veio povoar essas colônias de escravos: os trabalhadores sob contrato temporário (*engagés*), supostamente livres e cuja vinda teria sido voluntária.

A ENGRENAGEM DO TRABALHO SOB CONTRATO TEMPORÁRIO

Os trabalhadores africanos sob contrato temporário. Considerando que o recurso a voluntários europeus revelou-se de imediato um fracasso, a atenção dos proprietários voltou-se uma vez mais para a África: africanos livres da bacia do Congo foram recrutados segundo um procedimento legal sob o estrito controle do governo francês. A Companhia de Comércio Régis, de Marselha, tinha conseguido o monopólio para a importação de 20.000 trabalhadores africanos sob contrato temporário, os quais haviam sido quase todos alforriados na Martinica e em Guadalupe. Os métodos utilizados, evocando demais o antigo tráfico de escravos, desencadearam uma onda de protestos que levou as autoridades a romper o contrato a partir de 1861, ano em que 18.000 africanos tinham sido contratados.

Os chineses e os indianos. Outra fonte de mão de obra livre tinha sido então encontrada: os chineses e, em seguida, os indianos. Estes últimos, durante quase meio século, permitiram a sobrevivência das economias de plantações açucareiras: acima de 500.000 indianos foram importados para as Antilhas e Guianas Franco-Inglesas. Apesar dos retornos e da forte preponderância masculina, essa população implantou-se de maneira duradoura, especialmente na Guiana Britânica e Trinidad, mas também nas Antilhas Francesas, territórios em que se perpetuou a cultura indiana. No Oceano Índico, essa migração de indianos sob contrato temporário foi ainda mais importante, especialmente em Maurício, ilha em que ela acompanhou o desenvolvimento espetacular da produção açucareira e, no final do século XIX, regrediu com o recuo do comércio de açúcar de cana.

• • •

A CONVENÇÃO FRANCO-INGLESA DE JULHO DE 1861

Para a França, o recurso aos indianos sob contrato temporário esbarrava em uma dificuldade diplomática: as suas cinco feitorias nas regiões litorâneas da Índia não eram suficientemente povoadas para fornecer esse tipo de trabalhadores. A Índia era um reservatório imenso de mão de obra, mas a França não tinha nenhum direito sobre a população do país, que se tornara colônia britânica. Esse contencioso foi regulado por um tratado assinado em 1861, ao mesmo tempo em que o Tratado de Livre-Comércio que punha fim a mais de setenta anos de guerra comercial. Esse tratado previa as condições em que a França poderia recrutar trabalhadores indianos em território britânico, assim como as condições sanitárias da viagem, as condições de trabalho e do retorno no termo do contrato, assinado geralmente por um período de cinco anos, renovável. A Inglaterra reservava assim para si um verdadeiro direito de inspeção sobre os trabalhadores que aceitassem o contrato para as colônias francesas.

• • •

AS CONDIÇÕES DA VIAGEM SEGUNDO A CONVENÇÃO FRANCO-INGLESA

"Em todos os navios destinados ao transporte dos emigrantes súditos da Sua Majestade britânica, os emigrantes ocuparão, seja nas entrepontes, seja nas cabines construídas sobre a ponte superior, construídas solidamente e bem cobertas em toda a sua extensão, um espaço que será atribuído a seu uso exclusivo. Essas cabines e entrepontes deverão ter em toda parte uma altura que não será menor, em medidas francesas, a 1,65 metros [...]. Cada um desses alojamentos não poderá receber mais de um emigrante adulto por espaço de 2 metros cúbicos [...]".

"Um emigrante com idade acima de 10 anos ou duas crianças emigrantes com idade de 1 a 10 anos serão considerados como um emigrante adulto. As mulheres e as crianças deverão ocupar lugares distintos e separados dos espaços destinados aos homens" (Artigo 15

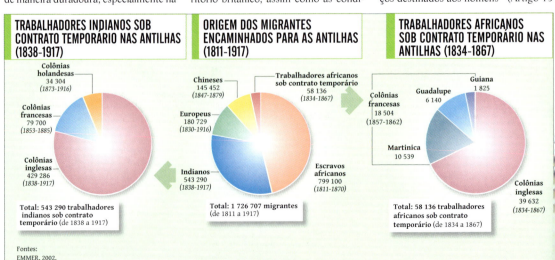

TRABALHADORES INDIANOS SOB CONTRATO TEMPORÁRIO NAS ANTILHAS (1838-1917)
- Colônias holandesas: 34 304 (1873-1916)
- Colônias francesas: 79 700 (1853-1885)
- Colônias inglesas: 429 286 (1838-1917)

Total: 543 290 trabalhadores indianos sob contrato temporário (de 1838 a 1917)

ORIGEM DOS MIGRANTES ENCAMINHADOS PARA AS ANTILHAS (1811-1917)
- Chineses: 145 452 (1847-1879)
- Europeus: 180 729 (1830-1916)
- Indianos: 543 290 (1838-1917)
- Escravos africanos: 799 100 (1811-1870)
- Trabalhadores africanos sob contrato temporário: 58 136 (1834-1867)

Total: 1 726 707 migrantes (de 1811 a 1917)

TRABALHADORES AFRICANOS SOB CONTRATO TEMPORÁRIO NAS ANTILHAS (1834-1867)
- Colônias francesas: 18 504 (1857-1862)
  - Guadalupe: 6 140
  - Guiana: 1 825
  - Martinica: 10 539
- Colônias inglesas: 39 632 (1834-1867)

Total: 58 136 trabalhadores africanos sob contrato temporário (de 1834 a 1867)

Fontes: EMMER, 2002. FLORY, 2003.

da Convenção Franco-Inglesa de 1º de julho de 1861 que autorizava a França a recrutar trabalhadores no território das Índias Britânicas).

• • •

O RECRUTAMENTO DE TRABALHADORES SOB CONTRATO TEMPORÁRIO NA REUNIÃO

Nesta ilha, o rápido desenvolvimento da plantação açucareira foi mais tardio que ele havia sido nas Antilhas. No momento da abolição do tráfico de escravos (1815), tal produção estava em pleno crescimento, o que suscitou imediatamente a questão da mão de obra: Seria possível continuar a produção de açúcar sem a contribuição regular de braços? Situada em um oceano cercado de territórios densamente povoados (Madagascar, África Oriental, Índia), pareceu bem cedo que a resposta ao esgotamento do fluxo de trabalhadores consistiria em uma "emigração livre" de populações locais. Desde 1827 – portanto, mais de 20 anos antes do fim da escravatura –, o governador da ilha solicitou a seu homólogo de Pondichery o envio de indianos. Em 1829, um decreto regulamentou essa importação. Assim, na Reunião, teria

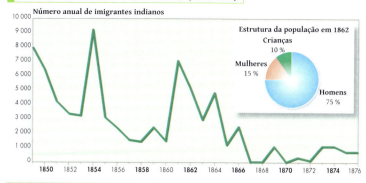

OS IMIGRANTES INDIANOS NA REUNIÃO (1849-1876)

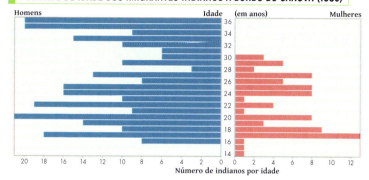

PIRÂMIDE DE IDADE DOS IMIGRANTES INDIANOS A BORDO DO *CANOVA* (1863)

Fonte: MARIMOUTOU-OBERLÉ, 1999.

Verbatim

"Nenhum emigrante poderá ser embarcado sem que os agentes britânicos tenham estado em condições de assegurar-se – independentemente do fato que o emigrante seja, ou não, súdito britânico – que ele assumiu livremente seu compromisso, tendo conhecimento perfeito do contrato que assinou..."
(Início do artigo 6 da Convenção Franco-Inglesa assinada em 1º de julho de 1861 que autoriza o recrutamento pela França de trabalhadores no território das Índias Britânicas).

ocorrido a coexistência, nas mesmas plantações, de trabalhadores livres e de escravos, o que contribuiu grandemente para desacreditar, em relação à metrópole, esse "sistema baseado no contrato temporário".

O recurso a trabalhadores africanos sob contrato temporário foi igualmente tentado, mas também nesse caso surgiram dificuldades. Um estado como a França, signatário da Convenção de Viena que proibia o tráfico de escravos, expunha-se ao risco de ser acusado de praticar um comércio camuflado: desde a origem dos recrutados aos circuitos do recrutamento, tudo estava calcado nesse tráfico.

A abolição da escravatura, em dezembro de 1848, acabou criando um inconveniente: nas plantações desaparecia a confusão entre escravos e trabalhadores livres sob contrato temporário. Assim, em 1850, um duplo recrutamento desse tipo de trabalhadores foi realizado: por um lado, africanos, mediante um acordo com as autoridades de Moçambique; e, por outro, indianos de Pondichery. Em 1861, a Convenção Franco-Inglesa estendia a zona de recrutamento para o interior da Índia. ●

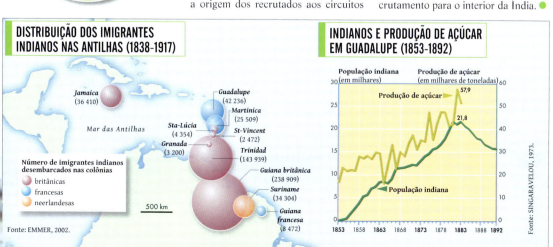

DISTRIBUIÇÃO DOS IMIGRANTES INDIANOS NAS ANTILHAS (1838-1917)

Fonte: EMMER, 2002.

INDIANOS E PRODUÇÃO DE AÇÚCAR EM GUADALUPE (1853-1892)

Fonte: SINGARAVELOU, 1973.

ATLAS DAS ESCRAVIDÕES 87

IV AS ABOLIÇÕES (FINAL DO SÉCULO XVIII-FINAL DO SÉCULO XIX)

11. Abolições e colonizações na África

Os projetos abolicionistas do século XVIII constituem a matriz das realizações do século seguinte; entre eles, figurava o cultivo de produtos de exportação na própria África por trabalhadores africanos livres. Marcada de paternalismo, tal empreendimento estava, todavia, isento de qualquer dimensão militar. No século XIX tudo se inverte quando as guerras coloniais encontram a sua justificativa em uma vontade declarada de libertação dos escravos: em primeiro lugar, os brancos e, em seguida, os negros. Mas as contradições na passagem do programa para a sua realização são suficientemente numerosas para evitar reduzir a inspiração humanista original a uma pura e simples hipocrisia.

■ AS ABOLIÇÕES OFICIAIS NA ÁFRICA

A "nova colonização" ou "colonização livre" encontrou um começo de realização com as feitorias da Serra Leoa, a partir de 1790, e da Libéria, no começo do século XIX, sob a responsabilidade de sociedades abolicionistas inglesas ou norte-americanas. Tais empreendimentos, reduzidos, foram superados em meados do século pela instalação dos impérios coloniais. Os franceses só reconheciam a plena cidadania a um pequeno número de súditos das "velhas colônias", ficando a maioria da população reduzida ao *status* intermediário do indigenato. Os britânicos, por sua vez, preferiram convencer os soberanos locais a renunciar à considerável fonte de lucro auferida pela venda de escravos. As resistências foram múltiplas da parte dos soberanos tradicionais; alguns chegaram a tirar partido das rivalidades entre potências europeias, enquanto outros mobilizaram seus exércitos (cf. ANEXOS - 3. A: O abolicionismo e 3.B).

•••

■ O PAPEL DAS MISSÕES PROTESTANTES

O movimento missionário conheceu uma renovação na Inglaterra por volta do final do século XVIII, em ligação com o movimento abolicionista, organizado em torno da *Anti Trade Slavery Society*, desde 1787. Os missionários cristãos ingleses, próximos do movimento protestante dos *dissenters*, patrocinaram os projetos de "nova colonização" que misturavam estreitamente o trabalho livre ao desenvolvimento da "civilização moral", à imagem da feitoria da Serra Leoa. Em 1795, a *London Missionary Society* incentiva as viagens de exploração. A supressão do tráfico de escravos e a abolição da escravatura constituem uma condição prévia absoluta para a evangelização das populações. As classes populares urbanas, bastante influenciadas pelo despertar

22. Relacionada ao "Club Massiac" [N.T.].

evangélico, forneceram os primeiros contingentes de voluntários, ativos na África do Sul, África Oriental, Serra Leoa e Nigéria, ou seja, outras tantas "portas abertas" a partir do litoral para o interior do país. A mais antiga atividade missionária é a da África do Sul, ligada aos *boers* holandeses. A grande figura do missionário explorador protestante continua sendo David Livingstone (1813-1873): ele fundou uma comunidade no Kalahari, em 1840, e subiu o curso do Zambeze até os Grandes Lagos, em 1855, seguindo o trajeto dos traficantes de escravos.

A partir de 1860 as missões protestantes coordenaram-se mediante conferências internacionais que distribuíram entre si os campos de intervenção. Os *comity agreements* garantiam o bom entendimento entre as sociedades missionárias. No entanto, elas permaneceram amplamente ligadas ao imperialismo britânico.

•••

■ AS MISSÕES CATÓLICAS FRANCESAS

Na França, os católicos se beneficiaram com a renovação missionária do Império (1804-1814) e da Restauração (1815-1830). Em 1806, Anne-Marie Javouhey fundou a Congregação das Irmãs de São José de Cluny, instituição que mantinha relações conflituosas com a administração colonial na Guiana e na Reunião.

A abolição do tráfico marítimo de escravos fora decidido, sob a pressão da Grã-Bretanha, no Congresso de Viena em 1815. Católicos liberais e protestantes abolicionistas uniram os seus esforços mediante a fundação, em 1821, da *Société de la Morale Chrétienne* (Sociedade da Moral Cristã). No ano seguinte, surge a *Société des Missions Étrangères de Paris* (Sociedade das Missões Evangélicas de Paris)[22] na esteira das sociedades britânicas, enquanto as missões católicas desenvolvem-se a partir da *Société de la Propagation de la Foi* (Sociedade da Propagação da Fé). A no-

vidade é a multiplicação – ao lado das antigas ordens, tais como os jesuítas e os capuchinhos – de novas sociedades que se dedicam exclusivamente às missões fora da Europa. Não sem ambiguidades frente à manutenção da instituição escravagista nas ex-colônias europeias, a Igreja pronuncia-se pela erradicação do comércio negreiro na África. Nesse contexto, François Liberman funda, em 1841, a *Congrégation du Sacré Cœur de Marie* (Congregação do Sagrado Coração de Maria) para a evangelização dos negros; ele instala bases missionárias na África Ocidental, sob proteção da marinha nacional francesa. Em 1845, o Papa Gregório XVI, que havia condenado precedentemente o tráfico de escravos entre as populações africanas, deseja ardentemente a formação de um clero indígena.

O arcebispo de Cartago e Argel, além de primaz da África, Charles Lavigerie, passou a coordenar os esforços missionários para a abolição do tráfico dos escravos no final do século XIX, no seio de *L'Œuvre Antiesclavagiste* (A Obra Antiescravagista), sem ter evitado fazer concessões à autoridade e aos interesses da colonização. Na década de 1890, ele desenvolveu a *Société des Missionnaires d'Afrique* (Sociedade dos Missionários da África), os "Padres Brancos", cujo objetivo consistia em de-

> ## Verbatim
> "A Obra Antiescravagista proclama como 'eminentemente civilizadora e cristã a ideia de abolir a escravidão na África, de dissipar as trevas que envolvem ainda essa parte do mundo, de espalhar nesse continente os tesouros da civilização' [...]" (Carta de Lavigerie para Leopoldo II, em 8 de novembro de 1889. In: LAVIGERIE, 1889, p. V).

88 ATLAS DAS ESCRAVIDÕES

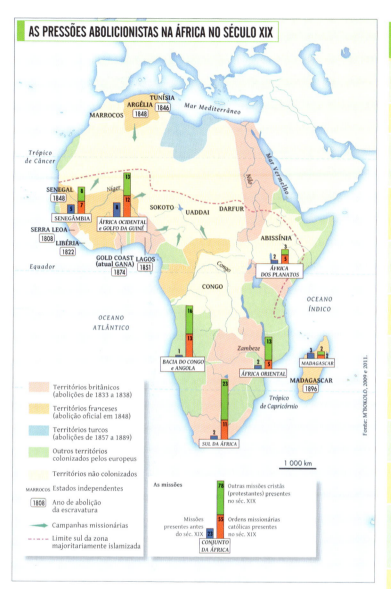

AS PRESSÕES ABOLICIONISTAS NA ÁFRICA NO SÉCULO XIX

AS GRANDES ETAPAS DAS ABOLIÇÕES

1807	O **Reino-Unido** e os **EUA** abolem o tráfico de escravos.
1808	A **Serra Leoa** torna-se colônia britânica.
1815	O **Congresso de Viena** adota a *Declaração das potências sobre a abolição do tráfico dos negros*.
1821	Criação em **Paris** da *Société de la Morale Chrétienne* que tem um comitê para a abolição do tráfico negreiro e da escravidão.
1822	A *American Colonization Society* funda a **Libéria** para acolher os ex-escravos negros dos **EUA**.
1833	Abolição da escravatura nas **colônias britânicas**.
1834	Criação em **Paris** da *Société Française pour l'Abolition de l'Esclavage*.
1840	Convenção Mundial Antiescravagista em **Londres**.
1846	Abolição da escravatura pela **Tunísia**, que ainda não é protetorado francês.
1848	Abolição da escravatura nas **possessões francesas**.
1851	Com os reis e chefes de **Lagos**, **Daomé**, **Porto Novo**, **Badagry** e **Abeokuta**, a Inglaterra assina tratados que proíbem o comércio de escravos.
1857	Firmão [decreto] do sultão de Constantinopla proibindo o tráfico de escravos em todo o **Império Otomano**.
1874	Vencedora do Reino Ashanti, a Inglaterra proclama a emancipação dos escravos na **Gold Coast** (atual **Gana**).
1885	A Conferência de **Berlim** lembra a proibição do tráfico de escravos e convida os signatários a contribuir para a sua extinção.
1889	Conferência Antiescravagista de **Bruxelas** que reúne os participantes da Conferência de Berlim, além da Pérsia, de Zanzibar e do estado independente do Congo.

Fonte: M'BOKOLO, E. (dir.). *África negra: história e civilizações*. 2 tomos, 2009 e 2011.

senvolver colônias agrícolas baseadas no princípio do trabalho livre, protegidas por monges-soldados contra as incursões escravagistas (Cf. BURGE, 1831).

...

A ESCRAVIDÃO INTRA-AFRICANA

O tráfico de escravos, que se tornara clandestino para a América, mantém-se durante todo o século.

Para a América. Esse tráfico chegou a conhecer recordes na primeira metade do século XIX. Esse período foi a idade de ouro dos aventureiros, oriundos de todas as origens: europeus, orientais, mestiços e ex-escravos que, tendo voltado à África, trabalhavam por conta própria. 60% dos escravos provinham das regiões situadas ao Sul do Equador.

O tráfico oriental de escravos. Houve também um tráfico oriental, sustentado pelo desenvolvimento das plantações escravagistas nos sultanatos do Oceano Índico e das Mascarenhas. Zanzibar era o ponto de encontro de um tráfico que encontrou também mercados em todo o Oriente Próximo.

As rotas seguidas pelas caravanas. Essas rotas transaarianas continuaram a veicular o sal, o marfim, assim como os escravos negros da zona do Sahel, principalmente para o Maghreb.

A escravidão doméstica. Enfim, se esse tráfico foi oficialmente abolido sob a pressão das potências colonizadoras, estas últimas toleraram perfeitamente a persistência de uma escravidão doméstica em benefício de seus "clientes" africanos, às vezes até mesmo de seus próprios administradores. ●

IV. As abolições (final do século XVIII-final do século XIX)

12. CONCLUSÃO

No desfecho do "século das abolições", a escravidão colonial havia desaparecido totalmente. Os processos de saída da escravidão foram diversos, mas podem ser reduzidos a quatro tipos.

• **A abolição revolucionária**, imposta pelos próprios escravos, em situação de insurreição armada – a abolição haitiana é a única a satisfazer tais critérios.

• **A abolição gradual**, esquema ideal dos abolicionistas que instaura um período dito de "aprendizagem" durante o qual o alforriado inicia-se à liberdade – a abolição inglesa de 1833 tinha previsto essa transição que foi muito malrespeitada.

• **As abolições imediatas**, resultantes de uma lei votada na devida forma pelo poder político – esse foi o caso da França, em 1848.

• **As abolições tardias**, impostas por uma guerra civil como nos Estados Unidos, ou pela pressão das grandes potências – Cuba, Porto Rico e Brasil fazem parte desta categoria.

A reconversão das economias coloniais escravagistas ocorreu, em grande parte, pelo recurso aos trabalhadores sob contrato temporário; para os estados negreiros africanos, o desaparecimento progressivo desse tráfico, fonte de renda e de poder, acabou por enfraquecê-los e abriu o caminho para a penetração europeia. A repressão das formas intra-africanas da escravidão tornou-se então um dos argumentos dos novos colonizadores.

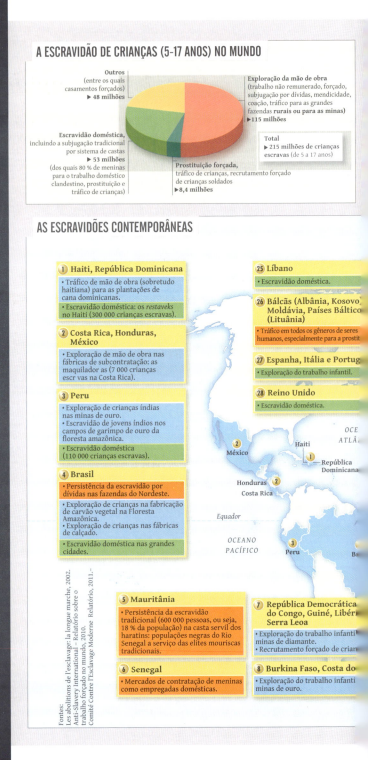

V CONCLUSÃO
1. A escravidão nos dias de hoje

No século XX, o "paradigma açucareiro", baseado na grande plantação escravagista, deixou de ser a mola propulsora da globalização mercantil. Mas tal constatação não significa que as diversas formas da escravatura sejam "reminescências" que estivessem, portanto, irremediavelmente condenadas. Tudo é questão de terminologia para caracterizar as situações de dependência: a referência à escravidão em massa, tal como ela se desenvolveu na época da colonização moderna, deixou de ser operacional; assim, convém estar atento para não diluir a especificidade da condição servil em uma sociologia da "servidão" que, hoje em dia, não cessa de se estender com a generalização das relações de exploração capitalista.

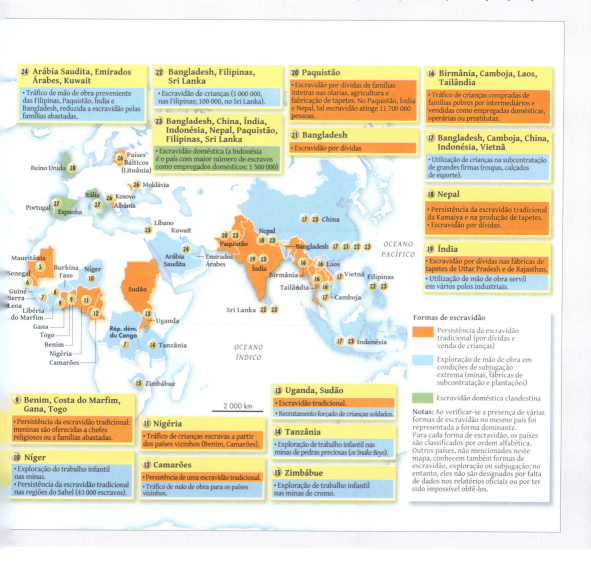

2. Memória e atualidade da escravidão

Os lugares da memória relativamente à escravidão em Paris

Paris tem vestígios visíveis do passado escravagista; no entanto, o trabalho de memória coletiva sobre essas questões – recalcadas, durante muito tempo – contribuiu para a edificação de novos lugares de memória.

O Estado erigiu um monumento (2007) em memória da escravidão no Jardin du Luxembourg e, em seguida, uma estela comemorativa (2011). O Panthéon presta homenagem a autores importantes da luta contra a escravidão: Victor Schœlcher (1949), Condorcet e Abbé Grégoire (1989). Uma placa foi afixada nesse monumento, em 1998, em memória de Toussaint Louverture e de Louis Delgrès; e outra, em 2011, em nome do martiniquense – poeta, dramaturgo, ensaísta e político da negritude – Aimé Césaire (1913-2008). No Ministère des Outre-mer (Ministério dos Ultramares), em 20 de maio de 2006, o salão nobre recebeu o nome de Louis Delgrès.

A cidade de Paris, por sua vez, marcou principalmente na toponímia de suas ruas a lembrança, às vezes, complexa dessa longa história. Uma rua homenageia V. Schœlcher desde 1894, dotada de uma placa desde 1998; Condorcet e Grégoire têm os seus nomes inscritos em placas de ruas. De maneira mais ambígua, várias ruas evocam as colônias francesas com escravos – Martinique, Guadeloupe, Louisiane, Guyane, Réunion –, assim como o nome daquele que foi o primeiro a tomar posse de Guadalupe: Liénard de l'Olive. Ainda mais ambíguo é o nome de Dugommier que foi atribuído a uma rua (1867) e, em seguida, a uma estação do metrô (1939): grande proprietário de escravos em Guadalupe, foi general da Revolução sem renunciar a suas teses escravocratas... No começo de 2002, a Rua Richepanse – trata-se do General Antoine Richepanse (1770-1802) que, por ordem de Napoleão Bonaparte, havia restabelecido a escravidão em Guadalupe – perdeu, no decorrer de uma cerimônia solene, o seu nome, tendo dado lugar ao de Chevalier Saint-George (1745-1799), personagem comprometido com a emancipação dos escravos. Em 2009

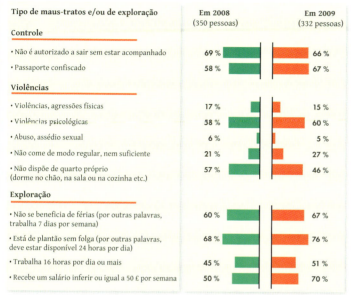

A escravidão contemporânea

Em várias sociedades do Oriente Médio e da África, as formas atuais de escravidão estão inscritas na continuidade das práticas tradicionais: escravidão por dívidas, domesticidade hereditária, trabalho não remunerado na agricultura, nas minas etc. Na Europa desenvolvem-se formas mais insidiosas de escravatura, beneficiando-se muitas vezes de proteção diplomática. O Comité contre l'Esclavage Moderne [Comitê contra a Escravidão Moderna], sediado em Paris, é um dos instrumentos de ajuda jurídica às vítimas. O gráfico ao lado resume as formas mais difundidas desses "maus-tratos domésticos" que têm a ver com a definição internacional da escravatura moderna. Foi por esse motivo que, por exemplo, a Corte Europeia dos Direitos Humanos condenou a França, em outubro de 2012, diante da petição de duas jovens sequestradas pelo empregador, com os seguintes considerandos:

foi inaugurado um imponente monumento em memória dos escravos no local em que era a Place des Trois Dumas: Fers (correntes), do artista Driss Sans Arcidet.

Mais antiga e de origem malconhecida é o mosaico *Au planteur* (Ao dono de plantações), na Rua Petits Carreaux (II arrondissement (bairro)), mostrando um preto, quase pelado, que serve uma bebida a um colono... Enfim, o cemitério Père Lachaise contém um grande número de túmulos de representantes dos "dois campos": o exemplo mais espetacular é o monumento ao General Gobert, erigido para enaltecer a sua ação de restabelecimento da escravatura em Guadalupe, em 1802.

"A CORTE, POR UNANIMIDADE,
1) Declara a petição admissível [...];
2) Diz que houve violação do artigo 4 da Convenção relativamente à primeira demandante em razão da obrigação positiva do Estado de instaurar um quadro legislativo e administrativo que permita lutar eficazmente contra a escravidão e o trabalho forçado. [...]
6) Diz:
a) que o Estado réu deve pagar à primeira demandante, nos três meses a contar do dia em que o decreto se tornar definitivo, de acordo com o artigo 44 § 2 da Convenção, a soma de 30.000 € (trinta mil euros) pelo conjunto de suas perdas. [...]"

> "A escravidão é o estado ou condição de um indivíduo sobre o qual se exercem, total ou parcialmente, os atributos do direito de propriedade" (Artigo 1º, parág. 1 da Convenção sobre a escravatura, 1926).

Anexos

1. Os textos sobre a escravidão[23]

A legitimação da escravatura remonta aos primórdios da Antiguidade e, em seguida, perpetua-se através dos textos bíblicos (tanto no Antigo quanto no Novo Testamento) até os Padres da Igreja. Aristóteles continuou sendo implicitamente a referência: a escravidão é algo do direito natural. O questionamento radical dessa legitimação ocorreu bastante tardiamente: ela esboçou-se no momento do rápido desenvolvimento do Humanismo para tornar-se uma componente essencial do pensamento do Século das Luzes.

A. Contra

LAS CASAS, B. *Breuissima relacion de la destrycion de las Indias.* Seuilla: Sebastian Trugillo, 1552 [1ª ed. integral em francês, em 2 vols. Paris: Le Seuil, 2001. • Em português: *O paraíso destruído* – A sangrenta história da conquista da América Espanhola. Porto Alegre: L&PM, 2011 [Tradução de Heraldo Barbuy]].

BODIN, J. *Les six livres de la République*, 1574-1579 [As referências ao debate sobre a escravidão encontram-se, em particular, no livro I, cap. 1].

PENN, W. *The Continued Cry of the Oppressed for Justice.* Londres, 1675.

MERCIER, L.S. *L'An 2440, rêve s'il n'en fut jamais.* Neufchâtel, 1770.

BENEZET, A. *An Historical Account of Guinea, its Situation, Produce, with an Inquiry into the Rise and Progress of the Slave Trade, its Nature and Lamentable Effects.* Londres, 1772.

DIDEROT. *Supplément au voyage de Bougainville*, 1772 [Nova ed. por Sylviane Albertan-Coppola. Paris: Hatier, 2002].

DE SAINT-PIERRE, B. *Voyage à l'Isle de France, à l'Isle Bourbon, au Cap de Bonne Espérance etc., avec des observations sur la nature et sur les hommes.* Paris, 1773.

CONDORCET, J.-A.-N. & DE CARITAT, M. *Réflexions sur l'esclavage des Nègres.* Neufchâtel, 1781 [Nova ed., 1788. • Obra publicada sob o pseudô-

nimo de Joachim Schwartz, pastor em Berna].

RAYNAL, G.T. *Histoire philosophique et politique du commerce et des établissements des Européens dans les deux Indes.* 3. ed. Genebra, 1781.

CONDORCET, J.-A.-N. & DE CARITAT, M. *Réponse à l'écrit de M. Malouet sur l'esclavage des nègres* – Dans lequel est exprimé le vœu formé par les colons d'avoir des représentants aux états généraux, ce texte a été signé: "par un membre de la Société des Amis des Noirs". Paris, 1789.

SIGISMOND FROSSARD, B. *La cause des esclaves nègros et des habitants de la Guinée, portée au tribunal de la Justice, de la Raison, de la Politique, ou histoire de la Traite et de l'esclavage des Nègres, preuves de leur illégitimité* – Moyens de les abolir sans nuire aux colonies ni aux colons. 2 vols. Lyon, 1789.

DE GOUGES, O. *L'Esclavage des Noirs, ou l'heureux naufrage* [Drama em 3 atos, representado na Comédie--Française em dezembro de 1789]. Paris, 1792 [Nova ed. por Eléni Varikas. Paris: Coté Femmes, 1989].

GRÉGOIRE, H. *Mémoire en faveur des gens de couleur ou sang-mêlé de Saint--Domingue et des autres îles françaises de l'Amérique* [Texto dirigido à Assemblée Nationale]. Paris, 1789.

MIRABEAU, G. & RIQUETTI, H. *Les bières flottantes des négriers* [Um discurso não pronunciado contra o tráfico de escravos negros, 1790. • Texto estabelecido, apresentado e anotado por Marcel Dorigny]. Saint-Étienne:

Presses de l'Université de Saint-Étienne, 1998.

WADSTROM, C.-B. *An Essay on Colonization.* Londres, 1795.

GRÉGOIRE, H. *Apologie de Bartolomé de Las Casas, évêque de Chiappas.* Paris, ano VIII (1798).

CLARKSON, T. *The History of the Rise, Progress, and Accomplishment of the Slave Trade by the British Parliament.* 2 vols. Londres, 1808.

GRÉGOIRE, H. *De la littérature des Nègres, ou recherches sur leurs facultés intellectuelles, leurs qualités morales et leur littérature, suivies de notices sur la vie et les ouvrages des Nègres qui se sont distingués dans les sciences, les lettres et les arts.* Paris, 1808.

SISMONDI, J.-C.L. *De l'intérêt de la France à l'égard de la traite des Nègres.* Paris, 1814.

_____. *Essai sur les désavantages politiques de la traite des Nègres.* Paris, 1814.

WILBERFORCE, W. *Lettre à Son Excellence Monseigneur le Prince de Talleyrand-Périgord au sujet de la traite des Nègres.* Paris: Schulze et Dean/Chez le Normand, 1814 [Traduzido do inglês].

DE STAËL, G. *Appel aux souverains réunis à Paris pour en obtenir l'abolition de la traite des Nègres.* Paris, 1814.

GRÉGOIRE, H. *De la traite et de l'esclavage des Noirs et des Blancs.* Paris, 1815.

SISMONDI, J.-C.L. *Nouvelles réflexions sur la traite des Nègres.* Paris, 1815.

DE PRADT. *Les Trois Âges des colonies.* Paris, 1818.

MORENAS, J.-E. *Pétition contre la traite des Noirs qui se fait au Sénégal, présentée à la Chambre des députés le 14 juin 1820.* Paris, 1820.

_____. *Seconde pétition contre la traite des Noirs présentée à la Chambre des députés le 21 mars 1821.* Paris, 1821.

CLARKSON, T. *Le Cri des Africains contre les Européens, leurs oppresseurs,*

---

23. Lista que leva em consideração a ordem cronológica da 1ª edição dos respectivos títulos.

ou coup d'œil sur le commerce homici-de appelé "traite des Noirs". Paris: L.-T. Cellot, 1822 [Traduzido do inglês. • Nova ed., Thomson Gale, 2005].

GRÉGOIRE, H. De la noblesse de la peau ou du préjugé des Blancs contre la couleur des Africains et celle de leurs des-cendants noirs et sang-mêlé. Paris, 1826.

MORENAS, J.-E. Précis historique de la traite des Noirs et de l'esclavage colo-nial contenant l'origine de la traite, ses progrès, son état actuel et un exposé des horreurs produites par le despotisme des colons. Paris, 1828.

MACAULAY, Z. Haïti, ou renseigne-ments authentiques sur l'abolition de l'esclavage et ses résultats à Saint-Do-mingue et à la Guadeloupe, avec des détails sur l'état actuel d'Haïti et des Noirs émancipés qui forment sa popula-tion. Paris, 1835 [Traduzido do inglês].

_____. Faits et renseignements prou-vant les avantages du travail libre sur le travail forcé et indiquant les moyens les plus propres à hâter l'abolition de l'es-clavage dans les colonies européennes. Paris, 1835.

SISMONDI, J.-C.L. Les Colonies des Anciens comparées à celles des Modernes sous le rapport de leur influence sur le bo-nheur du genre humain. Genebra, 1837.

DE GASPARINI, A. Esclavage et traite. Paris, 1838.

DE JONNÈS, A.M. Recherches statis-tiques sur l'esclavage colonial et sur les moyens de le supprimer. Paris, 1842.

SCHŒLCHER, V. Des colonies fran-çaises – Abolition immédiate de l'es-clavage. Paris, 1842 [Nova ed. com um Prefácio de Lucien Abénon. Paris: Éd. du CTHS, 1998].

_____. Colonies étrangères et Haïti – Résultats de l'émancipation. Paris, 1842-1843.

DOUGLASS, F. Narrative of Live of Frederik Douglass, an American Slave written himself. Nova York, 1845.

DUGOUJON, C. Lettres sur l'escla-vage dans les colonies françaises. Paris, 1845.

DE FÉLICE, G.A. Émancipation im-médite et complète des esclaves, appel aux abolitionnistes. Paris, 1847.

SCHŒLCHER, V. Histoire de l'escla-vage pendant les deux dernières années. 2 vols. Paris, 1847.

DE LAMARTINE, A. Toussaint Lou-verture, poème dramatique. Paris, 1850.

HUGO, V. Lettre aux États-Unis à l'annonce de la condamnation de John Brown, 2 de dezembro de 1859.

NABUCO, J. O abolicionismo. Rio de Janeiro/Londres, 1883.

FIRMIN, A. De l'égalité des races hu-maines. Paris, 1885 [Nova ed. por Ghis-laine Géloin. Paris: L'Harmattan, 2003].

B. A favor

MELON, J.-F. Essai politique sur le commerce. Amsterdã, 1734 [Novas edições aumentadas em 1742 e 1761].

BELLON DE SAINT-QUENTIN, J. Dissertation sur la traite et le commerce des nègres. 2 vols. Paris, 1764.

HILLIARD D'AUBERTEUIL, M.-R. Considérations sur l'état présent de la colonie française de Saint-Domingue. 2 vols. Paris, 1776-1777.

PETIT, É. Traité du gouvernement des esclaves. 2 vols. Paris, 1777.

LE MERCIER DE LA RIVIÈRE, P.-P. Mémoires et textes inédits sur le gouver-nement économique des Antilles (1759-1778) [Ed. por Louis-Philippe May. Paris: Centre National de la Recherche Scientifique, 1978].

MALOUET, P.-V. Mémoire sur l'escla-vage des Nègres, dans lequel on discute des motifs proposés pour leur affran-chissement, ceux qui s'y opposent et les moyens praticables pour améliorer leur sort. Paris, 1788.

EDWARDS, B. The History, Civil and Commercial, of the British Colonies in the West Indies. Londres, 1793-1801.

MOREAU DE SAINT-MÉRY, M.-L.-É. Description topographique, phy-sique, civile, politique et historique de la pratique française de l'isle de Saint-Domingue. Filadélfia, 1797 [Nova ed., que retoma a ed. revista e completada em 1958, por Blanche Maurel e Étien-ne Taillemitte, com uma Introdução de Marcel Dorigny, uma Apresentação de Étienne Taillemitte e uma Bibliografia por Marcel Dorigny e Philippe Hrodje]. 3 vols. Saint-Denis: Societé Française d'Histoire d'Outre-mer, 2004.

VIREY, J.-J. Histoire naturelle du genre humain, ou recherches sur les princi-paux fondements physiques et moraux précédées d'un discours sur la nature des êtres organiques, et sur l'ensemble de leur physiologie. 2 vols. Paris, 1800 e 1801 [A esse texto acrescentou-se uma dissertação sobre o selvagem de Aveyron[24]].

BAUDRY DES LOZIÈRES, L.N. Les égarements du négrophilisme. 1 vol. Paris, 1° Germinal do ano X, março de 1802.

CARTEAU, F. Soirées bermudiennes, ou entretiens sur les événements qui ont opé-ré la ruine de la partie française de l'île de Saint-Domingue. Bordeaux, 1802.

DE SAINT-VENANT, B. Des colonies modernes sous la zone torride et parti-culièrement celle de Saint-Domingue. Paris, 1802.

DE GOBINEAU, A. Essai sur l'inéga-lité des races humaines. 4 vols. Paris, 1853-1855.

---

24. Trata-se de Victor de Aveyron – depar-tamento da França localizado na região Mi-di-Pyrénées –, que é o caso mais célebre de criança selvagem, capturada aos 9-10 anos, em 1800: tendo sido enviado para Paris, ele é entregue aos cuidados do Dr. Jean Itard que tenta sua reinserção social, mas foi incapaz de levá-lo a falar [N.T.].

2. Regulamentações francesa e espanhola sobre a escravidão (séculos XVII e XVIII)

A legislação relativa ao regime da escravatura nas colónias europeias deu lugar à promulgação de uma série de Codes Noirs (Códigos Negros), cuja análise histórica e jurídica raramente foi feita sob o ponto de vista científico, limitando-se a publicações aproximativas e quase sempre polémicas. O único estudo erudito, publicado até agora, incide sobre os "Códigos Negros Espanhóis". Mais abaixo, além dos principais artigos do Code Noir francês de 1685 com as suas variantes de 1724 para a Luisiana, apresentamos a Cédula Régia espanhola de 1789, síntese simplificada do chamado "Código Carolino" que, de fato, nunca chegou a ser aplicado.

A. O *Code Noir* (Código Negro) francês de 1685 e suas adaptações para a Luisiana

Preâmbulo

Luís, pela graça de Deus rei de França e de Navarra, a todos os presentes e vindouros, saudações. Como temos obrigação de cuidar igualmente de todos os povos que a divina providência colocou sob a nossa jurisdição, houvemos por bem fazer examinar em nossa presença os relatórios que foram enviados pelos oficiais de nossas ilhas da América; tendo sido informados da necessidade que têm de nossa autoridade e de nossa justiça para manter a disciplina da Igreja Católica, Apostólica e Romana, a fim de regular o que diz respeito ao estado e à qualidade dos escravos em nossas ditas ilhas, e desejando municiá-los nesse sentido e dar-lhes a conhecer que, embora habitem regiões infinitamente distantes de nossa residência habitual, estamos sempre a seu lado, não somente pela extensão de nosso poder, mas também pela prontidão de nossa determinação em socorrê-los em suas necessidades. Por essas causas, tendo

em conta o parecer de nosso conselho, além de nossa ciência certa, pleno poder e autoridade real, já dissemos, estatuímos e ordenamos, e agora dizemos, estatuímos e ordenamos, queremos e nos agrada o que segue[25].

Artigo 1 – Queremos e entendemos que o edito do falecido Rei de Gloriosa Memória, nosso honorabilíssimo senhor e pai, de 23 de abril de 1615, seja executado em nossas ilhas; procedendo desse modo, ordenamos a todos os nossos oficiais que expulsem de nossas ditas ilhas todos os judeus que estabeleceram aí a sua residência, aos quais, assim como aos inimigos declarados do nome cristão, ordenamos que deixem o território no prazo de três meses a contar do dia da publicação do presente, sob pena de confiscação de corpo e de bens.

Artigo 2 – Todos os escravos que estiverem nas nossas ilhas serão batizados e instruídos na religião católica, apostólica e romana. Ordenamos aos fazendeiros compradores de negros recém-chegados que, no prazo máximo de oito dias, avisem o governador e o intendente das ditas ilhas, sob pena de

multa a ser arbitrada, os quais darão as ordens necessárias para que eles sejam instruídos e batizados no tempo conveniente[26].

Artigo 3 – Proibimos o exercício público de qualquer outra confissão além da religião católica, apostólica e romana. Queremos que os transgressores sejam punidos como rebeldes e desobedientes às nossas ordens. Proibimos todas as assembleias para este fim, declaradas por nós como conventículos, ilícitos e sediciosos, submetidos à mesma pena que será aplicada também contra os senhores que as permitirem e tolerarem em relação a seus escravos.

Artigo 6 – Ordenamos a todos os nossos súditos, independentemente de sua categoria e condição, que observem os domingos e dias de festa, guardados por nossos súditos da religião católica, apostólica e romana.

Proibimos que trabalhem ou mandem trabalhar os seus escravos nos ditos dias, desde a hora de meia-noite até a meia-noite seguinte, no cultivo da terra, manufatura do açúcar e em todas as

---

25. A redação de um *Code Noir* para a Luisiana, em 1724, deu lugar à introdução de numerosas e significativas variantes do texto original de 1685, as quais são apresentadas em sua integralidade nas notas de rodapé, mais abaixo. Para a Luisiana, foi redigido este novo preâmbulo: "Luís, pela graça de Deus rei de França e de Navarra, a todos os presentes e vindouros, saudações. Considerando que os diretores da Companhia das Índias nos informaram de que a província e colónia de Luisiana está povoada por um número considerável de nossos súditos, os quais se servem de escravos negros para o cultivo das terras, julgamos que era de nossa autoridade e de nossa justiça, para a conservação dessa colónia, estabelecer uma lei e regras certas, a fim de manter nesse território a disciplina da Igreja Católica, Apostólica e Romana, e a fim de regular o que diz respeito ao estado e à qualidade dos escravos das ditas ilhas. E desejando municiá-los nesse sentido, damos a conhecer a nossos súditos que já criaram seus hábitos aí

e que hão de estabelecer-se no futuro que, embora habitem regiões infinitamente distantes, estamos sempre a seu lado pela extensão de nosso poder e pela nossa determinação em fornecer-lhes nosso apoio. Por essas causas e outras que nos impelem nesse sentido, tendo em conta o parecer de nosso conselho, e nossa ciência certa, pleno poder e autoridade real, já dissemos, estatuímos e ordenamos, e agora dizemos, estatuímos e ordenamos, queremos e nos agrada o que segue".

26. Este artigo foi substituído, no Código de 1724, pelo seguinte texto: "Todos os escravos que estiverem na nossa dita província serão instruídos na religião católica, apostólica e romana, e batizados. Ordenamos aos fazendeiros compradores de negros recém-chegados que mandem instruí-los e batizá-los no tempo conveniente, sob pena de multa a ser arbitrada. Ordenamos aos diretores gerais da dita Companhia e a todos os nossos oficiais que cumpram exatamente tal ordem".

outras tarefas, sob pena de multa e de punição a ser arbitrada contra os donos, e da confiscação tanto do açúcar quanto dos escravos que forem surpreendidos por nossos oficiais no trabalho[27].

Artigo 7 – Proibimos igualmente que eles mantenham o mercado dos negros e de qualquer outra mercadoria nos ditos dias, sob igual pena de confiscação das mercadorias que se encontrarem então no mercado, e de multa a ser arbitrada contra os comerciantes[28].

Artigo 8 – Declaramos nossos súditos que não professam a religião católica, apostólica e romana incapazes de contrair no futuro qualquer matrimônio válido. Declaramos bastardos os filhos que nascerem de tais uniões; queremos que sejam consideradas e reputadas, consideramo-las e reputamo-las como verdadeiros concubinatos[29].

Artigo 9 – Os homens livres que tiverem tido um ou vários filhos do concubinato com escravas, em companhia dos donos que tiverem permitido tais uniões, serão condenados individualmente a uma multa de 2.000 libras de açúcar e, se forem os donos da escrava da qual tiverem tido os ditos filhos, queremos, além da multa, que sejam privados da escrava e dos filhos, e que ela e eles sejam adjudicados ao hospital, sem nunca terem a possibilidade de ser alforriados. Não entendemos, todavia, que o presente artigo seja aplicado quando o homem livre – que não era casado com outra pessoa durante o concubinato com a sua escrava – vier a casar-se nas formas prescritas pela

Igreja com a dita escrava que, por este meio, será alforriada e os filhos hão de tornar-se livres e legítimos[30].

Artigo 11 – Proibimos de forma expressa os párocos de proceder aos casamentos de escravos, se eles não exibirem o consentimento dos donos. Proibimos também os donos de usar qualquer tipo de coerção sobre os escravos para se casarem contra a vontade.

Artigo 12 – Os filhos que nascerem de casamentos entre escravos serão escravos e pertencerão aos donos das escravas e não aos dos maridos, no caso em que o marido e a mulher não pertencerem ao mesmo dono.

Artigo 13 – Queremos que, se o marido escravo desposou uma mulher livre, os filhos, tanto meninos como meninas, seguem a condição da mãe e sejam livres como ela, não obstante a escravidão do pai; e queremos que, se o pai é livre e a mãe escrava, os filhos sejam igualmente escravos.

Artigo 14 – Os senhores estão obrigados a enterrar em terra santa, nos cemitérios destinados a esse fim, os seus escravos batizados. E, em relação aos que morrerem sem ter recebido o batismo, eles serão enterrados de noite, em um campo qualquer vizinho do lugar de seu falecimento.

Artigo 15 – Proibimos os escravos de carregar quaisquer armas ofensivas ou grandes bastões, sob pena de açoite e de confiscação das armas em proveito daquele que as tiver tomado, com exceção somente daqueles que são enviados à caça pelos senhores e que serão

portadores de seus bilhetes ou de suas marcas conhecidas.

Artigo 16 – Proibimos igualmente aos escravos pertencentes a diferentes donos que se reúnam de dia ou de noite sob pretexto de núpcias ou de outro motivo, seja na propriedade de um de seus donos ou em outro lugar, e menos ainda nos caminhos principais ou lugares afastados, sob pena de punição corporal que, no mínimo, será o açoite e o ferro em brasa em forma de flor-de-lis aplicado no ombro; e, em caso de frequentes recidivas e outras circunstâncias agravantes, eles poderão ser condenados à morte, o que deixamos ao arbítrio dos juízes. Ordenamos a todos os nossos súditos, embora não sejam oficiais, que persigam os contraventores a fim de prendê-los e conduzi-los à prisão mesmo que ainda não haja contra eles nenhum mandado.

Artigo 19 – Proibimos também expor à venda no mercado ou levar às casas particulares para vender qualquer espécie de gêneros alimentícios, inclusive frutas, legumes, lenha, ervas para alimento dos animais e suas manufaturas, sem permissão expressa de seus donos por um bilhete ou por marcas conhecidas; sob pena de reivindicação das coisas assim vendidas, sem restituição de valor para os senhores, e de 6 libras [cunhadas na cidade] de Tournoi de multa em proveito deles a ser paga pelos compradores[31].

Artigo 22 – Os donos serão obrigados a fornecer, semanalmente, para a alimentação dos escravos com idade de

---

27. No Código de 1724, este artigo 6 está formulado assim: "Ordenamos a todos os nossos súditos, independentemente de sua categoria e condição, que observem os domingos e dias de festa; eles estão proibidos de trabalhar e de mandar trabalhar seus escravos nos ditos dias, desde a hora de meia-noite até a meia-noite seguinte, no cultivo da terra e em todas as outras tarefas, sob pena de multa e de punição a ser arbitrada contra os donos, e da confiscação tanto do açúcar quanto dos escravos que forem surpreendidos pelos nossos oficiais no trabalho; no entanto, eles poderão enviar seus escravos para os mercados".

28. Artigo suprimido em 1724.

29. Artigo suprimido em 1724.

30. O Código de 1724 modificou consideravelmente as disposições relativas ao casamento, introduzindo considerações raciais inexistentes em 1685. A nova redação do que se tornava o artigo 6 instaurava uma verdadeira separação de "raças": "Proibimos a nossos súditos brancos do outro sexo que venham a contrair matrimônio com os negros, sob pena de punição e de multa a ser arbitrada; e a todos os párocos, pa-

dres ou missionários seculares ou regulares e, até mesmo, aos capelães dos navios, de efetuar tais casamentos. Proibimos também que nossos súditos brancos, e inclusive os negros alforriados ou nascidos livres, estejam em concubinato com escravas. Queremos que aqueles que tiverem tido um ou vários filhos de semelhante união, em companhia dos donos que tiverem permitido tais situações, sejam condenados individualmente a uma multa de trezentas libras. E se eles forem os donos da escrava da qual tiverem tido os ditos filhos, queremos que, além da multa, sejam privados tanto da escrava quanto dos filhos, e que eles sejam adjudicados ao hospital dos lugares sem nunca terem a possibilidade de ser alforriados. Não entendemos, todavia, que o presente artigo seja aplicado quando o negro, alforriado ou livre, que não era casado durante o concubinato com a sua escrava, vier a casar-se nas formas prescritas pela Igreja com a dita escrava que, por este meio, será alforriada e os filhos hão de tornar-se livres e legítimos".

31. Torna-se o artigo 15 do Código de 1724 e está redigido assim: "Proibimos aos escravos expor à venda no mercado ou levar nas ca-

dez anos e acima, dois jarros e meio, medida de Paris, de farinha de mandioca, ou três bolachas pesando cada uma, no mínimo, 2 libras e meia, ou coisas equivalentes, com duas libras de carne de boi salgada, ou 3 libras de peixe, ou outras coisas em proporção; e para as crianças, desde o desmame até a idade de dez anos, a metade dos víveres acima[32].

Artigo 24 – Proibimos igualmente que eles se desincumbam da alimentação e subsistência de seus escravos ao permitir que estes trabalhem algum dia da semana por sua conta.

Artigo 25 – Os donos serão obrigados a fornecer a cada escravo, anualmente, duas vestimentas de tecido ou quatro medidas [a medida equivale a um metro] de tecido, a critério dos donos[33].

Artigo 27 – Os escravos enfermos por velhice, doença ou outra forma, seja a doença incurável ou não, serão alimentados e mantidos pelos senhores e, no caso de terem sido abandonados por eles, os ditos escravos serão adjudicados ao hospital, ao qual os senhores serão condenados a pagar, diariamente, 6 soldos [o soldo equivale a um vigésimo da libra francesa] para a alimentação e a manutenção de cada escravo[34].

Artigo 28 – Declaramos que os escravos nada podem possuir, além de seus donos; e tudo o que obtiverem por seu trabalho ou pela liberalidade de outras pessoas, ou dito por outras palavras, o que, a qualquer título que seja, for adquirido em plena propriedade de seus senhores, sem que os filhos dos escravos, pais e mães, parentes e todos os outros possam pretender qualquer coisa por sucessão, disposições entre vivos ou por causa de morte; declaramos nulas essas disposições, inclusive todas as promessas e obrigações que tiverem feito, como se tivessem sido efetuadas por pessoas incapazes de dispor e de contratar por iniciativa própria.

Artigo 29 – No entanto, queremos que os donos sejam responsáveis pelo que os seus escravos tiverem feito por sua ordem, inclusive o que eles tiverem gerenciado ou negociado nas lojas, e em relação à espécie particular de comércio para a qual tiverem recebido o encargo dos donos, e no caso de seus donos não lhes terem dado nenhuma ordem, nem encargo, eles serão obrigados somente até o limite do que tiver resultado em seu lucro e, se os donos nada tiverem recebido como lucro, o pecúlio dos ditos escravos, por permissão dos donos, ser-lhes-á garantido, depois que os senhores tiverem deduzido por preferência o que acharem que lhes é devido; a não ser que o pecúlio tenha consistido, no todo ou em parte, em mercadorias, cujo comércio à parte teria sido permitido aos escravos, sobre as quais os seus donos terão direito somente por contribuição a um soldo por libra com os outros credores.

Artigo 30 – Os escravos não poderão ser providos de ofício, nem de comissão referentes a qualquer função pública, nem ser constituídos agentes por outros, além dos donos, para gerenciar e administrar qualquer negócio, nem ser árbitros, peritos ou testemunhas[35], em matéria tanto civil quanto criminal: e no caso de serem ouvidos em testemunho, o seu depoimento servirá apenas de relato para ajudar o esclarecimento dos juízes, sem que daí possa ser retirada qualquer presunção, nem conjuntura, tampouco subsídio de prova.

Artigo 31 – Os escravos tampouco poderão ser partes, nem estar [sic] em julgamento em matéria civil, seja como demandante ou réu, nem ser partes civis em matéria criminal, salvo em relação a seus donos que podem agir e defender em matéria civil, além de demandar em matéria criminal a reparação dos ultrajes e excessos que tiverem sido cometidos contra os seus escravos.

Artigo 32 – Os escravos poderão ser processados criminalmente, sem que seja necessário notificar os seus donos, [a não ser] em caso de cumplicidade: e os escravos serão acusados, julgados em primeira instância pelos juízes ordinários e por apelo ao Conselho soberano, de acordo com a instrução e as formalidades semelhantes às das pessoas livres[36].

Artigo 33 – O escravo que tiver espancado seu dono, sua dona ou o marido de sua dona, ou os filhos deles com contusão ou efusão de sangue, ou no rosto, será condenado à morte.

Artigo 35 – Os roubos qualificados, inclusive os de cavalos, éguas, jumentos,

---

sas particulares para vender qualquer espécie de gêneros alimentícios, inclusive frutas, legumes, lenha, ervas para alimento dos animais, ou qualquer espécie de grãos ou outras mercadorias, panos ou roupas, sem permissão expressa de seus senhores por um bilhete ou por marcas conhecidas, sob pena de reivindicação das coisas assim vendidas, sem restituição do valor pago pelos donos e de seis libras de multa em proveito deles a ser cobrado aos compradores em relação às frutas, legumes, lenha, ervas, forragens e grãos. Queremos que, em relação às mercadorias, panos ou roupas, os contraventores sejam condenados a mil e quinhentas libras de multa, às despesas, perdas e danos, e que eles sejam processados como receptadores".

32. Ao tornar-se o artigo 18 do Código de 1724, o texto sofreu a seguinte modificação: "Queremos que os oficiais de nosso conselho superior da Luisiana enviem seus pareceres sobre a quantidade de víveres e a qualidade da roupa mais conveniente a fornecer pelos senhores aos escravos; tais víveres devem ser fornecidos semanalmente, enquanto o fornecimento da roupa é anual, de modo que isso seja estatuído por nós; e entretanto permitimos que os ditos oficiais regulem por provisão os ditos víveres e a dita roupa. Proibimos que os donos dos ditos escravos deem qualquer espécie de aguardente no lugar da dita subsistência e roupa".

33. Artigo suprimido em 1724.

34. Ao tornar-se o artigo 21 do Código de 1724, sua última disposição foi modificada: "[...] ao qual os donos serão condenados a pagar, diariamente, oito soldos para a alimentação e a manutenção de cada escravo; em relação ao pagamento dessa soma, o hospital terá privilégio sobre as fazendas dos senhores, independentemente de quem seja o atual proprietário".

35. O fim do artigo, em 1724, é formulado assim: "Não poderão também ser testemunhas em matérias tanto civis quanto criminais, a menos que eles sejam necessários, e somente na falta de brancos; mas em nenhum caso poderão servir de testemunhas a favor ou contra os seus donos".

36. Acréscimo em 1724: "[...] com as exceções mais abaixo".

bois ou vacas, que tiverem sido feitos pelos escravos ou pelos alforriados, serão condenados a trabalhos forçados e, até mesmo, à morte, de acordo com a gravidade do caso.

Artigo 37[37]

Artigo 38 – O escravo fugitivo que estiver em fuga, durante um mês, a contar do dia em que o seu dono o tiver denunciado à justiça, terá as orelhas cortadas e receberá em um ombro o ferro em brasa com a marca da flor-de-lis; se ele reincidir outro mês, igualmente a partir do dia da denúncia, terá o jarrete cortado e receberá a marca da flor-de-lis no outro ombro; e, na terceira vez, será condenado à morte.

Artigo 39 – Os alforriados que tiverem dado refúgio em suas casas aos escravos fugitivos serão condenados a pagar aos donos a multa de 300 libras de açúcar para cada dia de retenção, e as outras pessoas livres que lhes tiverem dado semelhante refúgio terão de pagar uma multa de 10 libras de Tournoi para cada dia de retenção[38].

Artigo 40[39] – O escravo punido de morte por denúncia de seu dono não cúmplice do crime do qual ele tiver sido condenado, será avaliado antes da execução por dois dos principais habitantes da ilha, nomeados de ofício pelo juiz, e o preço da avaliação será pago ao dono; e, para satisfazê-lo, será imposta pelo intendente sobre cada cabeça de negro que paga os direitos a soma fixada pela avaliação, a qual será dividida igualmente a cada um dos ditos negros e retirada pelo arrendatário do domínio real para evitar custos.

Artigo 42 – Os donos são os únicos que, por julgarem que os seus escravos o merecem, podem mandar acorrentá-los e espancá-los com varas ou cordas. Proibimo-los que os torturem ou lhes façam qualquer mutilação de membros, sob pena de confiscação dos escravos e de processar os donos extraordinariamente[40].

Artigo 43 – Ordenamos que os nossos oficiais processem criminalmente os donos ou os capatazes que tiverem matado um escravo[41] que estava sob o seu poder ou sob as suas ordens, e sancionem o assassinato segundo a atrocidade das circunstâncias; e, em caso de haver lugar para a absolvição, permitimos que nossos oficiais absolvam tanto os donos quanto os capatazes, sem que haja necessidade de obter o nosso indulto.

Artigo 44 – Declaramos que os escravos são bens de natureza móvel e como tais fazem parte da comunidade, não são absolutamente sujeitos à hipoteca, são repartidos igualmente entre os coerdeiros, sem precípuo nem morgadio, não estão submetidos ao dote consuetudinário, à reivindicação feudal e de linhagem, aos direitos feudais e senhoriais, às formalidades dos decretos, nem à dedução dos quatro quintos em caso de disposição por causa de morte e testamentária.

Artigo 47 – O marido, a mulher e os seus filhos impúberes, se estiverem todos sob o poder do mesmo dono, não poderão ser penhorados nem vendidos separadamente; declaramos nulas as penhoras e vendas separadas que tiverem sido efetuadas; queremos que isso ocorra nas alienações voluntárias, sob pena, contra aqueles que fizerem as alienações, de serem privados daquele ou daqueles que tiverem guardado, que serão adjudicados aos adquirentes, sem que sejam obrigados a qualquer suplemento de valor.

Artigo 48 – Os escravos que trabalham atualmente nos engenhos de açúcar, nas fábricas de anil e nas fazendas, com idade de quatorze até sessenta anos, não poderão também ser penhorados por dívidas, a não ser para o que será devido pelo valor de sua compra, ou a não ser que o engenho de açúcar, a fábrica de anil e a fazenda em que eles trabalham sejam realmente penhorados; proíbimos, sob pena de nulidade, processar por penhora real e adjudicação por decreto sobre os engenhos de açúcar, as fábricas de anil e as fazendas, sem incluir os negros da idade sobredita e que trabalham atualmente.

Artigo 49 – O arrendatário judiciário dos engenhos de açúcar, das fábricas de anil ou das fazendas penhoradas realmente em conjunto com os escravos, será obrigado a pagar o valor total de seu arrendamento, sem que possa contar entre os frutos que recebe os filhos que vierem a nascer dos escravos durante o seu arrendamento.

---

37. No Código de 1724, um novo artigo foi inserido, aqui, com o n. 33: "Queremos que os escravos que tiverem incorrido nas penas de açoite, do ferro em brasa em forma de flor-de-lis aplicado no ombro e das orelhas cortadas sejam julgados, em última instância, pelos juízes ordinários e executados sem ser necessário que tais julgamentos sejam confirmados pelo Conselho Superior, não obstante o conteúdo do artigo 26 do presente documento, o qual só ocorrerá para os julgamentos que se referem à pena capital ou ao jarrete cortado".

38. Tornou-se o artigo 34, em 1724, sob esta forma: "Os alforriados ou negros livres que tiverem dado refúgio em suas casas aos escravos fugitivos serão condenados a pagar aos donos a multa de 300 libras de açúcar para cada dia de retenção, e as outras pessoas livres que lhes tiverem dado semelhante refúgio terão de pagar a multa de 10 libras de Tournoi para cada dia de retenção. Na falta de pagamento da multa pelos ditos negros alforriados e livres, eles serão escravizados e vendidos; e se o preço da venda ultrapassar a multa, o excesso será entregue ao hospital".

39. Em 1724, um novo artigo é inserido, aqui, com o n. 35: "Permitimos a nossos súditos do dito país, donos de escravos fugitivos em qualquer lugar que seja, que mandem buscá-los por pessoas e condições que julgarem oportunas, ou que procedam eles mesmos a tal busca, como lhes parecer melhor".

40. Artigo substituído no Código de 1724 por este artigo n. 38: "Proibimos também a todos os nossos súditos dos ditos países, independentemente de sua categoria e condição, de aplicar ou mandar aplicar por sua autoridade privada a tortura a seus escravos sob qualquer pretexto que seja, ou de lhes fazer ou mandar fazer qualquer mutilação de membros, sob pena de confiscação dos escravos e de serem processados extraordinariamente. Permitimo-lhes unicamente, ao julgarem que os escravos o merecem, que os acorrentem e os espanquem com varas ou cordas".

41. Acrescentado em 1724: "ou lhe tiverem mutilado os membros".

ATLAS DAS ESCRAVIDÕES **99**

Artigo 55 – Os donos com a idade de vinte anos poderão alforriar os seus escravos por todos os atos em vida ou por causa de morte, sem serem obrigados a justificar tal alforria, nem terem necessidade de solicitar a opinião dos pais, ainda que sua idade seja inferior a vinte e cinco anos[42].

Artigo 56 – Os escravos que tiverem sido considerados legatários universais por seus donos ou nomeados seus testamenteiros ou tutores de seus filhos, serão mantidos e reputados, nós os mantemos e reputamos como alforriados[43].

Artigo 57 – Declaramos que as suas alforrias efetuadas em nossas ilhas servem de lugar de nascimento em nossas ditas ilhas e os escravos alforriados não têm necessidade de nossas cartas de naturalidade para usufruir das vantagens de nossos súditos naturais de nosso reino, das terras e países de nossa obediência, ainda que eles tenham nascido em territórios estrangeiros[44].

Artigo 58 – Ordenamos que os alforriados tenham um respeito singular pelos ex-donos, pelas viúvas e pelos filhos deles, de modo que a injúria que lhes tiverem feito seja punida mais gravemente do que se ela tivesse sido feita a outra pessoa: declaramo-los, todavia, livres e absolvidos de todos os outros encargos, serviços e direitos úteis que os ex-donos pretendessem ter sobre suas pessoas ou sobre seus bens e sucessões enquanto patrões.

Artigo 59 – Concedemos aos alforriados os mesmos direitos, privilégios e imunidades de que usufruem as pessoas nascidas livres; queremos que o mérito de uma liberdade adquirida produza neles, tanto para as suas pessoas quanto para os seus bens, os mesmos efeitos que a felicidade da liberdade natural suscita aos outros que são nossos súditos[45].

Artigo 60 – Declaramos que as confiscações e as multas sem um destino particular, e que pelo presente documento pertencem a nós, sejam pagas àqueles que estão encarregados da coleta de nossos direitos e de nossas rendas; queremos, no entanto, que seja feita dedução do terço das ditas confiscações e multas em proveito do hospital[46] instalado na ilha em que elas tiverem sido adjudicadas. Assim ordenamos às nossas amadas e leais pessoas que mantêm o nosso Conselho Soberano estabelecido na Martinica, Guadalupe e Saint-Christophe[47], que mandem ler, publicar e registrar o presente documento, além de guardar e observar seu conteúdo em todos os pontos segundo a sua forma e o seu teor, sem contravir nem permitir que haja oposição de qualquer espécie e maneira que seja, não obstante todos os editos, declarações, decretos e usos, os quais já derrogamos e agora derrogamos pelo presente. Com efeito, esta é a nossa vontade; e a fim de que seja coisa firme e estável para todos, mandamos apor nele nosso selo. Dado em Versalhes no mês de março de mil seiscentos e oitenta e cinco, e no quadragésimo segundo ano de nosso reinado.

Assinado Luís.

E mais embaixo, Pelo Rei, Colbert. Visto, Le Tellier. *E selado com o grande selo de cera verde e laços de seda verde e vermelha*[48].

---

42. Ao tornar-se o n. 50, em 1724, este artigo é elaborado nos seguintes termos: "Os donos com idade de vinte anos poderão alforriar os seus escravos por todos os atos em vida ou por causa de morte. E, no entanto, como é possível encontrar donos bastante mercenários para negociar a liberdade de seus escravos, o que leva os ditos escravos ao roubo e ao banditismo, proibimos a todas as pessoas, independentemente de sua categoria e condição, alforriar os seus escravos sem ter obtido a permissão por decreto de nosso dito Conselho Superior. Tal permissão será concedida sem custos quando os motivos que tiverem sido expostos pelos senhores parecerem legítimos. Queremos que as alforrias que forem efetuadas no futuro sem essas permissões sejam nulas e que os alforriados não possam usufruir dela, nem serem reconhecidos como tais. Ordenamos, ao contrário, que eles sejam mantidos e reputados escravos; que os donos sejam privados deles e que eles sejam confiscados em proveito da Companhia das Índias".

43. Artigo que se tornou o n. 51 foi redigido assim: "Queremos, no entanto, que os escravos nomeados por seus donos enquanto tutores de seus filhos sejam mantidos e reputados, de modo que os mantemos e reputamos como alforriados".

44. Ao tornar-se o artigo 52 do Código de 1724, ele sofreu a seguinte modificação: "Declaramos que as suas alforrias efetuadas em nossas ilhas sirvam-lhes de lugar de nascimento em nossa dita província de Luisiana e os alforriados não têm necessidade de nossas cartas de naturalidade para usufruírem das vantagens de nossos súditos naturais de nosso reino, das terras e dos países de nossa obediência, ainda que eles tenham nascido em territórios estrangeiros. Declaramos, no entanto, que os ditos alforriados, em companhia com o negro livre, são incapazes de receber dos brancos qualquer doação entre vivos, por causa de morte ou de outra forma. Queremos que, no caso de lhes ter sido feita alguma doação, esta permaneça nula em relação a eles e seja aplicada em proveito do hospital mais próximo".

45. Tornado artigo 54 do Código de 1724, com esta especificação final suplementar: "tudo, no entanto, com as exceções que constam do artigo 52 dos presentes" (cf. nota 20).

46. Em proveito da Companhia das Índias no Código de 1724.

47. As referências às ilhas no artigo 60, que se tornou o 50 e último do Código de 1724, são substituídas unicamente por "Louisiane".

48. A datação e as assinaturas de 1724 estão formuladas assim: "Dado em Versalhes no mês de março do ano da graça de mil setecentos e vinte e quatro, e nono de nosso reinado. Assinado Luís. E mais embaixo, pelo rei, Phelypeaux. Visto, Fleuriau. Conferido no Conselho, Dodun. E selado com o grande selo de cera verde e laços de seda verde e vermelha".

B. A Ordenança Régia de 1789 para as colônias espanholas[49]

Cédula Régia relativa à educação, ao tratamento e às tarefas dos escravos.

Aranjuez, aos 31 de maio de 1789. "Cédula Régia de Sua Majestade relativa à educação, ao tratamento e às tarefas dos escravos em todos os seus domínios das Índias e das Ilhas Filipinas sob as regras que são indicadas, Madri, tipografia da Viuda de Ibarra, no ano de 1789. O rei. No Código das Leis de Partida e de outros *corpus* de leis de nossos reinos, na coletânea de leis destinadas às Índias, nas cédulas gerais e particulares comunicadas a nossos domínios da América desde o seu descobrimento, e nas ordenanças que, examinadas por nosso Conselho das Índias, mereceram nossa régia aprovação, está estabelecido, observado e respeitado constantemente o sistema de fazer com que os escravos sejam úteis, além de estar previsto o que se refere à sua educação, ao seu tratamento, assim como a ocupação que os seus donos devem dar-lhes, conforme os princípios e as regras ditadas pela religião, pela humanidade e pelo bem do Estado, compatíveis com a escravidão e a tranquilidade pública. No entanto, como é difícil para todos os nossos vassalos da América, possuidores de escravos, estarem suficientemente instruídos em todas as disposições das leis inseridas nas ditas coletâneas, e ainda mais nas cédulas gerais e particulares, e nas ordenanças municipais aprovadas para as diversas províncias; tendo presente que por esta causa, não obstante as recomendações de nossos augustos predecessores sobre a educação, o tratamento e a ocupação dos escravos, foram cometidos pelos donos e mordomos alguns abusos pouco convenientes e, até mesmo, opostos ao princípio da legislação e às outras providências gerais

e particulares tomadas nesse assunto; com o fim de remediar semelhantes desordens, e tendo em conta a liberdade para o comércio dos negros que concedemos a nossos vassalos pelo artigo 1º da Cédula Régia de vinte e oito de fevereiro passado, haverá um aumento considerável do número de escravos em ambas as Américas, merecendo nossa devida atenção esta classe de indivíduos do gênero humano: na expectativa de que, no Código Geral, em elaboração para os domínios das Índias, as leis correspondentes a esse importante objeto sejam estipuladas e promulgadas, decidimos que, por enquanto, seja observada pontualmente por todos os donos e proprietários de escravos desses domínios a seguinte instrução.

Capítulo I – Educação

Todos os proprietários de escravos, independentemente de sua categoria e condição, deverão instruí-los nos princípios da religião católica e nas verdades necessárias para que eles possam ser batizados no decorrer do primeiro ano de sua residência em nossos domínios, além de estarem vigilantes para que lhes seja ensinado o catecismo em todos os dias de festa de preceito, nos quais eles não serão obrigados a trabalhar para seus donos, nem lhes será permitido trabalhar por sua conta, exceto na estação da colheita de frutos, época em que é costume conceder licença para trabalhar nos dias festivos. Nestes e nos outros dias em que o dever religioso obriga a ouvir missa, os donos de *haciendas* deverão pagar um sacerdote para dizer-lhes a missa e, nos dias festivos, para ensinar-lhes o costume e administrar-lhes os santos sacramentos, seja por exigência do dever religioso, seja a pedido deles ou por terem necessidade disso; os donos estarão vigilantes igualmente para que,

em todos os dias da semana, depois de terem concluído o trabalho, os escravos recitem o rosário em sua presença, ou na presença de seu mordomo, com a maior compostura e devoção.

Capítulo II – Da alimentação e vestuário

Os donos de escravos contraem a obrigação constante de alimentá-los e vesti-los, assim como as suas mulheres e filhos, independentemente de serem da mesma condição ou já livres, até que possam ganhar por si com que prover a suas necessidades, o que segundo se presume estarão em condições de fazê-lo ao atingirem a idade de doze anos, para as meninas, e de catorze para os rapazes. E como é impossível, em razão da diversidade das províncias, climas, temperamentos e outras causas particulares, dar uma regra fixa sobre a quantidade e a qualidade dos alimentos, assim como sobre a espécie de roupas que lhes devem ser fornecidos: é previsto que, em relação a esses pontos, os oficiais de justiça do distrito das *haciendas* e, de acordo da municipalidade e após ter sido solicitada a opinião do procurador no exercício de sua função como protetor dos escravos, designem e determinem a quantidade e a qualidade das roupas e dos alimentos que, proporcionalmente, segundo a idade e o sexo, devem ser fornecidos aos escravos diariamente por seus donos, conforme o costume do território, ou seja, o que é dado comumente aos jornaleiros, e as roupas usadas pelos trabalhadores livres. Depois da aprovação do tribunal do distrito, este regulamento será fixado mensalmente nas portas tanto da prefeitura e das igrejas de cada povoado quanto dos oratórios e das capelas das fazendas, para que chegue ao conhecimento de todos, e ninguém possa alegar que o ignora.

---

49. LUCENA SALMORAL, 1996.

Capítulo III – Tarefas dos escravos

A primeira e principal ocupação dos escravos deve ser a agricultura e os outros labores do campo, e não os ofícios da vida sedentária; e assim, para que os donos e o Estado consigam a rentabilidade prevista de seus trabalhos, e para que eles os desempenhem como deve ser, os oficiais de justiça das cidades e aldeias, como é afirmado no capítulo precedente, fixarão as tarefas cotidianas dos escravos proporcionalmente a suas idades, forças e robustez: de forma que, estendendo-se a duração da jornada de trabalho desde o nascente ao poente do sol, eles tenham nesse lapso de tempo duas horas ao dia para a fabricação de objetos e a execução de tarefas, cujo benefício reverta a seu favor. Os donos ou mordomos não poderão obrigar a trabalhar por tarefas os indivíduos com idade acima de sessenta ou abaixo de dezessete anos, tampouco as mulheres, as quais não poderão ser utilizadas em trabalhos não conformes com o seu sexo, ou que as levem a misturar-se com os homens, de modo que não poderão ser jornaleiras; e em relação aos escravos utilizados para as tarefas domésticas, os donos hão de pagar anualmente os dois *pesos* previstos no capítulo VIII da Cédula Régia de vinte e oito de fevereiro último, já mencionada.

Capítulo IV – Diversões

Nos dias de festa de preceito, em que os donos não podem obrigar os escravos a trabalhar, nem permitir que trabalhem por conta própria, depois de terem ouvido missa e assistido à explicação da doutrina cristã, os donos, e em sua falta os mordomos, hão de tomar providências para que os escravos de suas *haciendas*, sem se misturarem aos de outras, e os homens separados das mulheres, se dediquem a diversões simples, as quais deverão ser presenciadas

pelos donos, ou mordomos, que estarão vigilantes para evitar os excessos de bebida e para interrompê-las antes do toque das vésperas.

Capítulo V – Dos quartos de dormir e da enfermaria

Todos os donos de escravos deverão dar quartos de dormir separados para os homens e para as mulheres não casados, confortáveis e com condições para protegê-los das intempéries, com colchões espessos, cobertores e da necessária roupa de cama; haverá um escravo por quarto, no máximo, dois, e os donos destinarão outra sala ou um quarto separado, devidamente protegido e confortável para os enfermos, aos quais os donos deverão garantir toda a assistência necessária; e se houver falta de lugar nas *haciendas* ou por estas serem vizinhas das cidades, os donos serão obrigados a levá-los para o hospital, devendo contribuir para a sua assistência de acordo com uma soma diária fixada pela justiça, nas condições previstas no capítulo II; a despesa com o enterro dos falecidos faz parte também das obrigações do dono.

Capítulo VI – Dos idosos e enfermos graves

Os escravos que, pela idade avançada ou por enfermidade, deixarem de estar em condições de trabalhar, assim como as crianças e os indivíduos de ambos os sexos que ainda não tenham atingido a maioridade, deverão ser alimentados pelos donos sem que estes possam conceder-lhes a liberdade para se desembaraçarem desse encargo, a não ser que lhes forneçam um pecúlio suficiente, aprovado pela justiça, após ter sido solicitada a opinião do respectivo procurador, para que possam satisfazer suas necessidades sem serem obrigados a recorrer a outro auxílio.

Capítulo VII – Casamento dos escravos

Os donos de escravos deverão evitar as relações ilícitas entre escravos e escravas, fomentando os matrimônios, sem impedir que haja casamentos com escravos pertencentes a outros donos; nesse caso, se as *haciendas* forem de tal modo distantes que eles não possam cumprir os deveres conjugais, a mulher acompanhará o marido, e o dono deste deverá comprá-la de acordo com o valor fixado pelos peritos nomeados pelas duas partes, e por um terceiro perito que, em caso de discórdia, será nomeado pela justiça; e se o dono do marido não estiver interessado por essa compra é o dono da mulher que comprará o marido.

Capítulo VIII – Obrigações dos escravos e penas corretivas

Considerando que os donos de escravos devem alimentá-los, instruí-los e utilizá-los em tarefas úteis e proporcionais a suas forças, idade e sexo, sem desamparar os que não tiverem atingido a maioridade, nem os idosos e enfermos, segue-se que os escravos têm a obrigação de obedecer e respeitar os seus donos e mordomos, desempenhar as tarefas e trabalhos que lhes forem atribuídos conforme a suas forças, e venerá-los como pais de família. Assim, aquele que descumprir alguma dessas obrigações poderá e deverá receber uma pena corretiva pelos excessos que tiver cometido, a qual ser-lhe-á infligida, seja pelo dono da *hacienda* ou por seu mordomo, em função da gravidade da falta, por omissão ou por excesso: as penas poderão ser a prisão, os grilhões, a corrente, a calceta ou o tronco, contanto que o indivíduo não fique de cabeça para baixo, ou as chicotadas, as quais não podem passar acima de vinte e cinco açoites e serão aplicadas com um instrumento flexível para não lhe causar contusão grave ou efusão de sangue; essas penas corretivas não poderão ser infligidas aos escravos por outras pessoas além de seus donos ou mordomos.

Capítulo IX – Da condenação a penas mais pesadas

Se os escravos tiverem cometido faltas por excesso ou omissão, ou delitos contra os donos, sua mulher ou filhos, seus mordomos ou qualquer outra pessoa, de tal modo que as penas corretivas, abordadas no capítulo precedente, não constituírem um castigo e exemplo suficientes, uma vez que o delinquente tenha sido reconhecido pelo dono ou pelo mordomo da *hacienda*, ou por uma pessoa presente na hora em que o delito tiver sido cometido, a vítima, ou o seu representante, deverá submeter o caso à justiça; depois de ter ouvido o dono do escravo, se porventura ele não abandona seus direitos sobre o escravo e não é parte civil na acusação, e em todos os casos com a assistência do procurador no exercício de sua função como protetor dos escravos, o processo será julgado de acordo com as disposições das leis, e o acusado condenado a pena correspondente à gravidade e às circunstâncias do delito; observar-se-á em tudo as disposições das leis sobre as causas dos delinquentes livres. Se o dono não abandona seus direitos sobre o escravo, e este for condenado a pagar perdas e danos a favor de um terceiro, o dono deverá responder por estes, sem prejuízo do castigo corporal que, segundo a gravidade do delito, o escravo delinquente deverá

sofrer, depois da aprovação do tribunal do distrito, no caso de se tratar de uma condenação à morte ou da mutilação de um membro.

Capítulo X – Omissões ou excessos dos donos ou mordomos

O dono de escravos ou o mordomo de uma *hacienda* que descumprir as disposições expostas nos capítulos desta instrução sobre a educação, alimentação, vestuário, moderação do trabalho e das tarefas, assistência a diversões honestas, atribuição de quartos de dormir e enfermaria, ou que abandonar os que não tiverem atingido a maioridade, idosos e enfermos, será condenado, na primeira vez, a multa de cinquenta *pesos*, na segunda, de cem e, na terceira, de duzentos; essas multas deverão ser pagas pelo dono, mesmo que o mordomo seja o único culpado, mas não tendo com que pagar, e o montante será dividido por três, um terço caberá ao autor da denúncia, um terço ao juiz e um terço à Caixa das Multas, a qual será abordada mais abaixo. E no caso em que essas multas não produzirem o devido efeito, e se verificar reincidência, o culpado será passível de outras penas mais pesadas, sancionando sua desobediência às nossas ordens régias, e tudo isso nos será comunicado com a devida justificativa a fim de que tomemos a providência apropriada. Se os donos ou mordomos forem culpados por infligir penas corretivas em excesso aos escravos, causando-lhes contusão grave, efusão de sangue ou mutilação de um membro, além de sofrerem as multas pecuniárias citadas, serão processados criminalmen-

te na instância do procurador: a causa será instruída em conformidade com a lei, e eles serão condenados a pena correspondente ao delito cometido, como se a vítima estivesse livre; o escravo será confiscado para ser vendido a outro dono se estiver apto para trabalhar, e o montante da venda será pago à Caixa das Multas; e se o escravo já não estiver em condições de ser vendido, ele não será devolvido ao dono, nem ao mordomo que lhe havia infligido um castigo excessivo, mas o dono deverá pagar a pensão diária fixada pela justiça para a sua manutenção e o seu vestuário durante o tempo restante de sua vida, e tal pagamento será por trimestre adiantado.

Capítulo XI – Dos que maltratam os escravos

Considerando que os donos e mordomos são os únicos que podem infligir penas corretivas aos escravos com a moderação prevista, qualquer outra pessoa, além do dono ou mordomo, não poderá maltratá-los, castigá-los, machucá-los, tampouco dar-lhes a morte sem se tornar passível das penas previstas pela lei para os que cometem semelhantes excessos ou delitos contra as pessoas de condição livre; a causa será instruída e julgada na instância do dono do escravo que tiver sido maltratado, castigado ou morto; em sua falta, ela será julgada de ofício na instância do procurador no exercício de sua função como protetor dos escravos; enquanto tal, este fará também sua intervenção no primeiro caso, mesmo que já exista uma parte civil. [...] Dada em Aranjuez aos trinta e um de maio de mil setecentos e oitenta e nove. Nós, o Rei.

3. Referências

ADVERTÊNCIA: Estas referências indicativas incluem, em particular, as obras em língua francesa, salvo no que diz respeito a estudos importantes, cujo equivalente não existe nesse idioma.

A. *As escravidões*

• Obras gerais

Annales (Les), número especial sobre as escravidões, 2008.

BEGOT, D. (dir.). *Guide de la recherche en histoire antillaise et guyanaise* – Guadeloupe, Martinique, Saint-Domingue, Guyanne. XVIIe-XXIe. 2 vols. Paris: Du CTHS, 2011.

BÉNOT, Y. *La modernité de l'esclavage* – Essai sur la servitude au cœur du capitalisme. Paris: La Découverte, 2003.

BRION DAVIS, D. *The Problem of Slavery in the Age of Revolution*. Ithaca: Cornell University Press, 1975.

DEBIEN, G. *Les esclaves aux antilles françaises*. Basse-Terre/Fort-de-France: Sociétés d'Histoire de la Guadeloupe et de la Martinique, 1974 [Nova ed., 2003].

DELACAMPAGNE, C. *Histoire de l'esclavage* – De l'Antiquité à nos jours. Paris: Livre de Poche, 2002 [Inédit Histoire].

GARNSEY, P. (1996). *Conceptions de l'esclavage d'Aristote à Saint Augustin*. Paris: Les Belles Lettres, 2005.

MEILLASSOUX, C. *Anthropologie de l'esclavage* – Le ventre de fer et d'argent. Paris: PUF, 1986.

RÉGENT, F. *La France et ses esclaves* – De la colonisation aux abolitions. Paris: Grasset, 2007.

ROTMAN, Y. *Les esclaves et l'esclavage de la Méditerranée médiévale (VIe-XIe)*. Paris: Les Belles Lettres, 2004.

SAUGERA, É. *Questions sur la traite et l'esclavage des Noirs*. Paris: Cairn, 2012.

• As escravidões na Antiguidade

BONDUE, D. *De servus à sclavus* – La fin de l'esclavage Antique (371-918). Paris: Presses de la Sorbonne, 2011.

FINLEY, Moses I (1980). *Esclavage antique et idéologie moderne*. Paris: De Minuit, 1981.

WALLON, H. *Histoire de l'esclavage dans l'Antiquité*. Paris, 1873 [Nova ed. Robert Laffont, 1988 [Bouquins]].

• A escravidão na Idade Média

BOTTE, R. *Esclavages et abolitions en terres d'Islam*. Bruxelas: André Versaille, 2010.

BOTTE, R. & STELLA, A. (dir.). *Couleurs de l'esclavage sur les deux rives de la Méditerranée* – Moyen Âge: XXe siècle. Paris: Karthala, 2012.

GUILLEN, F. & TRABELSI, S. (dir.). *Les esclavages en Méditerranée* – Espaces et dynamiques économiques. Madri: Cada Velázquez, 2012.

Medieval Mediterranean Slavery – Comparative Studies on the Slave Trade and Slavery in Muslin. Christian and Jewish Societies (8th-15th C.) [Disponível em http://med-slavery.uni-trier.de/minev/MedSlavery].

VERLINDEN, C. *L'Esclavage dans l'Europe médiévale* – Tomo 1: *Péninsule Ibérique, France*. Bruges: De Tempel, 1955. • Tomo 2: *Italie, colonies italiennes du Levant* – Levant latin, Empire Byzantin. Gand: Rijksuniversiteit, 1977.

• A escravidão no Sudeste Asiático

CONDOMINAS, G. (dir.). *Formes extrêmes de dépendance* – Contributions à l'étude de l'esclavage en Asie du Sud-Est. Paris: L'Ehess, 1998.

• Os tráficos de escravos

Bordeaux au XVIIIe siècle – Le commerce atlantique et l'esclavage. Bordeaux: Le Festin/Musée d'Aquitaine, 2010.

CURTIN, P.D. *The Atlantic Slave Trade, a Census*. Madison: The University Press of Wisconsin, 1969.

DAGET, S. *Répertoire des expéditions négrières françaises à la traite illégale (1814-1850)*. Nantes: Centre de Recherches sur l'Histoire du Monde Atlantique (CRHMA). Université de Nantes/Comité Nantais d'Études en Sciences Humaines, 1988.

DAGET, S. & RENAULT, F. *Les traites négrières en Afrique*. Paris: Karthala, 1985.

DORIGNY, M. & ZINS, M.-J. (dir.). *Les traites négrières coloniales*. Paris: Cercle d'Art, 2009 [Obra que inclui uma importante iconografia].

HEERS, J. *Négriers en terre d'Islam, la première traite des Noirs, VIIe-XVe siècles*. Paris: Perrin, 2008 [Tempus].

METTAS, J. & DAGET, S. *Répertoire des expéditions négrières françaises au XVIIIe siècle*. 2 vols. Paris: Société Française d'Histoire d'Outre-mer, 1978.

PÉTRÉ-GRENOUILLEAU, O. *Dictionnaire des Esclavages*. Paris: Larousse, 2010.

_____. *Les traites négrières* – Essai d'histoire globale. Paris: Gallimard, 2005.

THOMAS, H. *La Traite des Noirs –* Histoire du commerce d'esclaves transatlantique (1440-1870). Paris: Robert Laffont, 2006 [Bouquins] [Original: *The Slave Trade:* The History of the Atlantic Slave Trade (1440-1870). Nova York: Simon and Shuster, 1997].

• Os tráficos de escravos no Oriente

AUSTEN, R.A. "The Trans-Saharan Slave Trade: a Tentative Census". In: GEMERY, H.A. & HOGENDORN, J.S. *The Uncommon Market:* Essays in the Economic History of the Atlantic Slave Trade. Nova York: Academic Press, 1979.

RENAULT, F. *La traite des Noirs au Proche-orient médiéval, VIIe-XIVe siècle.* Paris: Geuthner, 1989.

• Os tráficos de escravos na África

DEVEAU, J.-M. *L'Or et les esclaves –* Histoire des forts du Ghana du XVIe au XVIIIe siècle. Paris: Karthala/Unesco, 2005.

• As sociedades escravagistas

CÉLIMÈNE, F. & LEGRIS, A. *L'Économie de l'esclavage colonial, enquête et bilan du XVIIe au XIXe.* Paris: CNRS, 2002.

FALLOPE, J. *Esclaves et citoyens –* Les Noirs de la Guadeloupe au XIXe siècle dans le processus de résistance et d'intégration (1802-1910). Basse-Terre: Société d'Histoire de la Guadeloupe, 1992.

GAUTIER, A. *Les sœurs de solitude –* Les femmes dans le système esclavagiste. Paris: Caribéennes, 1985 [Nova ed., PUR, 2010].

WILLIAM, É. *Esclavage et capitalisme.* Paris: Présence Africaine, 1968.

• As resistências à escravidão

FOUCHARD, J. *Les marrons de la liberté.* Port-au-Prince: Deschamps, 1998.

PRICE, R. *Maroon Societies –* Rebel Slave Communities in the Americas. 2. ed. Baltimore: The John Hopkins University Press, 1979.

• O abolicionismo

DORIGNY, M. & GAINOT, B. *La Société des Amis des Noirs. 1788-1799 –* Contributions à l'histoire de l'abolition de l'esclavage. Paris: Unesco, 1998.

DUCHET, M. *Anthropologie et histoire au Siècle des Lumières.* Paris: Albin Michel, 1971 [Nova ed. em formato de bolso em 1995].

ERHARD, J. *Lumières et esclavage –* L'esclavage colonial et la formation de l'opinion publique en France au XVIIIe siècle. Bruxelas: André Versaille, 2008.

JENNINGS, L.C. *La France et l'abolition de l'esclavage (1802-1848).* Bruxelas: André Versaille, 2010.

SCHMIDT, N. *Les abolitions de l'esclavage, trois siècles de combat.* Paris: Fayard, 2008.

_____. *Victor Schœlcher.* Paris: Fayard, 1995.

B. As abolições e as sociedades pós-escravagistas
• Obras gerais

BÉNOT, Y. *La révolution et la fin des colonies.* Paris: La Découverte, 1987 [Nova ed. em formato de bolso em 2001].

_____. *La démence coloniale sous Napoléon.* Paris: La Découverte, 1992 [Nova ed. em formato de bolso em 2006. Prefácio de Marcel Dorigny].

BÉNOT, Y. & DORIGNY, M. (dir.). *1802: rétablissement de l'esclavage dans les colonies françaises –* Aux origines d'Haïti. Paris: Maisonneuve et Larose, 2003.

BLANCPAIN, F. *Étienne Polverel.* Rennes: Les Perséides, 2010.

DORIGNY, M. (dir.). *Les abolitions de l'esclavage –* De L.F. Sonthonax à

V. Schœlcher, 1793-1794-1848. Paris: Unesco/Presses Universitaires de Vincennes, 1995 [Nova ed., 1998].

VIDAL, C. (dir.). "L'Atlantique français". *Outre-Mers –* Revue d'Histoire, vol. 97, n. 362-363, 2009, p. 7-139.

• Saint-Domingue – Haiti

DE CAUNA, J. *Toussaint Louverture –* Le Grand Précurseur. Bordeaux: Sud-Ouest, 2012.

DORIGNY, M. (dir.). *Léger-Félicité Sonthonax: la première abolition de l'esclavage –* La Révolution Française et la révolution de Saint-Domingue. Paris: Société Française d'Histoire d'Outre-mer/Association pour l'Étude de la Colonisation Européenne, 1997 [Nova ed. aumentada, 2005].

HURBON, L. (dir.). *L'Insurrection des esclaves de Saint-Domingue, 22-23/08/1791.* Paris: Karthala, 2000.

• Cuba

RENAULT, A. *D'une île rebelle à une île fidèle. Les Français de Santiago de Cuba (1791-1825).* Rouen: Publications des universités de Rouen et du Havre, 2012.

YACOU, A. *Essor des plantations et subversion anti-esclavagiste à Cuba (1791-1845).* Paris/Pointe-à-Pitre: Karthala-Cerc, 2010.

_____. *La longue guerre des marrons de Cuba (1796-1852).* Paris/Pointe-à-Pitre: Karthala-Cerc, 2009.

• Antilhas e Guiana Francesas

ADÉLAÏDE-MERLANDE, J. *La Caraïbe et la Guyane au temps de la Révolution et de l'Empire.* Paris: Karthala, 1992.

BÉNOT, Y. *La Guyane sous la Révolution ou l'impasse de la révolution pacifique.* Kourou: Ibis Rouge, 1997.

ÉLISABETH, L. *L'Abolition de l'esclavage à la Martinique.* Fort-de-France: Société d'Histoire de la Martinique, 1983.

• As ilhas da Reunião e Maurício

FUMA, S. *L'Abolition de l'esclavage à la réunion*. Saint-André: Océan, 1998.

NOËL, K. *L'Esclavage à l'Isle de France (Île Maurice) de 1715 à 1810*. Paris: Two Cities, 1991.

• Antilhas Britânicas

CAMPBELL, M.C. *The Maroons of Jamaica, 1655-1796* – A History of Resistance, Collaboration and Betrayal. Massachusetts: Bergin and Garvey, 1988.

CRATON, M. et al. *Slavery Abolition and Emancipation* – Black Slaves and the British Empire. Londres/Nova York: Longman, 1976.

• Brasil

ALONSO, A. "O abolicionismo como movimento social". *Novos Estudos* – Cebrap, n. 100, nov./2014, p. 115-127. São Paulo [Disponível em https://dx.oi.org/10.1590/S0101-33002014000300007].

BARROS, J.d'A. *A construção social da cor* – Diferença e desigualdade na formação da sociedade brasileira. Petrópolis: Vozes, 2009.

BETHELL, L. & CARVALHO, J.M. "Joaquim Nabuco e os abolicionistas britânicos – Correspondência, 1880-1905. *Estudos Avançados*, vol. 23, n. 65, 2009, p. 207-229. São Paulo [Disponível em https://dx.doi.org/10.1590/S0103-40142009000100015].

"Brésil colonial – Économie de la traite et résistance servile". *Annales Histoire, Sciences Sociales*, mar.-abr./2006 [num esp.]. Paris: Ehess/Armand Colin.

CARDOSO, C.F. *Agricultura, escravidão e capitalismo*. Petrópolis: Vozes, 1982.

CARREIRA, A. *As companhias pombalinas de navegação, comércio e tráfico de escravos*. Porto, 1969 [Companhias

de monopólio brasileiras organizadas na época do Marquês de Pombal].

COMPARATO, F.K. "Brasil: a dialética da dissimulação". *Cadernos IHU Ideias*, ano 14, n. 239, vol. 14, 2016. São Leopoldo: Universidade do Vale do Rio dos Sinos/Instituto Humanitas Unisinos, 2016 [Disponível em https://pt.scribd.com/doc/316657483/Cadernos-IHU-239].

CONRAD, R.C. *Os últimos anos da escravatura no Brasil (1850-1888)* [*The Destruction of Brazilian Slavery, 1850-1888*]. Rio de Janeiro/Brasília: Civilização Brasileira/Instituto Nacional do Livro, 1975 [Retratos do Brasil, 90].

COSTA E SILVA, A. *Um rio chamado Atlântico* – A África no Brasil e o Brasil na África. Rio de Janeiro: Nova Fronteira, 2003.

DAFLON, R. "O Porto Maravilha é negro: construído na região que abrigou o maior porto negreiro das Américas; projeto da prefeitura 'lembra pra esquecer' essa herança; debaixo da atração turística há milhares de ossos de escravos traficados, dizem especialistas". *Agência – Pública – de Reportagem e Jornalismo Investigativo*, 19/07/2016 [Disponível em http://apublica.org/2016/07/o-porto-maravilha-e-negro/ [Incluindo "Animação – O tráfico de negros escravizados para o Rio de Janeiro (1597-1859)"]].

DEL PRIORE, M. & VENÂNCIO, R.P. *Ancestrais*: uma introdução à história da África atlântica. Rio de Janeiro: Campus, 2004.

FERNANDES, F. *A integração do negro na sociedade de classes*. 2 vols. São Paulo: Universidade de São Paulo [Ciências Sociais Dominus, 3] [Vol. I: *O legado da "raça branca"*; Vol. II: No limiar de uma nova era, 1965].

GELEDÉS – Instituto da Mulher Negra fundado em 1988 [Disponível em http://www.geledes.org.br/geledes-missao-institucional e http://www.geledes.org.br/geledes-missao-institucional/#ixzz4FEShGtrl].

GILROY, P. *O Atlântico Negro*: modernidade e dupla consciência. Rio de Ja-

neiro: Ed. 34/Centro de Estudos Afro-asiáticos/Ucam, 2001.

GORENDER, J. *O escravismo colonial*. 5. ed. rev. e ampl. São Paulo: Ática, 1988.

HÉBRARD, J. *Brésil*: quatre siècles d'esclavage. Paris: Karthala, 2012.

História do negro no Brasil (Para uma) – Catálogo da exposição realizada na Biblioteca Nacional de 9 de maio a 30 de junho de 1988. Rio de Janeiro: Biblioteca Nacional, 1988 [Disponível em http://objdigital.bn.br/acervo_digital_div_iconografia/icon1104317/icon1104317.pdf].

Imprensa e abolição da escravidão [Disponível em http://www.ibamendes.com/2011/05/imprensa-e-abolicao-da-escravidao.html].

LOPES, N. *Enciclopédia Brasileira da Diáspora Africana*. São Paulo: Selo Negro, 2004.

MACHADO, H.F. "Imprensa e escravidão: a abolição nos impressos do Rio de Janeiro". Vol. 1, p. 453-473. In: CURY, C.E.; GALVES, M.C. & FARIA, R.H.M. (orgs.). *O império do Brasil*: educação, impressos e confrontos sociopolíticos. São Luiz: Uema, 2015.

MATTOSO, K.M.Q. *Ser escravo no Brasil*: séculos XVI-XIX. Petrópolis: Vozes, 2016 [trad. da 2. ed. francesa. Paris: L'Harmattan, 1995 [Col. "Horizons Amériques Latines"].

MOURA, C. (org.). *Dicionário da Escravidão Negra no Brasil*. São Paulo: Universidade de São Paulo, 2004.

NEGRO, A.L. "As greves escravas, entre silêncios e esquecimentos". *Outras Palavras*, 14/07/2016 [Disponível em http://www.ihu.unisinos.br/noticias/557777-as-greves-escravas-entre-silencios-e-esquecimentos].

SALLES, R. "Nabuco, os ingleses e a abolição". *Afro-Ásia*, n. 42, 2010, p. 241-252. Salvador: Ufba [Resenha de BETHELL, L. & CARVALHO, J.M. *Joaquim Nabuco e os abolicionistas britânicos (correspondência 1880-1905)*. Rio de Janeiro: Topbooks, 2008. • ROCHA, A.P. *Abolicionistas brasileiros e ingleses* – A coligação entre Joaquim

Nabuco e a British and Foreign AntiSlavery Society (1880-1902). São Paulo: Unesp, 2009 [Disponível em http://www.afroasia.ufba.br/pdf/AA_42_RSalles.pdf]].

SILVA JR., C. "Mapeando o tráfico transatlântico de escravos". *Afro-Ásia*, n. 45, 2012, p. 179-184. Salvador: Ufba [Resenha de ELTIS, D. & RICHARDSON, D. *Atlas of the Transatlantic Slave Trade*. New Haven/Londres: Yale University Press, 2010 [Disponível em http://dx.doi.org/10.1590/S0002-05912012000100008]].

VELOSO, G.P. *A lenta, gradual e discriminatória política de liberdade para escravos no Brasil*: o parlamento brasileiro. Centro de Formação, Treinamento e Aperfeiçoamento (Cefor), da Câmara dos Deputados/Curso de Especialização em Instituições e Processos Políticos do Legislativo, 2008 [Monografia (especialização)] [Disponível em http://www2.camara.leg.br/responsabilidade-social/edulegislativa/educacao-legislativa-1/posgraduacao arquivos/publicacoes/banco-de-monografias/ip-2a-edicao/Graziela PontesVelosomonografiacursoIP2ed.pdf].

• **Estados Unidos da América**

FOHLEN, C. *Histoire de l'esclavage aux États-Unis*. Paris: Perrin, 1998.

GENOVESE, E. *L'Économie politique de l'esclavage* – Essais sur l'économie et la société du Sud esclavagiste. Paris: Maspéro, 1968.

THOREAU, H.D. *A Plea for Captain John Brown* [Conferência proferida em Concord, Massachusetts, no final da tarde de domingo, em 30/10/1859 (duas semanas depois do ataque de John Brown ao arsenal de Harpers Ferry)] [Disponível em http://www.transcendentalists.com/thoreau_plea_john_brown.htm].

• **As formas contemporâneas da escravidão**

DEVEAU, J.-M. *Le retour de l'esclavage au XXIe siècle*. Paris: Karthala, 2010.

"Esclavage moderne ou modernité de l'esclavage". *Cahiers d'Études Africaines*, n. 179-180, 2005. Paris: Ehess, 2005.

Travail non protégé, exploitation invisible: la traite à des fins de servitude domestique [Título original: *Unprotected Work: Invisible Exploitation* – Trafficking for the Purpose of Domestic Servitude] [Relatório da X Conferência da Alliance contre la Traite des Personnes (Aliança contra o Tráfico de Pessoas), em Viena, 17-18/06/2010 – Bureau da representante especial e coordenadora para a luta contra o tráfico de seres humanos]. Viena: Osce, 2012 [Disponível em http://www.osce.org/fr/secretariat/97443?download=true].

C. Outros títulos citados no livro

Abolições da escravidão e dos direitos humanos (A rota das) [Projeto internacional da "Rota do escravo" apoiado pela ONU e pela Unesco] [Disponível em http://pt.abolitions.org/].

Abolition de l'esclavage [Jornada de Comemoração da Abolição da Escravatura]. Bibliografia seletiva. Bibliothèque Nationale de France, mai./2006 [Disponível em www.bnf.fr/documents/biblio_abolition_esclavage.rtf].

Abolitions de l'esclavage: la longue marche (Les). Paris: Centre National de Documentation Pédagogique. Col. TDC (Textes et Documents pour la Classe), nov./1993 [Revisão feita pelo Bureau de Estatísticas do BIT. Genebra, 2002].

ADÉLAÏDE-MERLANDE, J.; BÉLÉNUS, R. & RÉGENT, F. *La Rébellion de la Guadeloupe, 1801-1802*. Gourbeyre: Archives Départementales de la Guadeloupe, 2002.

AGOSTINHO (Santo). *A Cidade de DEUS (contra os pagãos)*. Petrópolis: Vozes, 2013 [Parte I, 14. ed.; Parte II, 8. ed.].

AKINJOGBIN, I.A. *Dahomey and its Neighbours (1708-1818)*. Cambridge: Cambridge University Press, 1967.

Anais de História de Além-mar [Publicação anual, editada a partir de 2000, visando divulgar trabalhos científicos sobre a expansão portuguesa, desde as primeiras "grandes navegações" (século XV) até ao final do "Império Ultramarino" (século XX), no seu enquadramento histórico, contemplando a comparação com fenômenos paralelos e as articulações entre as histórias e as sociedades dos espaços envolvidos] [Disponível em http://cham.fcsh.unl.pt/ext/pages/publicacoes_anais.htm].

Anti-Slavery International [Relatório sobre o trabalho forçado no mundo, 2002]. Genebra: Bulletin du Bureau International du Travail, 2010 [Disponível em http://www.antislavery.org/].

ARISTÓTELES. *Política*. 3. ed. Brasília: Unb, 1997 [Tradução do grego, introdução e notas do Prof. Mário da Gama Kury].

BEAUVOIS, F. *Indemniser les planteurs pour abolir l'esclavage?* Paris: Dalloz, 2013.

BELLIN, J.-N. *Le petit atlas maritime, recueil de cartes et plans des quatre parties du monde*. 5 vols., 1764 [Cf. LESCOT JR. E., 2004].

BÉNOT, Y. & DORIGNY, M. *1848, le printemps des peuples abolit l'esclavage*. Palaiseau: Comité Palaisien pour la Célébration du Bicentenaire de la Révolution Française, 1998.

BERLIN, I. & HARRIS, L. (dir.). *Slavery in New York* – New York Historical Society. Nova York: The New Press, 2005.

BERNET, J. "Les fêtes révolutionnaires célébrant la première abolition de l'esclavage en Champagne et à Auxerre en l'an II (1794)". *Fêtes et jeux entre Saône et Meuse* – Bourgogne, Champagne et régions adjacentes. Société Historique et Archéologique de Langres, 2003, p. 175-187.

_____. "Provins et Montereau fêtent l'abolition de l'esclavage (février 1794)". *Annales Historiques de la Révolution Française* – Révolutions aux colonies, n. 293-294, jul.-dez. 1993, p. 511-513.

BOURDIN, P. & CHAPPEY, J.-L. (dir.). *Révoltes et révolutions en Europe et aux Amériques (1773-1804)*. Paris: Sedes, 2004.

BURGE, W. *Negro Slavery*. HC Deb, 15/04/1831 [Disponível em http://hansard.millbanksystems.com/commons/1831/apr/15/negro-slavery#S3V0003P0_18310415_HOC_52].

BOURGEOIS DE BOYNES, P.-E. *Journal inédit (1765-1766)* suivi du *Mémoire remis par le duc de Choiseul au roi Louis XV (1765)*. Paris: Honoré Champion, 2008.

BRENOT, A.-M. *El rancheador* – Journal d'un Chasseur d'Esclaves: Cuba, 1837-1842. Paris: Tallandier, 2008.

BURGE, William. *Negro Slavery*. HC Deb 15 April 1831 [Disponível em http://hansard.millbanksystems.com/commons#1831/apr/15/negro-slavery#S3V0003P0_18310415_HOC_52].

CAPELA, J. & MEDEIROS, E. *O tráfico de escravos de Moçambique para as ilhas do Índico, 1720-1902*. Maputo: Núcleo Editorial da Universidade Eduardo Mondlane, 1987 [Coleção "Moçambique e a sua História", 3].

CARITA, R. *História da Madeira (1420-1560)* – Povoamento e produção açucareira. Funchal: Secretaria Regional da Educação, Juventude e Emprego, 1989.

CAROTENUTO, A. *Les resistances serviles dans la société coloniale de l'île Bourbon (1750-1848)*. Aix-en-Provence, out./2006 [Tese de doutorado].

CHEVALIER DE JAUCOURT. "Planteur", verbete in *Encyclopédie ou Dictionnaire Raisonné des Lettres, des Sciences et des Arts*, tomo 12.

CHOISEUL. Cf. BOURGEOIS DE BOYNES, P.-E.

CIRESC (Centre International de Recherches sur les Esclavages) [Disponível em http://www.esclavages.cnrs.fr/spip.php?rubrique1].

COHEN, W. "Thomas Jefferson e o problema da escravidão". *Estudos Avançados* – Liberalismo e escravi-

dão: teoria e história, vol. 14, n. 38, jan.-abr./2000, p. 151-180. São Paulo [Disponível em http://www.scielo.br/scielo.php?script=sci_arttext&pid=S0103-40142000000100008#not20].

Comité contre l'esclavage moderne – Relatório, 2011 [Disponível em http://www.esclavagemoderne.org/].

CONDORCET, N.C. [Marquis de]. *Réflexions sur l'esclavage des nègres*. Neufchâtel: La Société Typographique, 1781.

Convenção sobre a Escravatura, assinada em Genebra, em 25/09/1926 [Disponível em http://pfdc.pgr.mpf.mp.br/atuacao-e-conteudos-de-apoio/legislacao/trabalho-escravo/convencao_escravatura_genebra_1926.pdf].

COTTIAS, M. *La famille antillaise du XVIIe au XIXe: aspects anthropologiques et démographiques* – Enracinements créoles. Paris: Ehess, 1990 [Tese de doutorado].

COUILLOUD, M.-T. (dir.). *Délos, colonie Athénienne*. Paris: De Boccard (Bibliothèque des Écoles françaises d'Athènes et de Rome), 1987 [Nova impressão aumentada da tese homônima de Pierre Roussel, defendida em 1916, com complementos bibliográficos e concordâncias epigráficas].

CROUIN, C. "Étude scénographique des fêtes en faveur de l'abolition de l'esclavage en France (février-juillet 1794)". *Annales Historiques de la Révolution Française*, n, 339, jan.-mar./2005, p. 55-77.

DAGET, S. *La Traite des Noirs*. Rennes: Ouest-France Université, 1990.

DALRYMPLE, A. *L'Île de France vers 1755* [Île de France é atualmente a Ilha Maurício].

DAVIS, R.C. *Esclaves chrétiens, maîtres musulmans:* l'esclavage blanc en Méditerranée (1500-1800). Paris: Jacqueline Chambon, 2006 [Traduzido do inglês por M. Tricoteaux].

DEBIEN, G. "Les origines des esclaves aux Antilles". *Bulletin de l'Ifan*, série B, t. 29, n. 3-4, 1967, p. 536-558.

_____. *Les colons de Saint-Domingue et la révolution* – Essai sur le club Massiac, 1789-1792. Paris: Armand Colin, 1953.

DE CAUNA, J. "Les comptes de la sucrerie Fleuriau : analyse de la rentabilité d'une plantation de Saint-Domingue au XVIIIe siècle". Bordeaux: Paul Butel, 1992, p. 143-156 [Texto publicado nas Atas do Colóquio Internacional Commerce et plantation dans la Caraïbe aux XVIIIe et XIXe siècles. Centre d'Histoire des Espaces Atlantiques et Maison des Pays Ibériques, GDR 0879 do CNRS].

DEW, T.R. "Abolition of Negro Slavery". *Review of the Debate in the Virginia Legislature of 1831 and 1832*, 1832.

Dictionnaire Universel de Commerce – Contenant tout ce qui concerne le commerce qui se fait dans les quatre parties du monde, par terre, par mer, de proche en proche, & par des voyages de long cours, tant en gros qu'en détail: l'explication de tous les termes qui ont rapport au négoce... les édits, déclarations, ordonnances, arrests, et reglemens donnés en matière de commerce. 4 vols. Amsterdã: Chez les Jansons, à Waesberge, 1726-1732.

DORIGNY, M. *Révoltes et révolution en Europe et aux Amériques (1773-1802)*. Paris: Belin, 2004.

DRESCHER, S. *Capitalism and Anti-Slavery* – British Mobilization in Comparative Perspective. Oxford: Oxford University Press, 1987.

DU TERTRE, J.-B. *Histoire générale des Antilles habitées par les François* – Divisée en deux tomes, Et enrichie de cartes & de figures. Paris: Thomas Jolly, 1667-1671.

ELTIS, D. & RICHARDSON, D. (eds.). *Extending the Frontiers:* Essays on the New Transatlantic Slave Trade Database. New Haven: Yale University Press, 2008.

ELTIS, D.; RICHARDSON, D.; BEHRENDT, S. D.; RICHARDSON, D. & KLEIN, H.S. *The Trans-Atlantic Slave Trade:* A Database on CD-Rom.

Cambridge: Cambridge University Press, 1998.

EMMER, P.C. "A *Spirit of Independence* an lack of education for the market? – Freedmen and Asian indentured labourer in Post-emancipation Caribbean, 1834-1917". In: L'immigration Indienne en Guadeloupe et dans la Caraïbe au XIXe siècle. *Bulletin de la Société d'Histoire de la Guadeloupe*, n. 138-139, 2004, p. 79-95 [Atas do Colóquio Internacional de Saint-Claude, 19-20/11/2004].

_____. "Mythe et réalité: la migration des Indiens dans la Caraïbe de 1839 à 1917". *Revue Française d'Histoire d'Outre-mers*, t. 89, n. 336-337, 2002, p. 111-129.

EMMER, P.C. (ed.). *Colonialism and Migration:* Indentured Labour Before and After Slavery. Dordrecht: Martinus Nijhoff, 1986.

Encyclopédie, ou Dictionnaire Raisonné des Sciences, des Arts et des Métiers (sob a dir. de DIDEROT & D'ALEMBERT), 35 vols. Paris, 1751-1772.

FAKAMBI, J. *Routes des esclaves au Bénin (ex-Dahomey) dans une approche régionale.* Ouidah: Musée d'Histoire de Ouidah, 1992.

FALLOPE, J. *Esclaves et citoyens:* les Noirs à la Guadeloupe au XIXe siècle. Basse-Terre: Société d'Histoire de la Guadeloupe, 1992.

FERRO, M. (org.). *O livro negro do colonialismo.* Rio de Janeiro: Ediouro, 2004.

Fêtes et jeux entre Saône et Meuse – Bourgogne, Champagne et régions adjacentes. Dijon/Langres: Association Bourguignonne des Sociétés Savantes/Société Historique et Archéologique de Langres, 2003 [Atas do X Colóquio da Association Bourguignonne des Sociétés Savantes. Langres (21-22/10/2000).

FIGEAC, M. (dir.). *Histoire des Bordelais* – La modernité triomphante (1715-1815). Bordeaux: Mollat, 2002.

FILLIOT, J.-M. *La traite des esclaves vers les Mascareignes au XVIIIe siècle.* Paris: Orstom, 1974.

FLORY, C. *Les opérations de recrutement des travailleurs africains pour la Guyane Française (1848-1859).* Université de Paris-7, 2003 [Tese de doutorado inédita].

FOREST, A. "Esclavage et société dans le Cambodge du XIXe siècle". *Formes extrêmes de dépendance* – Contributions à l'étude de l'esclavage en Asie du Sud-Est. Paris: Ehess, 1998.

FREYRE, G. *Casa-grande & senzala* – Formação da família brasileira sob o regime da economia patriarcal. Recife: Fundação Gilberto Freyre, 1933 [48. ed. rev., São Paulo: Global, 2003] [Disponível em http://www. usp.br/cje/anexos/pierre/freire_gilberto_casa_grande_senzala.pdf].

FURET, F. & OZOUF, M. *Dicionário Crítico da Revolução Francesa.* Rio de Janeiro: Nova Fronteira, 1989.

GADAMER, H.-G. *Herança e futuro da Europa.* Lisboa: Ed. 70, 2009 [Original: *Das Erbe Europas.* Frankfurt a. M.: Suhrkamp, 1989].

GAINOT, B. "Les émancipations coloniales". In: BOURDIN, P. & CHAPPEY, J.-L. (dir.). *Révoltes et révolutions en Europe et aux Amériques (1773-1804).* Paris: Sedes, 2004.

GAINOT, B & MACÉ, M. "Fin de campagne à Saint-Domingue (1802-1803)". *Outre-mers*, n. especial, 2003: Haïti, première république noire.

GAUTHIER, F. *Triomphe et mort du droit naturel en Révolution (1789-1795-1801).* Paris: PUF, 1992.

GUISAN, J.S. *Traité sur les terres noyées de la Guyane, appelées communément terres-basses.* Cayenne: L'imprimerie du Roi, 1788.

GUTIÉRREZ, H. [Resenha de CAPELA, J. & MEDEIROS, E. O tráfico de escravos de Moçambique para as ilhas do Índico, 1720-1902. Maputo: Núcleo Editorial da Universidade Eduardo Mondlane, 1987 (Coleção "Moçambique e a sua história", 3)]. *Revista História*, 120, jan.-jul./1989, p. 183-185. São Paulo [Disponível em http://www. revistas.usp.br/revhistoria/article/viewFile/64282/66968].

HALPERN, J.-C. "Les fêtes révolutionnaires et l'abolition de l'esclavage en l'an II". In: DORIGNY, M. (dir.). *Les abolitions de l'esclavage* – De L.F. Sonthonax à V. Schœlcher, 1793-1794-1848. Paris: Unesco/Presses Universitaires de Vincennes, 1995.

_____. *Les représentations populaires des peuples exotiques à la fin du XVIIIe siècle.* Université de Paris-1, 1992 [Tese de doutorado].

HAMILTON, W. *The East Indian gazetteer:* containing particular descriptions of the empires, kingdoms, principalities, provinces, cities, towns, districts, fortresses, harbours, rivers, lakes, & c. of Hindostan, and the adjacent countries, India beyond the Ganges, and the Eastern archipelago; together with sketches of the manners, customs, institutions, agriculture, commerce, manufactures, revenues, population, castes, religion, history, & c. of their various inhabitants. Parbury: Allen and Co., 1828.

HEERS, J. *Esclaves et domestiques au Moyen Âge dans le monde méditerranéen.* Paris: Fayard, 1981.

HIGMAN, B. *Jamaica Surveyed:* Plantation Maps and Plans of the 18th and 19th Centuries. Mona, Jam.: University of the West Indies Press, 2001.

Histoire(s) de l'Amérique latine [Revista científica, lançada em 2005, dispondo de comitê de leitura que publica pesquisas e estudos sobre a América Latina compreendendo diversas abordagens, mas tendo uma perspectiva e problemáticas históricas] [Disponível em http://www. hisal.org/?journal=revue&page=index].

INIKORI, J.E. *La traite négrière du XVe au XIXe siècle.* Paris: Unesco,

1979 [Col. Histoire Générale de l'Afrique – Études et documents, 2 [Reimp., 1999] [Documentos de trabalho e relatório da reunião de especialistas, organizada pela Unesco em Port-au-Prince, Haiti, de 31 de janeiro a 4 de fevereiro de 1978].

IVANOFF, J. "Les Moken, nomades marins en Asie du Sud-Est". *Formes extrêmes de dépendance* – Contributions à l'étude de l'esclavage en Asie du Sud-Est. Paris: Ehess, 1998.

JEFFERSON, T. *Notes on the State of Virginia* (1785). Nova York: Thomas Perkins Abernethy, 1964.

JOBERT, I. *Les Noirs à Paris à la fin de l'Ancien Régime*. Universidade de Paris-8, 2004 [Tese de doutorado inédita].

KARASCH, M.C. *Slave Life in Rio de Janeiro (1808-1850)*. Princeton: Princeton University Press, 1987.

KLEIN, H.S. "A experiência afro-americana numa perspectiva comparativa: a situação atual do debate sobre a escravidão nas Américas". *Afro-Ásia*. Salvador: Ufba, n. 45, 2012, p. 95-121 [Disponível em http://www.afroasia.ufba.br/pdf/AA_45_HSKlein.pdf].

LAMARTINE, A. *Archives parlementaires*, 22/04/1835.

LAVIGERIE, C. *Documents sur la fondation de L'Œuvre antiesclavagiste*. Saint-Cloud: Imprimerie E. Belin, 1889 [Disponível em https://archive.org/details/documentssurlaf00lavigoog].

LAW, R. "Etnias de africanos na diáspora: novas considerações sobre os significados do termo 'mina'". *Tempo*, vol. 10, n. 20, 2006, p. 98-120 [Disponível em http://www.scielo.br/pdf/tem/v10n20/06.pdf].

LAWRENCE, A.W. *Trade, Castles and Forts of the West Africa*. Londres: J. Cape, 1963 [Stanford University, 1964].

LECHEVALIER, J. *Nécessité du concours des compagnies industrielles pour l'exécution de l'émancipation*. Paris, 1840 [Apud SCHMIDT, N. *Abolitionnistes de l'esclavage et réformateurs des*

colonies *(1820-1851)* – Analyse et documents. Paris: Karthla, 2000].

LEMAITRE, E. *Historia general de Cartagena*. 4 vols. Bogotá: Banco de la República, 1983.

LESCOT JR., E. *Haïti, images d'une colonisation, 1492-1804*. Sainte-Clotilde (Réunion): Orphie, 2004.

LUCENA SALMORAL, M. *Los códigos negros de la América Española*. Paris/Madri: Unesco/Universidad de Alcalá, 1996 [Ed. francesa: *Les codes noirs hispaniques*. Prefácio de Doudou Diène. Paris: Unesco, 2005].

Lusotopie [Revista da Associação de Pesquisadores. Fundada em Paris, em 1992, com o objetivo de desenvolver a análise política na área das ciências do homem, da sociedade e do meio ambiente a partir dos lugares, países e comunidades produzidos pela história e pela colonização portuguesas. Baseada na França, ela é uma associação internacional com membros (professores universitários, pesquisadores, doutorandos, assalariados de ONG's etc.) em múltiplos países] [Disponível em http://www.lusotopie.sciencespobordeaux.fr/infoasso.html].

MADIOU, T. *Histoire d'Haïti (1492-1843)*. 7 vols. Port-au-Prince: Henri Deschamps, 1989.

MARIMOUTOU-OBERLÉ, M. *Les engagés du sucre (1848-1898)*. Saint-André: Océan, 1999.

MARX, K. & ENGELS, F. *A ideologia alemã*. São Paulo: Boitempo, 2007.

M'BOKOLO, E. (dir.). *África negra*: história e civilizações. Tomo I: Até o século XVIII. Salvador: EdUFBa, 2009. • Tomo II: Do século XIX aos nossos dias [Disponível em http://docslide.com.br/documents/africa-negra-historia-e-civilizacoes-elikia-m-bokolo.html]. Salvador/São Paulo: EdUFBa/Casa das Áfricas, 2011.

_____. Entrevista a Catarina M. Santos e Ângela B. Xavier. In: *Cultura* [Revista de História e Teoria das Ideias], vol. 24, 2007 [Disponível em http://cultura.revues.org/903].

Mémoire remis par le duc de Choiseul au roi Louis XV (1765) [Cf. BOURGEOIS DE BOYNES, P.-E., 2008].

Memórias de África e do Oriente [Projeto da Fundação Portugal-África desenvolvido e mantido pela Universidade de Aveiro e pelo Centro de Estudos sobre África e do Desenvolvimento, desde 1997. É um instrumento fundamental e pioneiro na tentativa de potenciar a memória histórica dos laços que unem Portugal a a Lusofonia, sendo deste modo uma ponte com o nosso passado comum na construção de um identidade coletiva aos povos de todos esses países] [Disponível em http://memoriaafrica.ua.pt/Home.aspx].

MENDES, A.A. "The Foundations of the System: A Reassessment of the Slave Trade to the Spanish Americas in the 16th and 17th Centuries". In: ELTIS, D. & RICHARDSON, D. (eds.). *Extending the Frontiers*: Essays on the New Transatlantic Slave Trade Database. New Haven: Yale University Press, 2008, p. 63-94.

_____. "Traites ibériques entre Méditerranée et Atlantique: le Noir au cœur des empires modernes et de la première mondialisation (ca. 1435-1550)". *Anais de História de Além-mar*, vol. 6, dez./2005, p. 351-387.

MORALES PADRÓN, F. *Atlas histórico cultural de América*. 2 vols. Las Palmas de Gran Canaria: Gobierno de Canarias, 1988.

MURNAGHAM, S. & JOSHEL, S.R. *Women and Slaves in Greco-roman Culture*: Differential Equations. Londres/Nova York: Routledge, 1998.

New-York Historical Society – Museum & Library [Disponível em http://www.nyhistory.org/].

PALMER, R.R. *Atlas of World History*. Chicago: Rand McNally & Co., 1957.

PARK, M. *Travels in the interior districts of Africa* – Performed under the direction and patronage of the African Association, in the years 1795, 1796, and 1797.Londres: W. Bulmer and Company, 1799.

PÉROTIN-DUMON, A. *La Ville aux îles, la ville dans l'île, Basse-Terre et*

Pointe-à-Pitre, Guadeloupe, 1650-1820. Paris: Karthala, 2000.

PIQUET, J.-D. "Le Comité de Salut Public et les Fêtes sur la Liberté des Noirs: Châlons-sur-Marne, Lyon, l'Être Suprême à Paris". *Annales Historiques de la Révolution Française*, n. 316, abr.-jun./1999, p. 348-354.

PIZARRO Y GORDÍN, J. "Gobieno Superior Civil de la Isla de Cuba, n. 23, 21/02/1844". In: A.H.N. (Archivo Histórico Nacional). Madri: Sección Ultramar, leg. 3550.

"Planteur" (verbete). In: *Encyclopédie ou Dictionnaire Raisonné des Lettres, des Sciences et des Arts*, pelo cavaleiro de Jaucourt, tomo 12.

PLUCHON, P. *Histoire de la colonisation française* – Tomo 1: Le premier empire colonial, des origines à la Restauration. Paris: Fayard, 1991.

POPOVIC, A. *La Révolte des Esclaves en Irak aux IIIe-IXe siècles*. Paris: Geuthner, 1976.

PREM, H.J. & DYCKERHOFF, U. *Le Mexique ancien*. Paris: Bordas, 1987.

RANDLES, W.G.L. *L'Empire du Monomotapa du XVe au XIXe siècle*. Paris--La Haye: Mouton, 1975.

_____. "De la traite à la colonisation: les Portugais en Angola". *Annales – Économies, Sociétés, Civilisations*, ano 24, n. 2, 1969, p. 289-304.

RÉ, H.A. "'Missão nos Brasis': a Bfass (British and Foreign Anti-Slavery Society) e a organização de uma missão abolicionista secreta ao Brasil no início da década de 1840". *Revista de História* – Universidade de São Paulo, n. 174, jan.-jun./2016, p. 69-100 [Disponível em http://www.revistas.usp.br/revhistoria/article/view/115377].

RIBBE, Claude. *Le Diable noir* – Biographie du général Dumas. Paris: Éditions Alphée-Jean-Paul Bertrand, 2008.

RODRIGUES, E. "As donas de prazos do Zambeze – Políticas imperiais e estratégias locais". *VI Jornada Setecentista*: Conferências e Comunicações. Curitiba: Aos Quatro Ventos/Cedope,

Departamento de História da UFPR, 2006, p. 15-34 [Disponível em http://www.humanas.ufpr.br/portal/cedope/files/2011/12/As-donas-de-prazos-do-Zambeze-Pol%C3%ADticas-imperiais-e-estrat%C3%A9gias-locais-Eug%C3%A9nia-Rodrigues.pdf].

ROGERS, D. "Urban Development in 18th Century Saint Domingue". *Bulletin du Chea*, n. 5. Talence: M.S.H.A., 1990.

ROMAN, A. *Saint-Malo au temps des négriers*. Paris: Karthala, 2001.

SALMORAL, M.L. *Los códigos negros de la América Española*. Paris/Madri: Unesco/Universidad de Alcalá, 1996 [Ed. francesa: *Les Codes Noirs Hispaniques*. Paris: Unesco, 2005 [Prefácio de Doudou Diène]].

SAUGERA, É. *Bordeaux, port négrier, XVIIe-XIXe siècles* – Chronologie, Économie, Idéologie. Paris/Karthala: Biarritz/Atlantica, 1995.

_____. "Pour une histoire de la traite française sous le Consulat et l'Empire". *Revue Française d'Histoire d'Outre-mer*, vol. 76, n. 282, 1989, p. 203-229.

_____. *La Traite des Noirs sous Bonaparte, répertoire des armements négriers français (1800-1804)* [no prelo].

SAVARY DES BRUSLONS, J. Verbete "Nègres". Cf. *Dictionnaire Universel de Commerce*.

SCHMIDT, N. *Abolitionnistes de l'esclavage et réformateurs des colonies (1820-1851)* – Analyse et documents. Paris: Karthla, 2000, 1.196 p.

SERRÃO, J.V. *Portugal e o mundo*: nos séculos XII a XVI. Lisboa/São Paulo: Verbo, 1994.

SIBALIS, M.D. "Les Noirs em France sous Napoléon: l'enquête de 1807". In: BÉNOT, Y. & DORIGNY, M. (dir.). *1802*: rétablissement de l'esclavage dans les colonies françaises, 2003.

SINGARAVELOU, P. *Les Indiens de la Guadeloupe* – Étude de géographie humaine. Ceget: Université Michel de Montaigne – Bordeaux 3, 1973 [Tese de doutorado].

STEDMAN, J.G. *Voyage à Surinam et dans l'intérieur de la Guiane contenant La Relation de cinq Années de Courses et d'Observations faites dans cette Contrée intéressante et peu connue* – Avec des Détails sur les Indiens de la Guiane et les Négres. Paris: F. Buisson, 1799.

STELLA, A. *Histoires d'esclaves dans la Péninsule Ibérique*. Paris: Ehess, 2000.

TABARI [Mohammad bin Jarīr bin Yazīd al-Imām abū Ja`far]. *Jâmi' Ul Bayân Fî Tafsîr Il Qur ân* [Comentário do Alcorão, mais conhecido sob o nome de *Tafsir At-Tabari*, publicado em 896 e 930].

THIBAU, J. *Le temps de Saint-Domingue*: l'esclavage et la Révolution Française. Paris: J.-C. Lattès, 1989.

TISE, L.E. *Proslavery*: A History of the Defense of Slavery in America (1701-1840). Athens: The University of Georgia Press, 1971.

Traites et esclavages: vieux problèmes, nouvelles perspectives? (sob a dir. de PETRE-GRENOUILLEAU, O.). Revista *Outre-mers*, t. 89, n. 336-337, 2º sem./2002.

Travail non protégé, exploitation invisible: la traite à des fins de servitude domestique". Viena: Osce, 2012 [Título original: *Unprotected Work*: Invisible Exploitation – Trafficking for the Purpose of Domestic Servitude. • Relatório da X Conferência da Aliance Contra la Traite des Personnes (Aliança Contra o Tráfico de Pessoas), em Viena, 17-18/06/2010 [Disponível em http://www.osce.org/fr/secretariat/97443?download=true].

ULRIC-GERVAISE, D. *La Martinique sous l'occupation anglaise (1794-1802)*. Université de Paris-8, 2003 [Tese de doutorado inédita].

VANONY-FRISCH, N. "Les esclaves dela Guadeloupe à la fin de l'Ancien Régime d'après les sources notariales (1770-1789)". Separata do *Bulletin de la Société d'histoire de la Gaudeloupe*, 63-64, 1985.

YOUNG, A. *Voyages en France en 1787, 1788 et 1789* [1. ed., 1792].

2 tomos [Primeira tradução francesa completa e crítica por Henri Séé. Paris: Librairie Armand Colin, 1931].

ZMUDA, M. *Saint-Malo, port négrier?* – XVIIᵉ-XIXᵉ siècles. Villiers-sur-Marne: Phénix, 2004 [Prefácio de Marcel Dorigny].

ZURARA, G.E. *Cronica do descobrimento e conquista de Guiné escrita por mandado de El-Rei D. Affonso V...* Paris: J.P. Aillaud, 1841 [Introdução, ilustração e notas do Visconde de Santarém] [Disponível em https://archive.org/details/chronicadodesco00zuragoog].

Adendo: Lei n. 3.353 que decreta a Abolição da Escravidão no Brasil (*Diario Official* do dia 14 de maio de 1888)

SEGUNDA ..., 14 DE MAIO DE 1888

DIARIO ✠ OFFICIAL

A assignatura termina sempre nos mezes de Abril, Agosto e Dezembro

CRGÃO DO GOVERNO

O preço da assignatura é de 18$000 por anno

PARTE OFFICIAL

ACTOS DO PODER LEGISLATIVO

A Assembléa Geral dirige ao Imperador o Decreto incluso, que julga vantajoso e util ao Imperio e pede a Sua Magestade Imperial Se Digne Dar a Sua Sancção.

Paço do Senado em 13 de Maio de 1888.

Antonio Candido da Cruz Machado, 1º vice-presidente.

Barão de Mamanguape, 1º secretario.

Joaquim Floriano de Godoy, 2º secretario.

A Assembléa Geral Decreta :

Artigo 1.º É declarada extincta, desde a data desta Lei, a escravidão no Brazil.

Artigo 2.º Revogam-se as disposições em contrario.

Paço do Senado em 13 de Maio de 1888.

A Princeza Imperial Regente, em nome do Imperador, Consente.

Paço em 13 de Maio de 1888.

PRINCEZA IMPERIAL REGENTE.

Rodrigo Augusto da Silva.

LEI N. 3353 — DE 13 DE MAIO DE 1888

Declara extincta a escravidão no Brasil

A Princeza Imperial Regente, em nome de Sua Magestade o Imperador o Senhor D. Pedro II, Faz saber a todos os subditos do Imperio que a Assembléa Geral Decretou e Ella Sanccionou a Lei seguinte :

Art. 1.º É declarada extincta, desde a data d'esta Lei, a escravidão no Brazil.

Art. 2.º Revogam-se as disposições em contrario.

Manda, portanto, a todas as autoridades, a quem o conhecimento e execução da referida Lei pertencer, que a cumpram e façam cumprir e guardar tão inteiramente como n'ella se contém.

O Secretario de Estado dos Negocios da Agricultura, Commercio e Obras Publicas e interino dos Negocios Estrangeiros, Bacharel Rodrigo Augusto da Silva, do Conselho de Sua Magestade o Imperador, a faça imprimir, publicar e correr.

Dada no Palacio do Rio de Janeiro em 13 de Maio de 1888, 67º da Independencia e do Imperio.

PRINCEZA IMPERIAL REGENTE

Rodrigo Augusto da Silva.

Carta de Lei pela qual Vossa Alteza Imperial Manda executar o Decreto da Assembléa Geral, que Houve por bem sanccionar, declarando extincta a escravidão no Brazil, como n'ella se declara.

Para Vossa Alteza Imperial vêr.

Chancellaria-mór do Imperio.—*Antonio Ferreira Vianna.*

Transitou em 13 de Maio de 1888.— *José Julio de Albuquerque Barros.* 55

ACTOS DO PODER EXECUTIVO

DECRETO N. 9945—DE 2 DE MAIO DE 1888

Determina que o Asylo de Meninos Desvalidos fique sob a immediata inspecção de um commissario do governo, e dá outras providencias.

Hei por bem, em Nome do Imperador, que no Asylo de Meninos Desvalidos se observem as seguintes disposições :

Art. 1.º O Asylo estará sob a immediata inspecção de um commissario do governo imperial, nomeado pelo Ministro do Imperio.

A esse commissario compete :

1.º Fixar annualmente, no mez de Dezembro, tendo em vista os meios votados na lei do orçamento, e ouvido o director, o numero de asylados ; outrosim, em attenção a este, o dos inspectores de alumnos, criados e serventes que forem necessarios ;

2.º Mandar admittir e desligar os alumnos, assim como despedil-os na conformidade do regulamento annexo ao Decreto n. 8019 de 17 de Março de 1883, precedendo em todos estes casos annuencia do Ministro do Imperio ;

3.º Visitar o estabelecimento a qualquer hora do dia e da noite, e examinal-o em todas as suas partes e dependencias.

4.º Approvar o regimento interno e a tabella da alimentação, a que se referem os arts. 14 e 43 do mencionado regulamento.

5.º Expedir ordens que julgar convenientes a bem do serviço do estabelecimento, e propor ao Ministro do Imperio as providencias que lhe parecerem necessarias para melhorar o dito serviço.

Art. 2.º O commissario do governo, ouvido o director, poderá reduzir as gratificações que na tabella n. 3 annexa ao referido regulamento são marcadas aos empregados comprehendidos na disposição do art. 18, § 3.º do mesmo regulamento.

Art. 3.º Serão dirigidas ao Ministerio do Imperio, por intermedio e com informação do commissario do governo, as propostas que o director tiver de fazer para as nomeações do ajudante, do medico e do capellão ; bem assim o relatorio de que trata o art. 34, § 13 do citado regulamento.

Art. 4.º O director requisitará do commissario do governo as ordens e providencias que deste dependerem, e communicar-lhe-á tudo que possa interessar ao exercicio das attribuições do mesmo commissario.

Art. 5.º Em cada termo de matricula deverão ser mencionadas, além das condições de admissão, o nome, a idade e a naturalidade do asylado, e o nome, o domicilio e a profissão de seus pais ou protectores, nos casos em que por estes sejam requerida a dita admissão.

Art. 6.º O fornecimento dos generos alimenticios, dos utensilios, dos materias primas para as officinas, dos medicamentos, e do vestuario e calçado dos alumnos (emquanto não puderem ser preparados nas officinas de alfaiate e sapateiro do estabelecimento) será feito mediante arrematação a que preceder concurso, aberto por editaes, salvo ordem em contrario do Ministro do Imperio nos casos em que, sobre informação do commissario, julgue economicamente preferivel dispensar aquella formalidade.

Art. 7.º Si nos balanços a que se deve proceder para execução dos arts. 32, § 8.º do regulamento de 17 de Março de 1883, e nos que determinar em qualquer tempo, o commissario do governo reconhecer que o escripturação do almoxarifado não está regular ou que ha falta na qualidade e quantidade dos generos e objectos, suspenderá do exercicio do cargo o almoxarife e, no caso de não valer este em exercicio, despedirá o preposto de que trata o art. 36 do mesmo regulamento, dando immediatamente parte circunstanciada ao Ministro do Imperio. Esta attribuição não prejudica o exercicio da que compete ao director, nos termos do art. 34 do alludido regulamento.

Art. 8.º Revogam-se as disposições em contrario.

José Fernandes da Costa Pereira Junior, do Conselho de Sua Magestade o Imperador, Ministro e Secretario do Estado dos Negocios do Imperio, assim o tenha entendido e faça executar. Palacio do Rio de Janeiro em 2 de Maio de 1888, 67º da Independencia e do Imperio.

PRINCEZA IMPERIAL REGENTE.

José Fernandes da Costa Pereira Junior.

MINISTERIO DO IMPERIO

EXPEDIENTE

DIA 12 DE MAIO DE 1888

Segunda directoria

Foi nomeado o Dr. Antonio Herculano de Souza Bandeira para o logar de commissario do governo no Asylo de Meninos Desvalidos.

—Accusou-se o recebimento de seis exemplares impressos, remettidos pelo director da Faculdade de Medicina da Bahia, dos programmas de cada uma das séries do curso medico da mesma faculdade, adoptados pela congregação para o ensino das differentes cadeiras no corrente anno lectivo.

—Recommendou-se ao engenheiro das obras do Ministerio do Imperio que providencie, afim de se proceder aos reparos de que necessita o deposito d'agua e o encanamento do edificio onde funcciona o Internato do Imperial Collegio de Pedro II.

—Requisitou-se do Ministerio da Fazenda a expedição de ordens :

Para que se indemnisem :

Ao bibliothecario da Bibliotheca Nacional a quantia em que importaram as despezas de prompto pagamento que fez em Abril ultimo ;

Ao agente thesoureiro da Escola Polytechnica a de 122$760, proveniente de despezas de igual natureza realizadas no dito mez.

Para que se paguem :

A congrua que competir ao padre Damazo do Rego Barros, cura do curato da imperial fazenda de Santa Cruz ;

As seguintes quantias :

De 1:520$800, importancia de object os fornecidos por Laemmert & Comp. ao laboratorio de botanica e ao gabinete de zoologia da Faculdade de Medicina do Rio de Janeiro ;

De 2:278$420, de despezas effectuadas com as obras do edificio da igreja matriz de Nossa Senhora do Loreto de Jacarepaguá ;

De 97$100, de fornecimento de objectos para o expediente da 2ª directoria da secretaria de Estado.

—Transmittiu-se o mesmo ministerio o pedido feito pelo Rev. arcebispo da Bahia para que se despachem, livres de direitos, na alfandega da provincia, os objectos que têm de vir de Europa com destino a diversas igrejas matrizes daquelle arcebispado.—Deu-se conhecimento Rev. arcebispo.

—Remetteram-se para que possam ser tregues :

Ao enviado extraordinario e ministro plenipotenciario do Brazil em Montevidéo o diploma doutor conferido pela Faculdade de Medicina do Rio de Janeiro a Alberto Bernardino Baez Corra residente na dita capital ;

Aos presidentes das provincias de S. Pedro Rio Grande do Sul e de Minas Geraes os diplomas pertencentes aos Drs. Raymundo Vieira da Silva e José Caetano de Menezes, que residem o primeiro, na cidade de Pelotas e o segundo, no Mar de Hespanha.

Apresentação dos autores

Marcel Dorigny

Professor-assistente na Universidade de Paris-8, empreende investigações sobre as correntes do liberalismo francês no século XVIII e na Revolução Francesa, principalmente nos domínios coloniais. Secretário-geral da Société des Études Robespierristes de 1999 a 2005, é atualmente diretor da Revista *Dix-Huitième Siècle*. Ele também pertence ao Comité pour la Mémoire de l'Esclavage, criado pelo Ministère de l'Outre-mer, e é presidente da Association pour l'Étude de la Colonisation Européenne (1750-1850), desde 2005. Marcel Dorigny é, em particular, autor de: *La Sociéte des Amis des Noirs, 1788-1799 – Contribution à l'histoire de l'abolition de l'esclavage* (com B. Gainot. Unesco, 1998). • *Révoltes et révolutions en Europe et aux Amériques (1773-1802)* (Belin, 2004). • *Haïti, première république noire* (Société Française d'Histoire d'Outre-mer, 2004). • Foi codiretor das obras *Les traites négrières coloniales* (Cercle d'art, 2001). • *Les mondes coloniaux à Paris au XVIIIᵉ siècle – Circulation e enchevêtrement des savoirs* (Karthala, 2010).

Bernard Gainot

Professor-assistente de História Moderna na Universidade de Paris-1 Panthéon-Sorbonne, desde setembro de 1993, e membro do Institut d'histoire de la Révolution Française, desenvolve seus principais campos de pesquisa sobre a História Política do Diretório e do Consulado, a História das Sociedades e das Guerras Coloniais de 1750 a 1815, assim como a História da Ordem Pública. É secretário de redação da Revista *Annales Historiques de la Révolution Française*, desde 2011, e responsável pelas publicações da seção "Histoire du monde moderne, de la Révolution Française et des révolutions" do Comité des Travaux Historiques et Scientifiques (CTHS), desde 2009. Bernard Gainot é, em particular, autor de: *Guide de recherches sur les élections de la période révolutionnaire, 1789-1799* (Du CTHS, 1999; reed. Mar./2006). • *1799, un nouveau jacobinisme?* (Du CTHS, 2001). • *Les officiers de couleur dans les armées de la République e de l'Empire (1792-1815)* (Karthala, 2007). • Foi codiretor, com Pierre Serna, da obra *Secret et République, 1795-1840* (Presses Universitaires Blaise Pascal, 2004). • Escreveu, com Jean-Luc Chappey, *Atlas de l'Empire Napoléonien. 1799-1815* (Autrement, 2008).

Fabrice Le Goff

Cartógrafo-geógrafo independente. Para a Editora Autrement, realizou em particular a cartografia do *Atlas de l'Empire Napoléonien 1799-1815* (2008). • *Atlas des Empires Coloniaux* (2012). • *Atlas des Premières Colonisations* (2013) [www.cartographe-legoff.com].

Agradecimentos

Os autores agradecem vivamente aos colegas e amigos que deram esclarecimentos – quase sempre inéditos – sobre vários aspectos abordados neste *Atlas das escravidões*: Myryam Cottias por seus preciosos dados sobre a escravidão na Martinica; Dominique Rogers pelos dados sociodemográficos relativos às pessoas de cor livres das cidades de Saint-Domingue; Céline Flory por suas informações absolutamente rigorosas sobre as migrações de trabalhadores africanos sob contrato temporário para a Guiana e as Antilhas, no século XIX; Jean Hébrard pelas indicações rigorosas fornecidas sobre a escravidão e os movimentos abolicionistas no Brasil; Éric Saugera por nos ter amavelmente comunicado os resultados inéditos de suas pesquisas sobre o tráfico francês de escravos sob o Consulado e, para esta nova edição atualizada, as estatísticas mais recentes relativas ao tráfico negreiro dos portos franceses; Antônio Mendes de Almeida pelos dados quantitativos acerca do tráfico de escravos, em Portugal, no século XVI; Ève Prosper que forneceu os dados sobre as revoltas de escravos na Ilha da Reunião; Audrey Carotenuto por ter amavelmente fornecido dados muito preciosos e inéditos sobre as diferentes formas de resistência dos escravos na Reunião. Enfim, ao Comité contre l'Esclavage Moderne (CCEM) e sua diretora, Sylvie O'Dye, pelos dados relativos à escravidão contemporânea. A todos manifestamos nosso reconhecimento por terem contribuído para enriquecer o nosso trabalho.

As Éditions Autrement agradecem a Michel Hagnerelle, inspetor-geral da *Éducation Nationale*, groupe Histoire Géographie, por seu apoio à primeira edição deste atlas. A Editora faz questão de sublinhar também a colaboração de Anick Mellina, professora concursada de História, inspetora de circunscrição acadêmica e IPR (Inspection Pédagogique Régionale) de História e de Geografia da circunscrição acadêmica de Versalhes, agradecendo-lhe por sua participação na elaboração do Atlas e por sua releitura científica dos mapas e textos.

Coleção África e os Africanos

– *No centro da etnia – Etnias, tribalismo e Estado na África*
 Jean-Loup Amselle e Elikia M'Bokolo (orgs.)

– *Escravidão e etnias africanas nas Américas – Restaurando os elos*
 Gwendolyn Midlo Hall

– *Atlas das escravidões – Da Antiguidade até nossos dias*
 Marcel Dorigny e Bernard Gainot